Vergessene Pfade
Elbsandsteingebirge

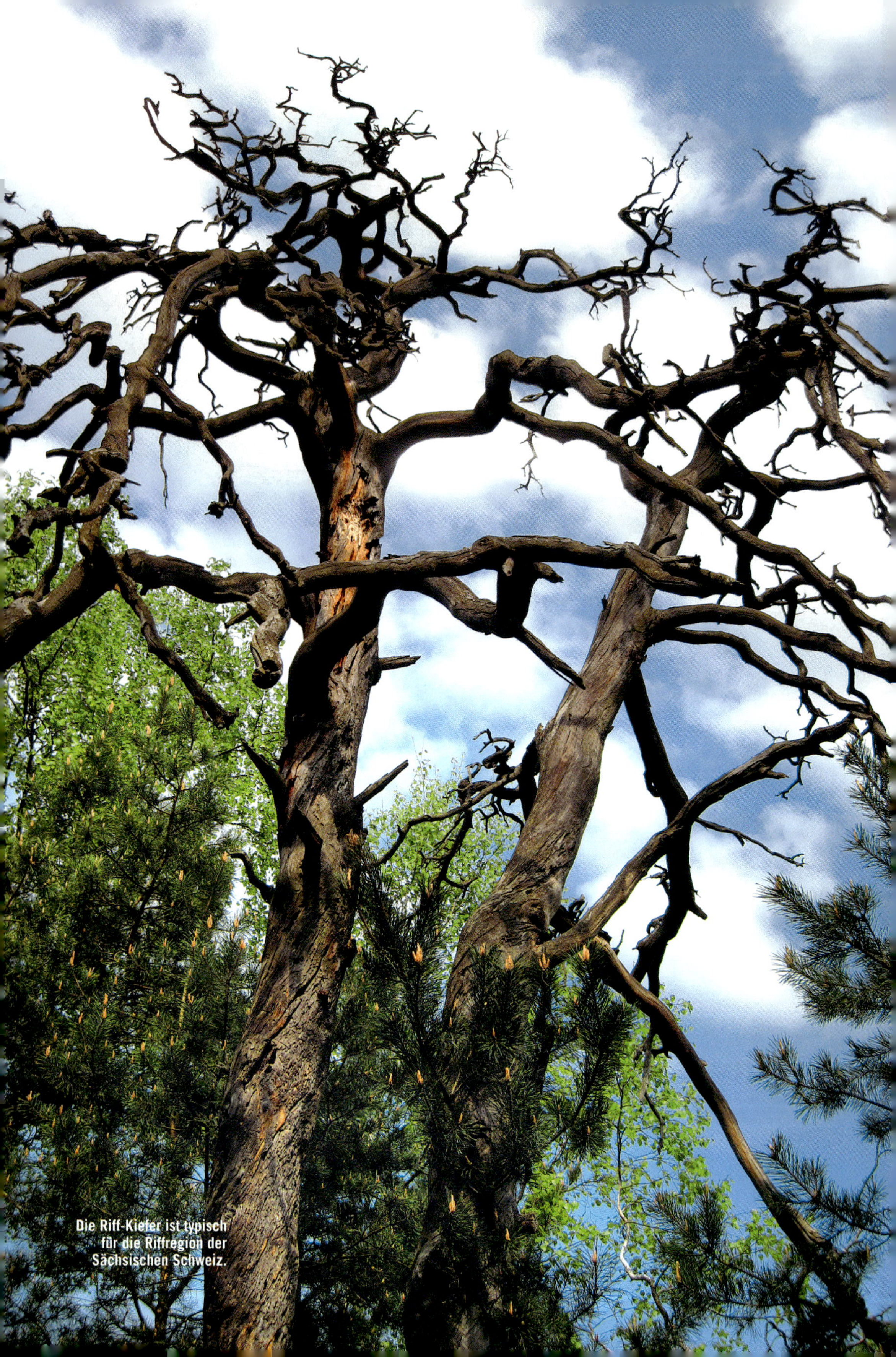

Die Riff-Kiefer ist typisch für die Riffregion der Sächsischen Schweiz.

Daphna Zieschang Anita Morandell-Meißner

Vergessene Pfade

ELBSANDSTEIN-GEBIRGE

31 Touren abseits des Trubels in der Sächsischen und Böhmischen Schweiz

BRUCKMANN

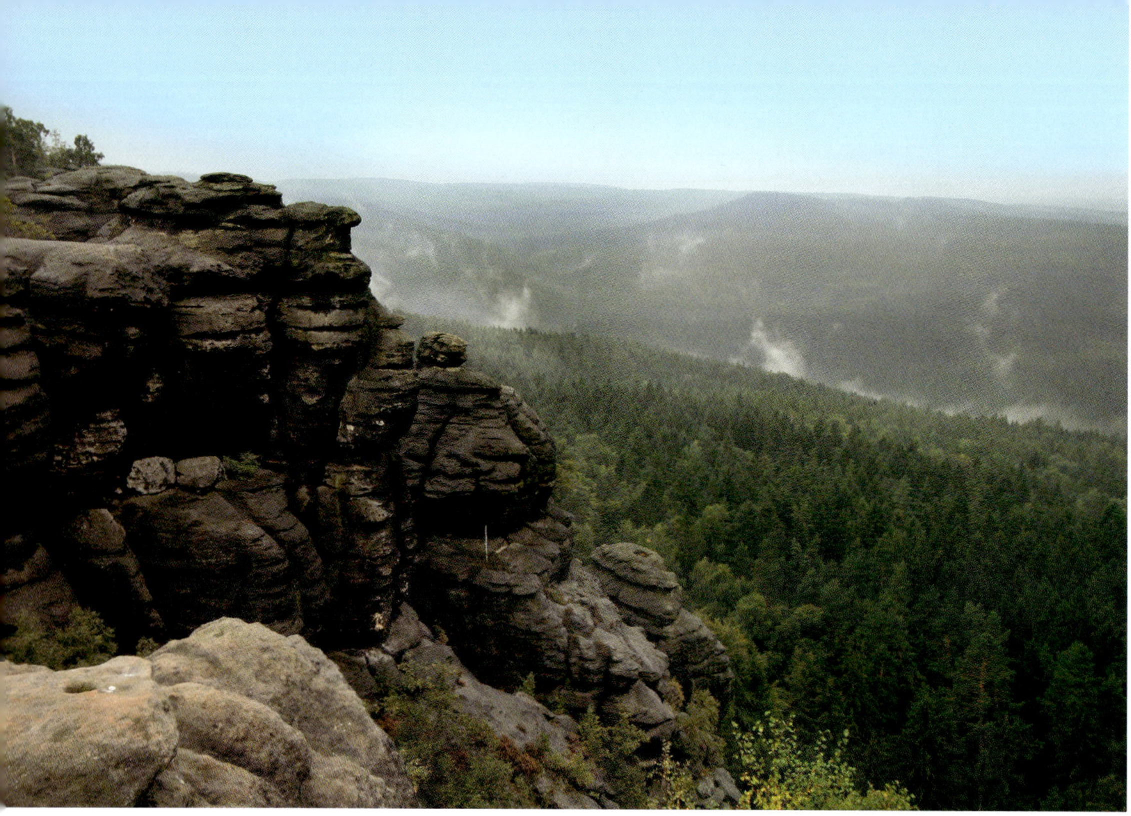

Pfaffenstein.
Tour 27

Inhalt

Manchmal liegen die Wunder im Kleinen verborgen: Wassertropfen spiegeln sich im Sonnenlicht.

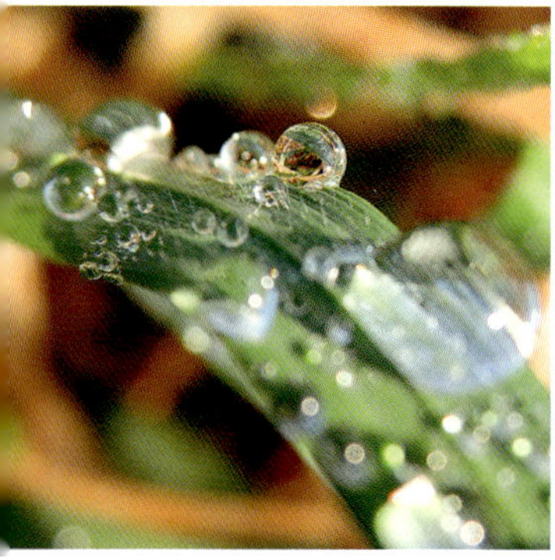

Baumpilze – Zeichen der Vergänglichkeit

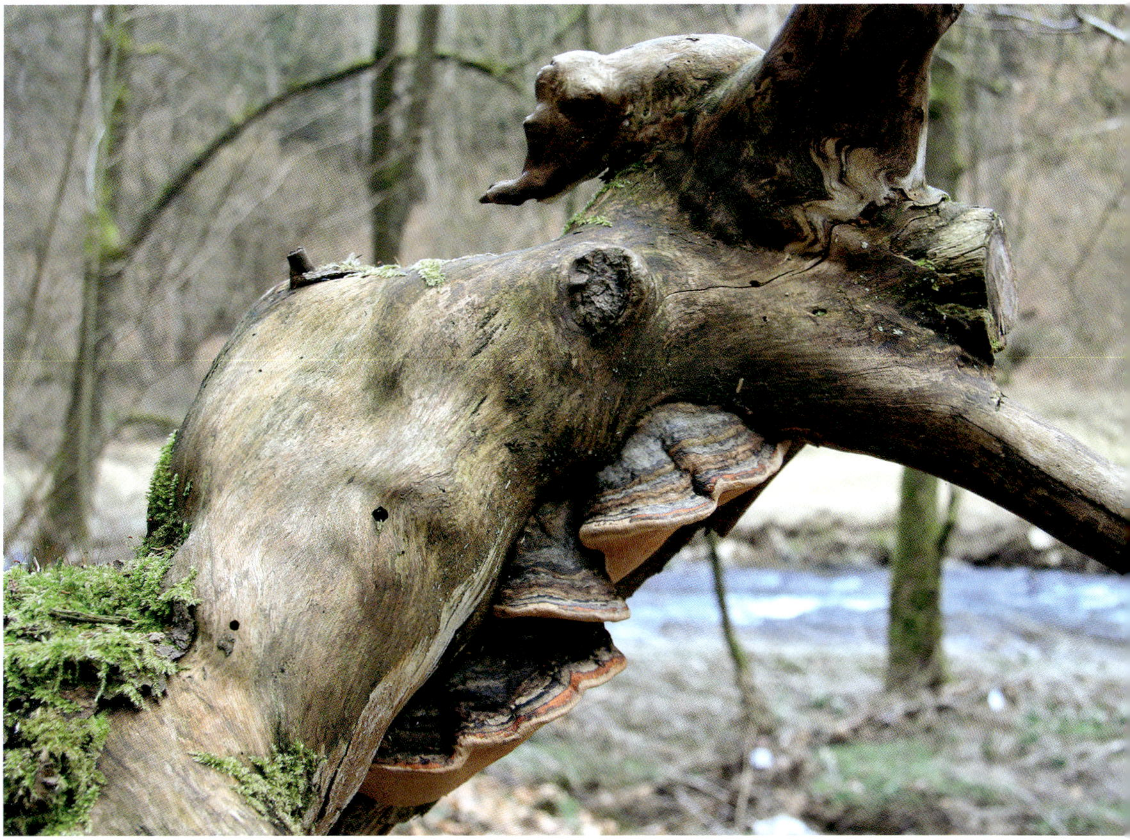

Blick von der Carola-Aussicht auf großen und kleinen Winterberg sowie Frienstein. Unweit von Tour 13 und 14

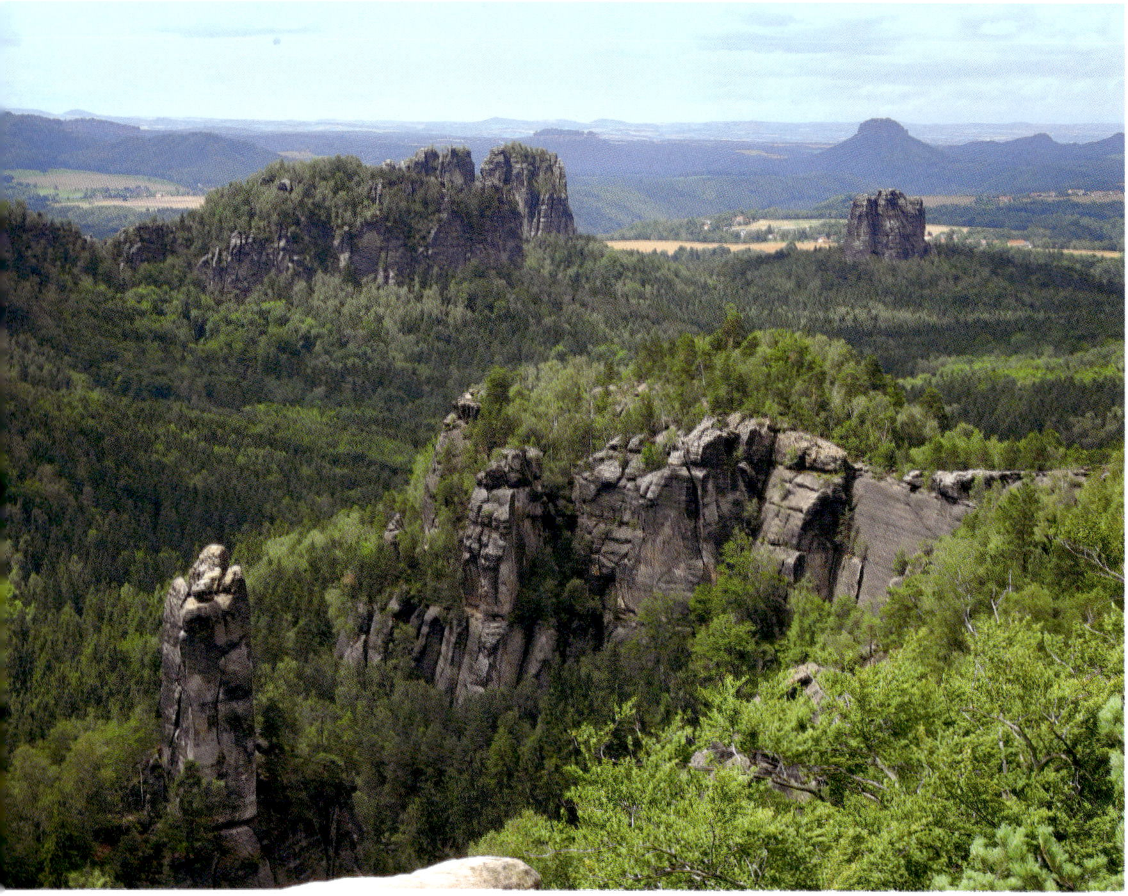

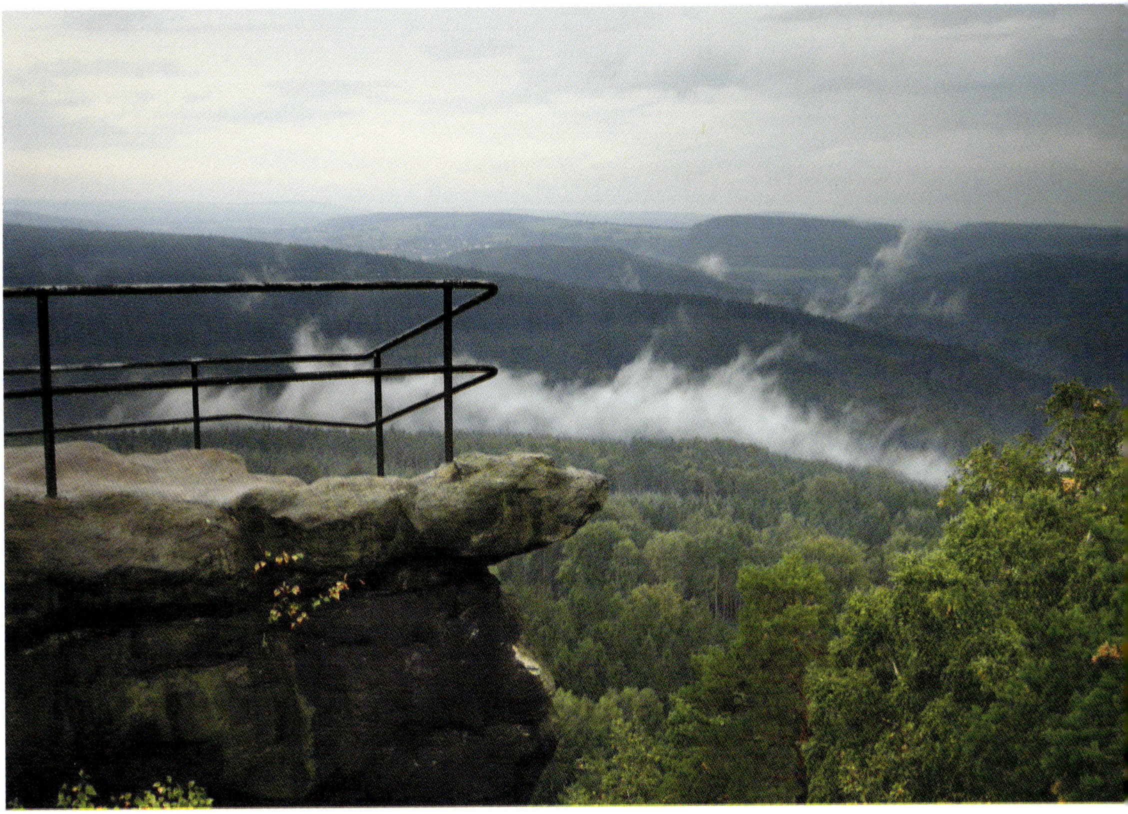

Ausblick am Opferkessel, Pfaffenstein. Tour 27

Der Marienkäfer wird oft als Glücksbringer gesehen.

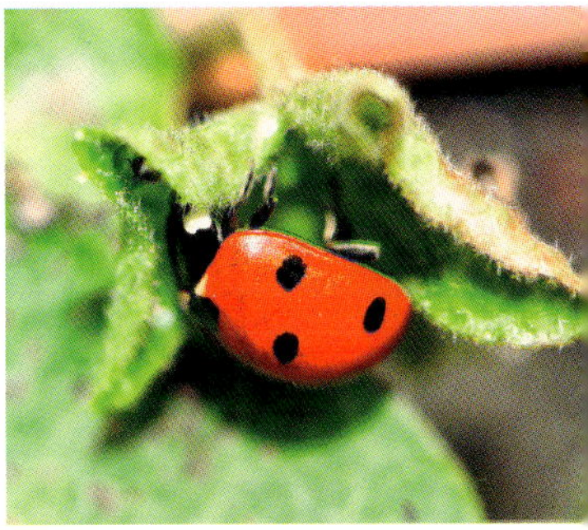

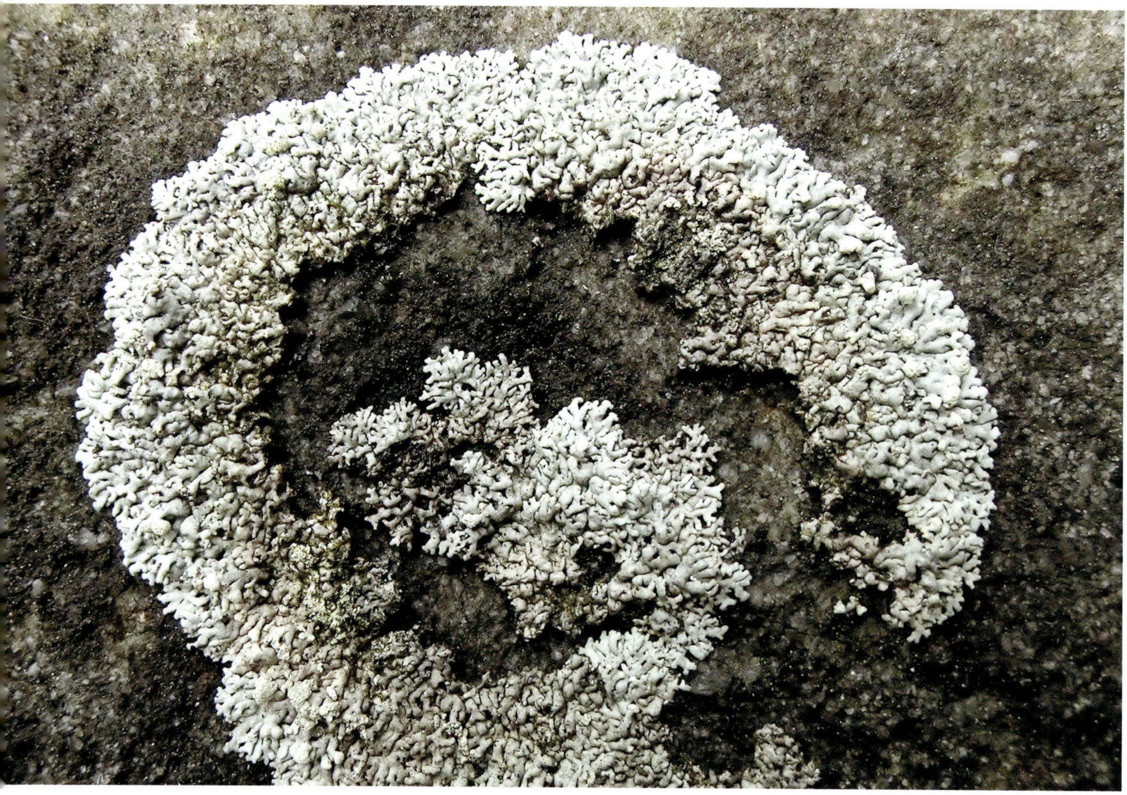

Eine der zahlreichen Flechtenarten in der Sächsischen Schweiz

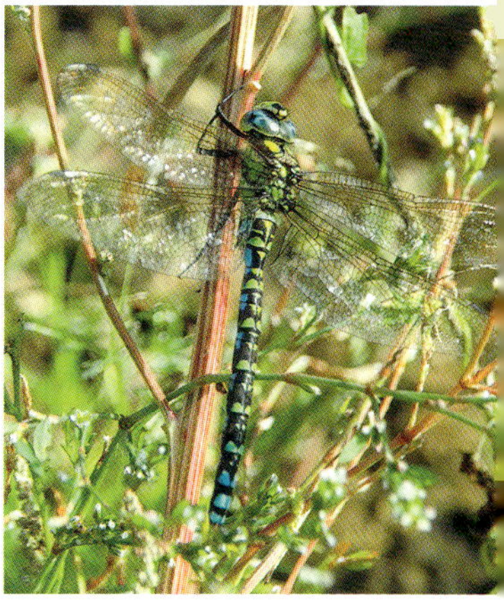

Die Libelle: Bewohner der feuchteren Gebiete

Der Gelobtbach begleitet uns ein Stück des Weges. Tour 29

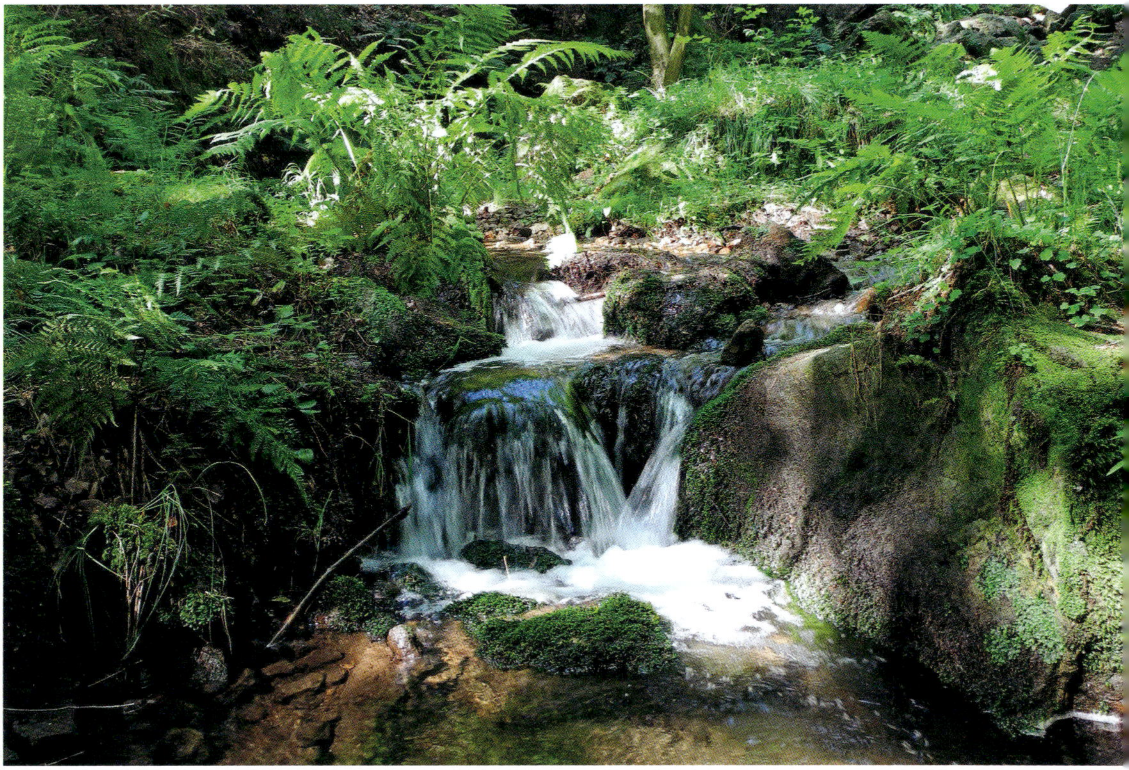

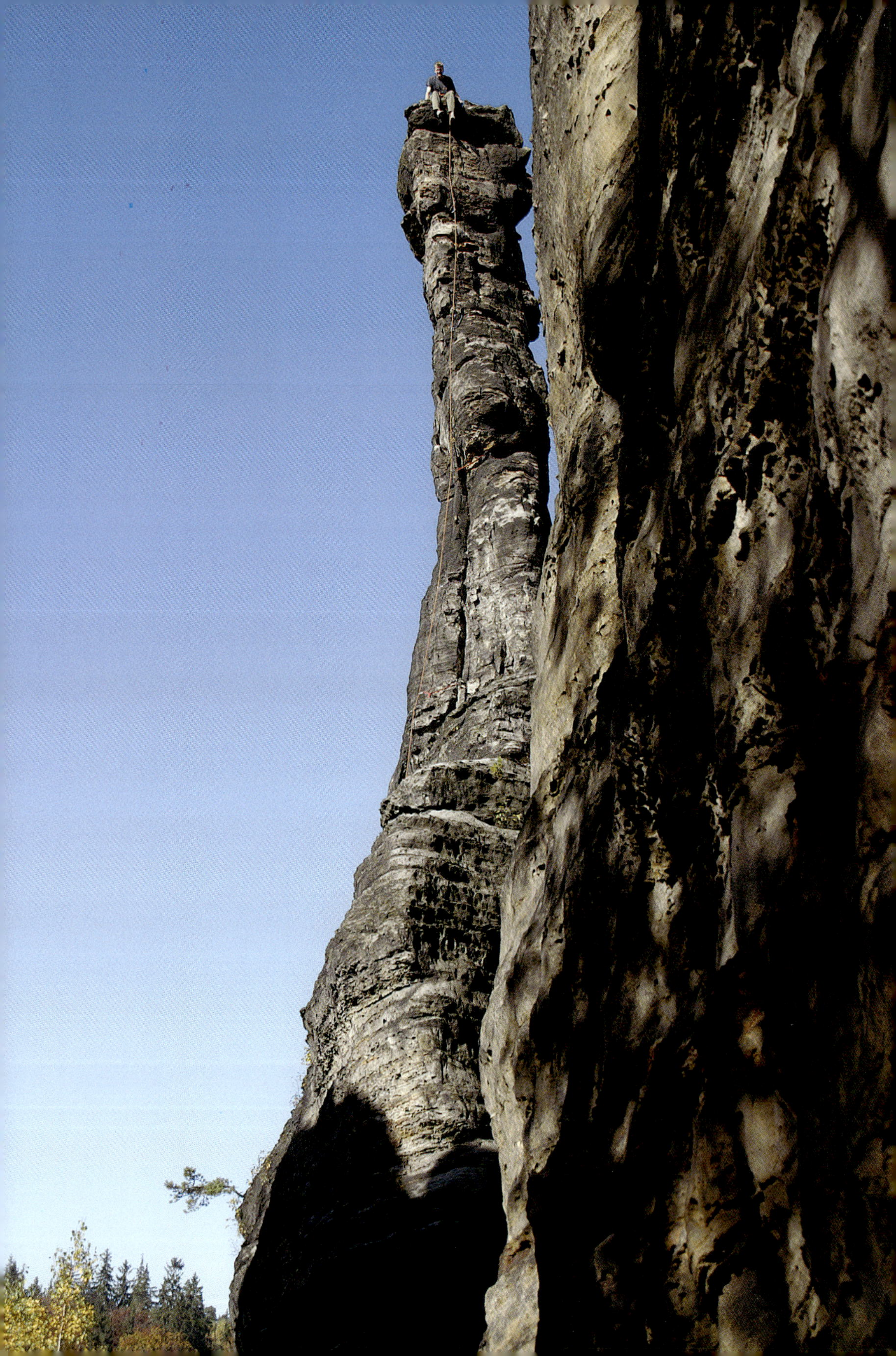

Vorwort

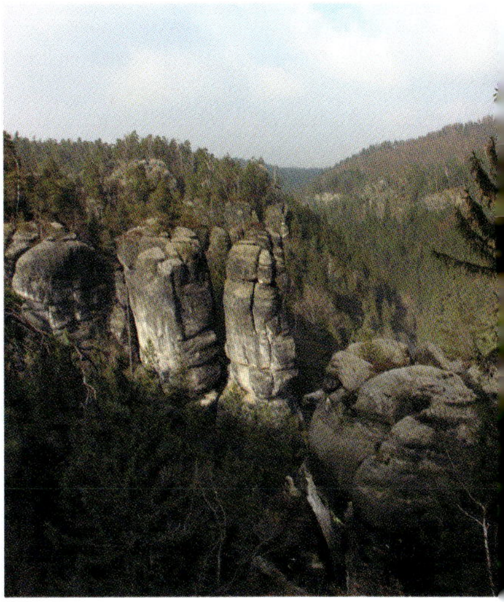

»Ich mochte gar nicht hinsehen, so abscheulich sah es aus, immer ein Felsen höher und tiefer als wie der andere … Ich glaube, daß es in Sibirien und bei den Türken nicht grausamer aussieht, als in dem Udewalder Grunde.«

So beschrieb Ysop Lafleur schaudernd den Uttewalder Grund im Elbsandsteingebirge. Das war im Jahr 1798. Erste »Fremde« wanderten durch die Sächsische Schweiz, nur um der Landschaft und der Natur willen – damals ein ziemlich unübliches Unterfangen.

Haben Sie sich schon einmal gefragt, warum auch heute noch gerade die wilden, einsamen Orte eine unwiderstehliche Faszination ausüben? Abgeschiedene, vergessene Gegenden, in denen sich Fuchs und Hase gute Nacht sagen? Ist es der Kontrast zu unserem gewöhnlich urbanen Leben, der die Sehnsucht zur ursprünglichen Natur aufkommen lässt? Die Lust am Abenteuer, an der Bewegung im Freien oder einfach die Freude an der Stille, an den Formen und Farben der Natur?

Felsformationen im Brandgebiet

Wir wissen keine Antwort darauf. Die Sächsische Schweiz hat uns längst in ihren Bann gezogen, sodass wir ständig wandernd oder kletternd in ihr unterwegs sind. Da wir das Elbsandsteingebirge mehr als nur mögen und wie unsere Westentasche kennen, war die Anfrage des Bruckmann Verlags schon sehr interessant für uns.

Nach intensiver Arbeit entstand ein erster Entwurf für den Wanderführer auf dem Papier, unser Vorhaben nahm immer mehr Gestalt an. Größeres Kopfzerbrechen bereitete uns die Frage, ob es vertretbar sei, ein weiteres Buch über das sensible Ökosystem Nationalpark Sächsische Schweiz zu verfassen. Einschlägige Literatur darüber füllt bereits einige Regalmeter in den Buchhandlungen. Wie sollte das Konzept der »Vergessenen Pfade« mit unserem Verständnis für unberührte Natur in Einklang gebracht werden?

Es erfolgte ein erneutes Überdenken und Umschreiben der Tourenentwürfe mit dem Ziel, einerseits einsame, wenig begangene Pfade fern allen Trubels zu beschreiben und andererseits empfindliche Bereiche auszuklammern. Das Ergebnis sind 31 Wanderungen auf teils wenig frequentierten Wegen durch das Elbsandsteingebirge. Wir wandern im Nationalpark Sächsische Schweiz, im angrenzenden Nationalpark Böhmische Schweiz und in den umgebenden Landschaftsschutzgebieten. Für die freundliche Unterstützung und Abstimmung bezüglich der Routen sind wir der Nationalparkverwaltung sehr dankbar.

Wir möchten Sie einladen, nicht alltägliche Wege zu gehen. Orte zu besuchen, die im dicht besiedelten Deutschland noch von Einsamkeit geprägt sind und fernab der üblichen, bekannten Sehenswürdigkeiten der Sächsischen Schweiz liegen. Lassen Sie sich von unserer Passion für das einzigartige Elbsandsteingebirge anstecken!

Linke Seite: Der Schraubenkopf im Bielatal

Einleitung

Das Elbsandsteingebirge – einzigartige Erosionslandschaft

Felsreviere mit unzähligen bizarren Gipfeln, zerklüftete Tafelberge auf breiten Ebenheiten und tief eingeschnittene Täler setzen markante Akzente in die Landschaft: Das Elbsandsteingebirge – ebenso bekannt als Sächsisch-Böhmische Schweiz – besticht durch Formenvielfalt, phantastische Ausblicke und ungewöhnliche Details. Die imposante Erosionslandschaft zwischen Dresden und dem tschechischen Děčín (Tetschen) ist in Mitteleuropa einmalig.

Eingebettet ist das Felsgebiet zwischen Lausitzer Granitmassiv im Norden, Elbtalschiefergebirge im Westen und Erzgebirge mit Gneis-Prägung im Südwesten. Die Entstehung des Elbsandsteingebirges, wie es aufgrund seiner geologischen Entstehung heißt, reicht zurück bis in die Kreidezeit, als dieses Gebiet von einem Meer bedeckt war. Bis zum Rückzug des Wassers transportierten Flüsse Verwitterungsprodukte aus den umliegenden Festlandgebieten ins Meer, die sich dort ablagerten. Durch den hohen Druck entstand letztendlich eine Sandsteinplatte, die bis zu

Weg zum Zirkelstein

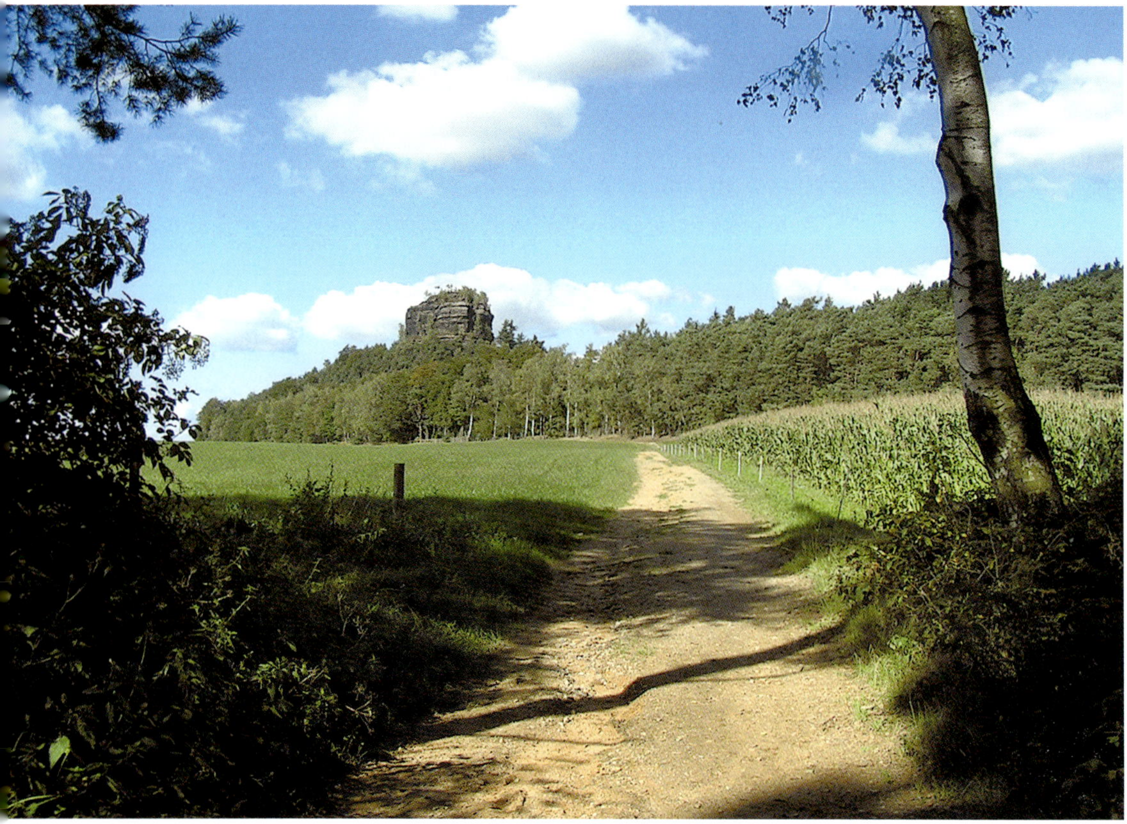

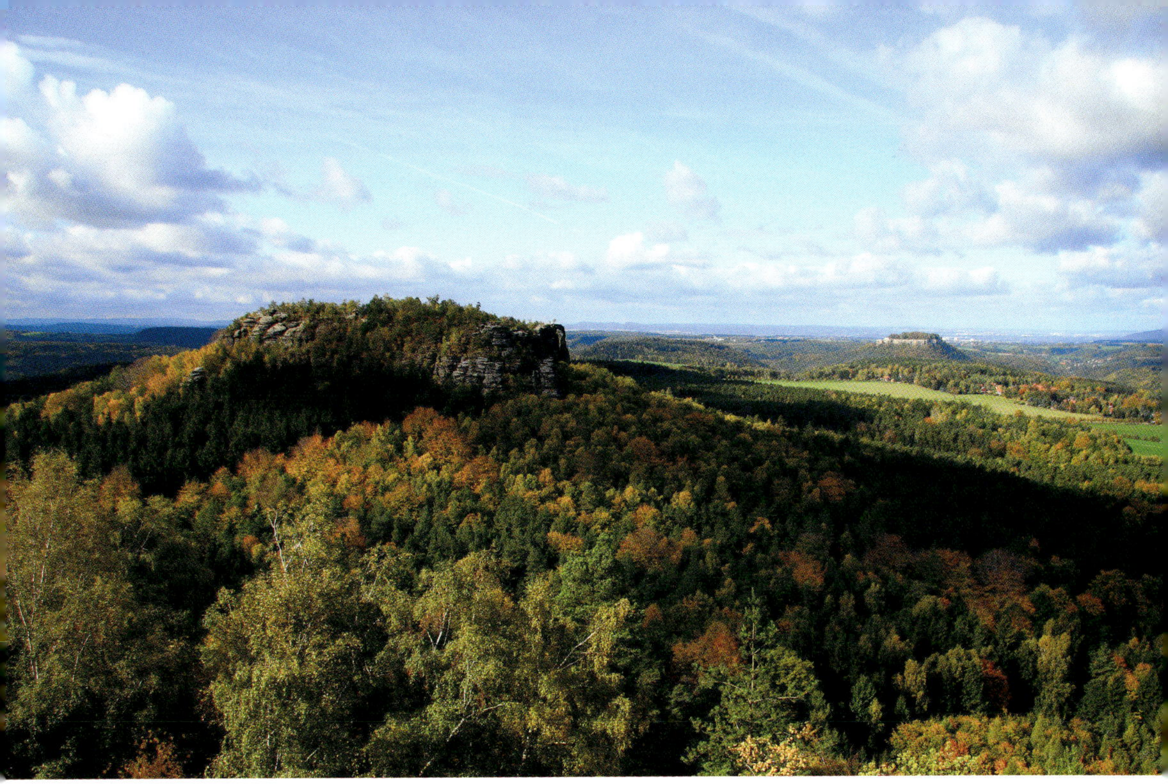

Gohrisch

600 Meter mächtig war. Nach dem Abfließen des Meeres blieb sie zurück und war tektonischen Bewegungen ausgesetzt. Gegen Ende der Kreidezeit schob sich die Lausitzer Platte auf die Sandsteinplatte, die sogenannte Lausitzer Überschiebung. Durch den Druck von verschiedenen Seiten entstand ein System senkrecht stehender Klüfte. Hier setzte die Erosion des Wassers an. Sie modelliert bis heute die Landschaft und prägt das Erscheinungsbild, das wir heute vorfinden und bewundern – mit Felsriffen, Felstürmen, Tafelbergen und Ebenheiten, tief eingeschnittenen Gründen und Tälern.

Neben den Felsen und Tafelbergen aus Sandstein stechen im Elbsandsteingebirge kegelförmige Berge ins Auge. Während des Tertiärs gab es vulkanische Aktivitäten und es drangen basaltische Gesteine an die Erdoberfläche. Zudem wurden die Erzgebirgsscholle gehoben und die Sandsteinschichten leicht nach Nordosten geneigt. Der bekannteste Basaltgipfel in der Sächsischen Schweiz ist der Winterberg. Der Vulkanismus erstreckte sich bis nach Pirna und ins benachbarte Böhmen. Der Cottaer Spitzberg und der markante Rosenberg zeugen noch heute davon.

Die Elbe samt ihren Nebenflüssen bahnte sich ihren Weg und fraß sich in die Landschaft. Während der Elstereiszeit reichte das Inlandeis bis Bad Schandau. Zudem entstanden auf den Ebenheiten des Elbsandsteingebirges die Auflage aus Lößlehm in der Eiszeit. Dieser ist fruchtbarer als der sonst vorherrschende Sandboden und bildet die Grundlage für die typische Vegetation und intensivere Landnutzung auf den Ebenheiten.

Beeindruckend ist der Formenreichtum des Sandsteins. Durch starke Kluftbildung und die unterschiedlichen, teils tonhaltigen Schichten konnte vor allem das Wasser eigenwillige Felsstrukturen schaffen. Es bildeten sich unter anderem deutliche

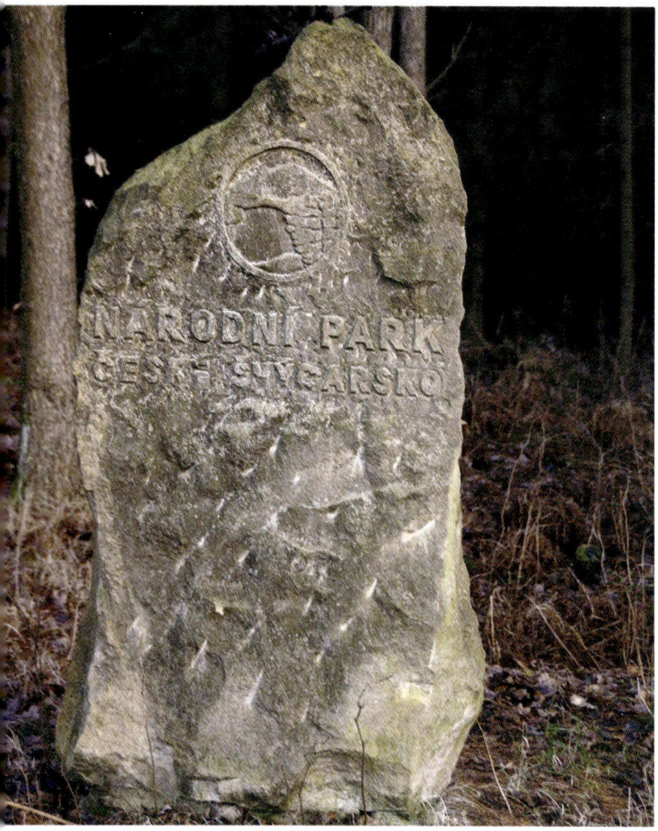

Dieser Stein weist den Wanderer darauf hin, dass er den Nationalpark Böhmische Schweiz betritt.

Terrassen oder mächtige Schichthöhlen heraus. Bizarr erscheinen auch die Verwitterungsformen auf der Gesteinsoberfläche. Wabenverwitterung und Eiseneinschlüsse spielen eine besondere Rolle und sind häufig anzutreffen.

In dieser herrlichen Felslandschaft haben das Wandern und das Bergsteigen eine lange Tradition. Die Sächsische Schweiz ist eines der größten Klettergebiete Europas. Über 1100 frei stehende Gipfel in der Sächsischen Schweiz mit über 15 000 Kletterwegen bieten ein enormes Betätigungsfeld für Kletterer. Kein Wunder, dass in diesem Gebiet das Freiklettern entstanden ist. Ende des 19. Jahrhunderts begann die Geschichte der sächsischen Bergsteigerei. Die Besteigung des Falkensteins durch fünf Turner aus Bad Schandau im Jahre 1864 gilt als die erste Besteigung im Sinne des Bergsportes überhaupt. In diesem Gebiet haben sich spezielle Sächsische Kletterregeln ebenso erhalten wie eine eigene Schwierigkeitsskala der Kletterwege.

Wildnis grenzenlos: Nationalparks Sächsische und Böhmische Schweiz

Der Nationalpark Sächsische Schweiz ist der einzige Felsen-Nationalpark in Deutschland. Er umfasst zwei räumlich getrennte, charakteristische Ausschnitte des sächsischen Elbsandsteingebirges mit einer Fläche von etwa 93 Quadratkilometern. Zusammen mit dem angrenzenden Landschaftsschutzgebiet Sächsische Schweiz bildet der Nationalpark die Nationalparkregion Sächsische Schweiz. Auf tschechischer Seite grenzen seit 1972 das Landschaftsschutzgebiet Elbsandsteingebirge und seit 2000 der Nationalpark Böhmische Schweiz mit einer Fläche von 80 Quadratkilometern an. So ist ein grenzüberschreitender Schutz der Natur gewährleistet. Hier stehen vor allem der Prozessschutz, also die Naturentwicklung ohne Eingriffe des Menschen, der Schutz der Landschaft, der Lebensräume sowie der Tier- und Pflanzenarten im Vordergrund.

Unterwegs bemerken wir immer wieder Schilder, die uns auf den Nationalpark aufmerksam machen. Gelegentlich ist auch ein Schild mit der Aufschrift »Kernzone« zu sehen. Neben den Schutzzonen, in die der Nationalpark eingeteilt ist, die aber für den Wanderer nicht so ohne Weiteres erkennbar sind, gibt es eine extra ausgewiesene Kernzone. Sie dient zur Besucherlenkung, denn dort ist das Wandern nur auf den markierten Wanderwegen gestattet.

In dieser einzigartigen Landschaft können dank des Nationalparks natürliche Prozesse ungestört ablaufen, hier darf die Natur »Natur sein«. Zu den kostbaren Lebensräumen gehören unter anderem die Felsriffe, die naturnahen Kiefern- und Buchenwälder, Moore und Fließgewässer.

Die unterschiedlichen Landschaftsformen auf engem Raum sind die Grundvoraussetzung für den Artenreichtum von Tieren und Pflanzen in der Sächsisch-Böhmischen Schweiz. Viele Arten finden in den hohen Felswänden oder tiefen Schluchten, aber auch in den noch gut erhaltenen alten Dorfstrukturen Rückzugsgebiete.

Die Felsbereiche bilden das oberste Landschaftsstockwerk der Sächsischen Schweiz. Sie weisen eine sehr große Zerklüftung in Form von Plateaus, Riffen, Hörnern, Wänden und Türmen auf. Die Böden auf den Felsriffen sind ganz flach und nur bedingt feucht. Es handelt sich um Extremstandorte, im Sommer kann die Temperatur sehr hoch und im Winter sehr niedrig sein. Nur wenige Pflanzen wie Kiefern und Birken, gelegentlich Ebereschen, Heidelbeeren, Preiselbeeren, Heidekraut und die seltene Krähenbeere schaffen es, mit diesen Lebensbedingungen zurechtzukommen. Da auf den entlegenen Riffen in den letzten Jahrhunderten kaum Waldwirtschaft betrieben wurde, gehören sie zu den ursprünglichsten Lebensräumen der Sächsischen Schweiz. Dort leben Baumpieper, Gartenrotschwanz und Haubenmeise, in den Spechthöhlen der Dürrkiefern brüten Sperlingskauz und Mauersegler, in den hohen Felswänden der Wanderfalke, der Turmfalke, der Kolkrabe, die Dohle und der Hausrotschwanz. Seit jeher ist die einsame Felsenwildnis auch Brutgebiet des Uhus.

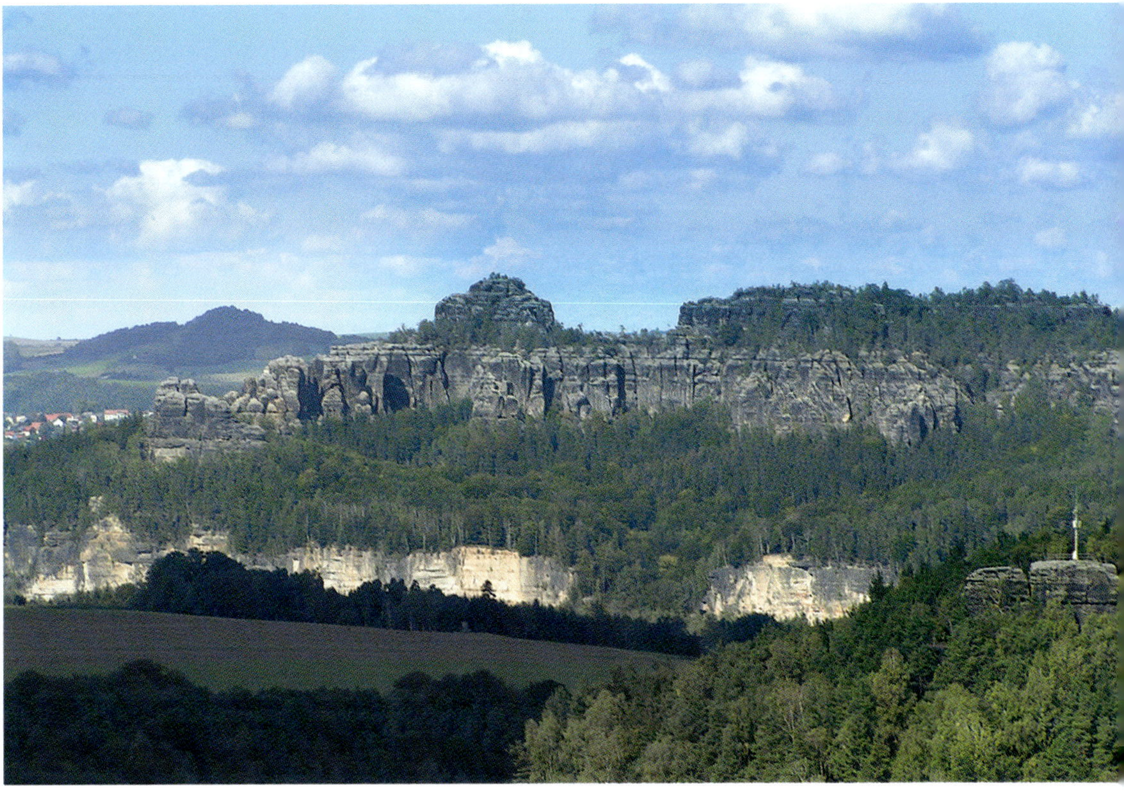

Blick auf die Schrammsteinkette

Rechte Seite: Besonderer Moment in der Sächsischen Schweiz

Die Felsspalten werden als Quartiere von verschiedenen Fledermausarten wie Abendsegler und Zwergfledermaus genutzt.

Die Schluchten, Felsgründe und Bachtäler sind bis zu 120 Meter tief in den Sandstein eingeschnitten. In den Talsohlen und unteren Bereichen dieser Gründe und Schluchten herrscht ein eigenes Klima, das sogenannte »Kellerklima«. Gekennzeichnet wird es durch mangelnde Sonneneinstrahlung, geringe Luftbewegung und geringere Abstrahlung, also durch größere Kühle und höhere Feuchte. In diesen Schluchten wachsen besonders viele Moos- und Farnarten sowie Blütenpflanzen, die hier nach wie vor seit der letzten Eiszeit wachsen können und deshalb von besonderem naturschutzfachlichem Wert sind.

Die stark ausgeprägte Vertikalgliederung des Elbsandsteingebirges bedingt eine ökologische Besonderheit, nämlich die Umkehrung der mitteleuropäischen Waldhöhenstufen. So finden wir in den sommerkühlen, feuchten Hängen und Talsohlen einen Bergmischwald mit den entsprechenden Bergwaldpflanzen.

Regelmäßige Brutvögel in den Schluchten und Tälern sind unter anderem der Uhu, der Sperlingskauz und der Zaunkönig. An den Gewässern der Täler kommen Eisvogel, Wasseramsel und Gebirgsstelze vor. Besonders bedeutsam sind diese Gewässer für eine Reihe seltener und gefährdeter Tierarten wie Feuersalamander, Westgroppe, Schwarzstorch und Fischotter.

Weiterführende Informationen zum Gebiet finden Sie in der Ausstellung des Nationalparkzentrums in Bad Schandau sowie in den Infostellen des Nationalparks, die sich auf dem Gelände befinden und an denen einige der beschriebenen Touren vorbeiführen. Ein Besuch lohnt sich.

Seltener Bewohner der tiefen Gründe: Der Feuersalamander

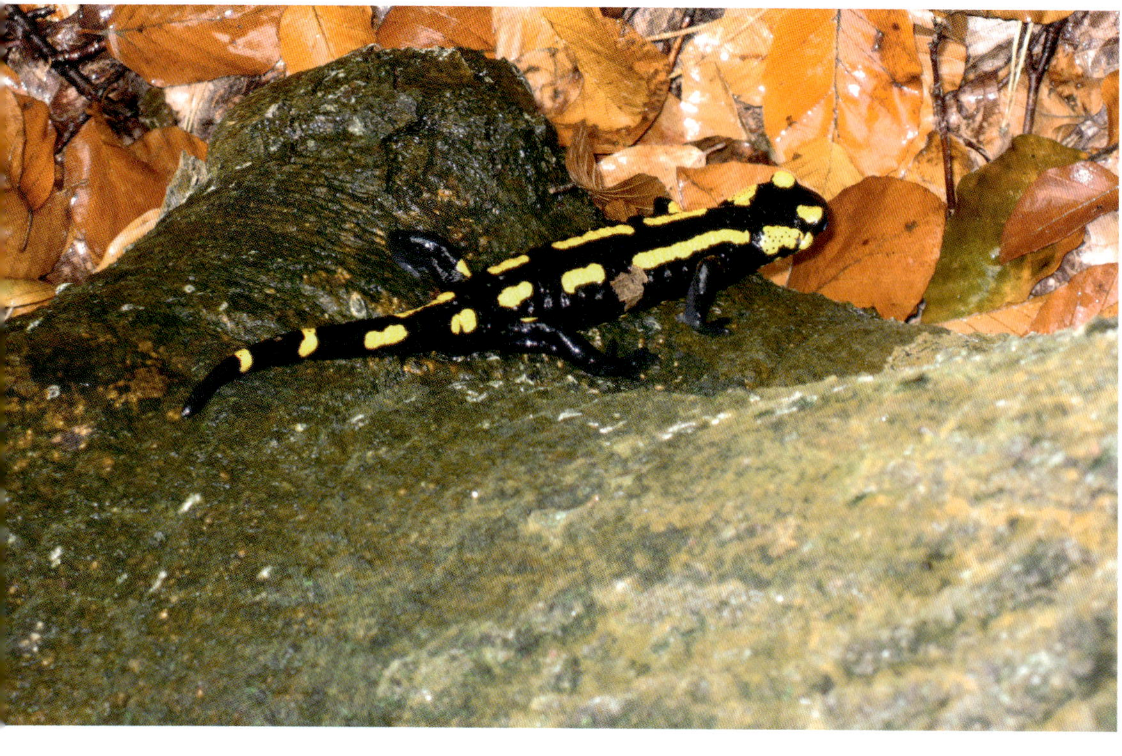

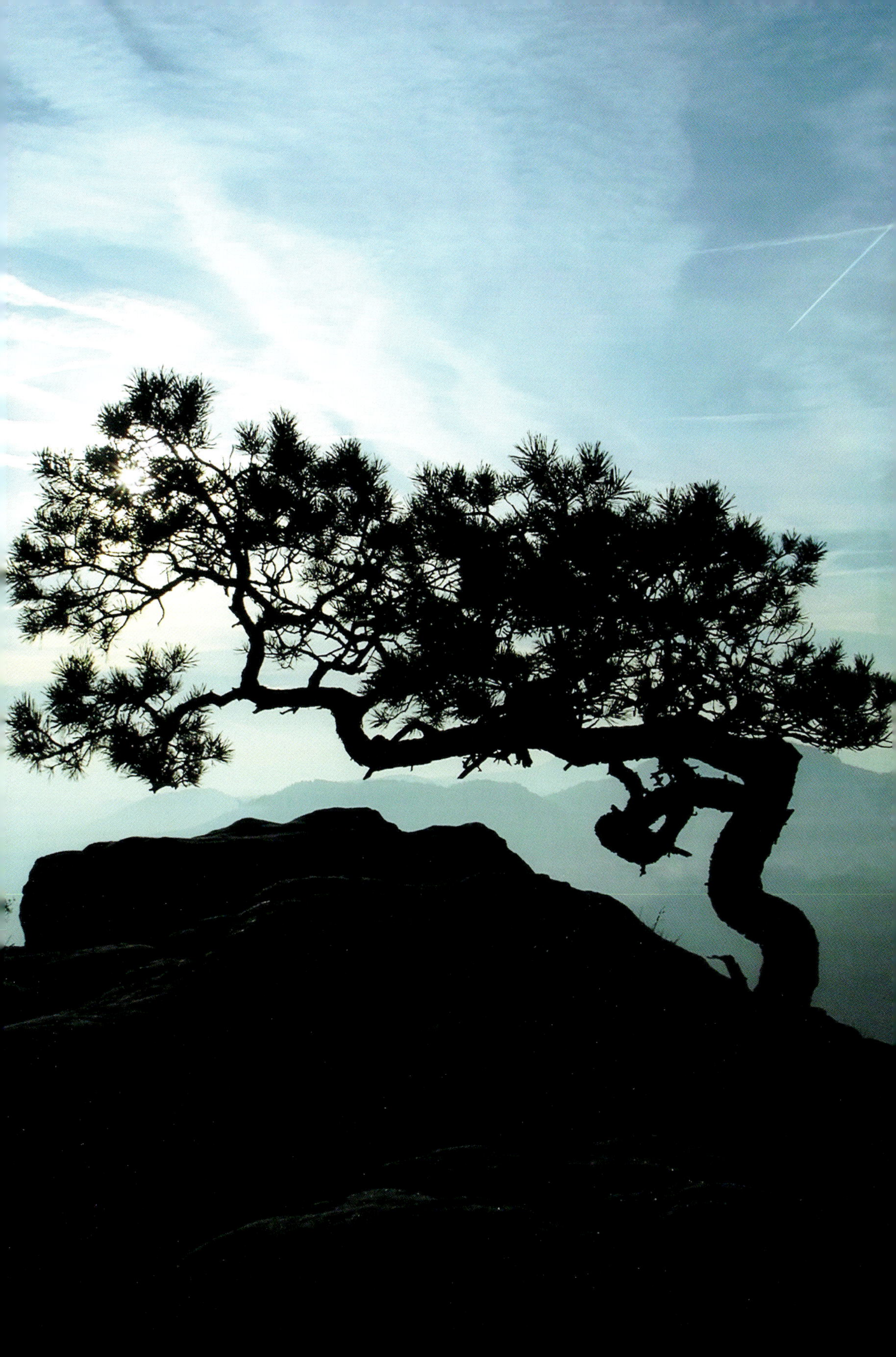

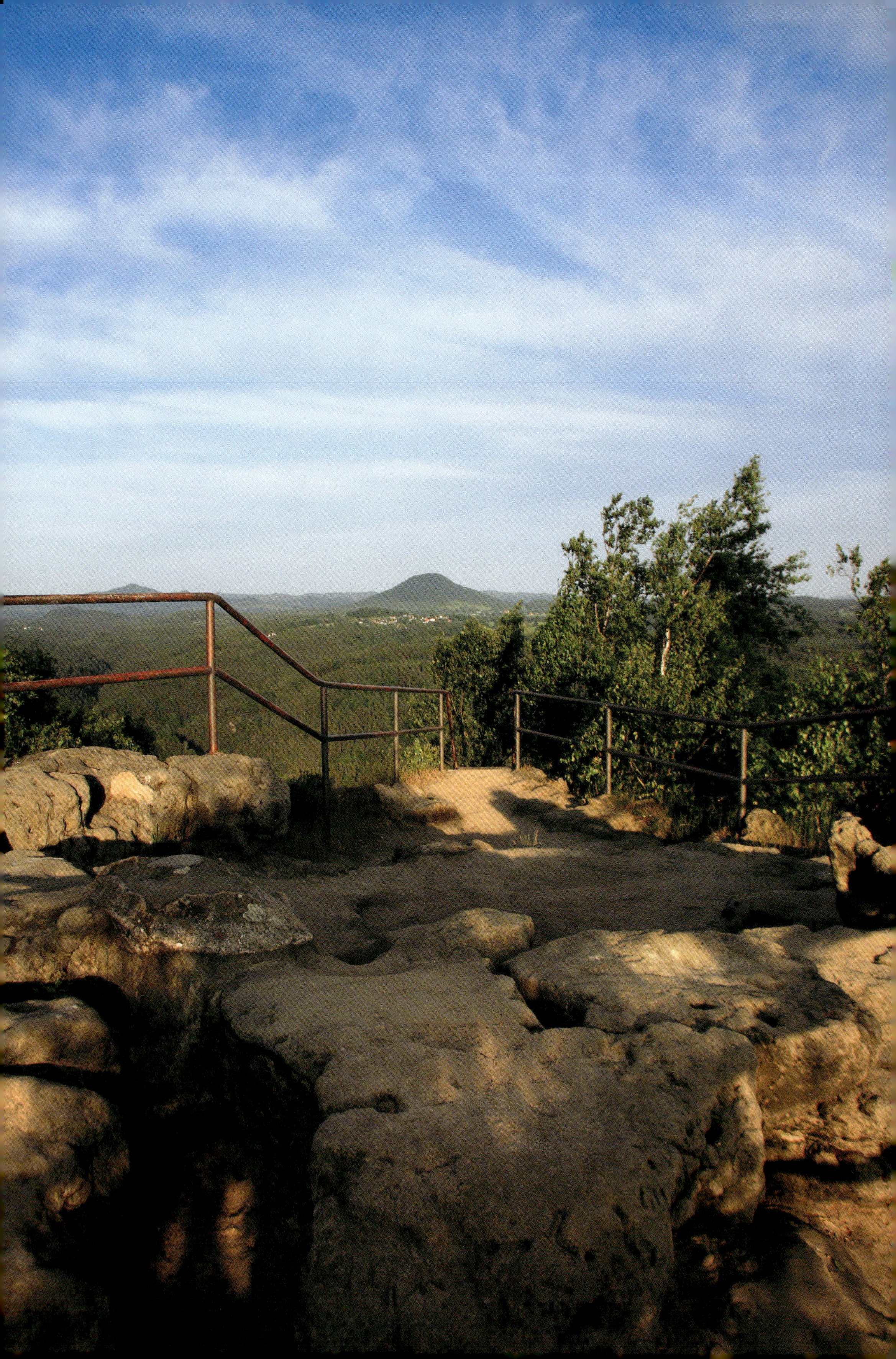

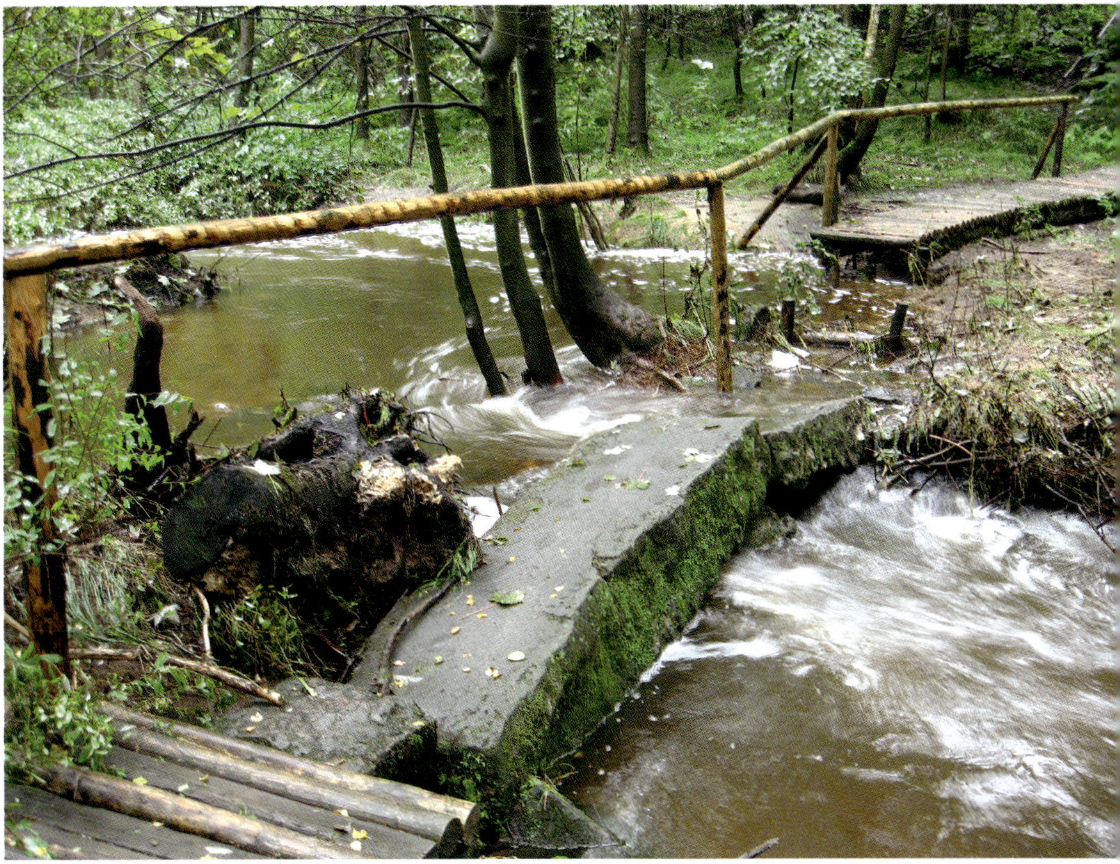

Brücke über die Biela

Praktische Informationen

Anfahrt

Die Routen sind so geplant, dass die Ausgangspunkte in den meisten Fällen mit dem Öffentlichen Personennahverkehr (ÖPNV) erreicht werden können. Da die Übernachtungsmöglichkeiten in diesem Gebiet vielfältig sind und weit verstreut liegen, sind wir bei unseren Beschreibungen der Verkehrsverbindungen von den Verkehrsknotenpunkten des ÖPNV ausgegangen. Neben den gängigen Verkehrsinformationen an Bahn- und Bushaltestellen sowie in den Touristeninformationen gibt es für die Region auch eine jeweils aktuelle Übersichtsbroschüre: die »Wander-Fahrpläne Sächsisch-Böhmische Schweiz« sowie die sehr übersichtliche Auskunft www.vvo-online.de.

Bei dem Großteil der Routen handelt es sich um Rundwandertouren, sodass auch eine Anfahrt mit dem Pkw möglich ist. Bei einigen Ausgangspunkten sind jedoch nur begrenzte Parkmöglichkeiten vorhanden.

Bei einigen Touren sind Ausgangs- und Endpunkt verschieden. Hier ist die Anfahrt mit dem Pkw ungünstig, da es meist keine öffentliche Verkehrsverbindung zurück zum Ausgangspunkt gibt. Bitte nutzen Sie für diese Touren den ÖPNV.

Linke Seite:
Auf dem Zirkelstein

Jahreszeit

In der Sächsischen Schweiz hat das Wandern zu jeder Jahreszeit einen speziellen Reiz und bietet einzigartige Erlebnisse. Die Hauptwanderzeit liegt, je nach Witterung, zwischen Ende April und Ende Oktober. Aber auch im Winter, wenn weniger Menschen unterwegs sind, kann man die Landschaft genießen. Die dann kahlen Laubbäume ermöglichen seltene Ausblicke, die man sonst nicht hat. Zudem begeistert der Kontrast zwischen schwarz-grauem Fels und weißem Schnee. Allerdings ist in der nass-kalten Jahreszeit Vorsicht geboten. Schnee oder überfrierende Nässe verwandeln die Wege und vor allem die Steiganlagen in gefährlich glatte Rutschbahnen.

Im Spätherbst und Winter haben die meisten Gaststätten in der Nationalparkregion Winterruhe. Informieren Sie sich vorher und planen Sie ausreichend Verpflegung ein.

Tourenplanung

Ein genauer Blick in die Karte ist bei der Tourenplanung nie verkehrt. Wir bewegen uns in einer sehr zerklüfteten Mittelgebirgslandschaft, das bedeutet, es gibt steile An- und Abstiege, von einem Grund oder Tal zum nächsten. Hinzu kommen teilweise Steiganlagen wie Treppen oder Leitern.

Die Kilometerangaben für die Touren sind nur als zusätzliche Information gedacht. Wichtiger und auch verlässlicher sind die Zeitangaben. Auf den Wegweisern im Gelände sind, zumindest auf deutscher Seite, fast ausschließlich Zeitangaben zu finden. Auf tschechischer Seite sind die Kilometer verzeichnet. Da das Gelände teils

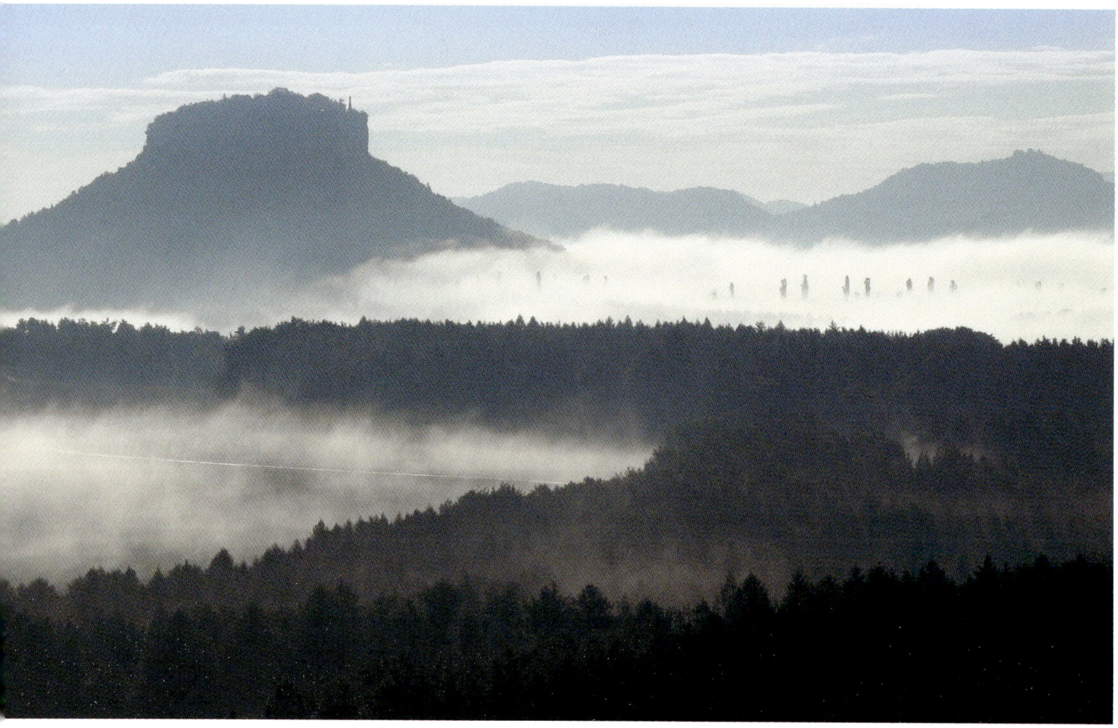

Lilienstein im Nebelmeer

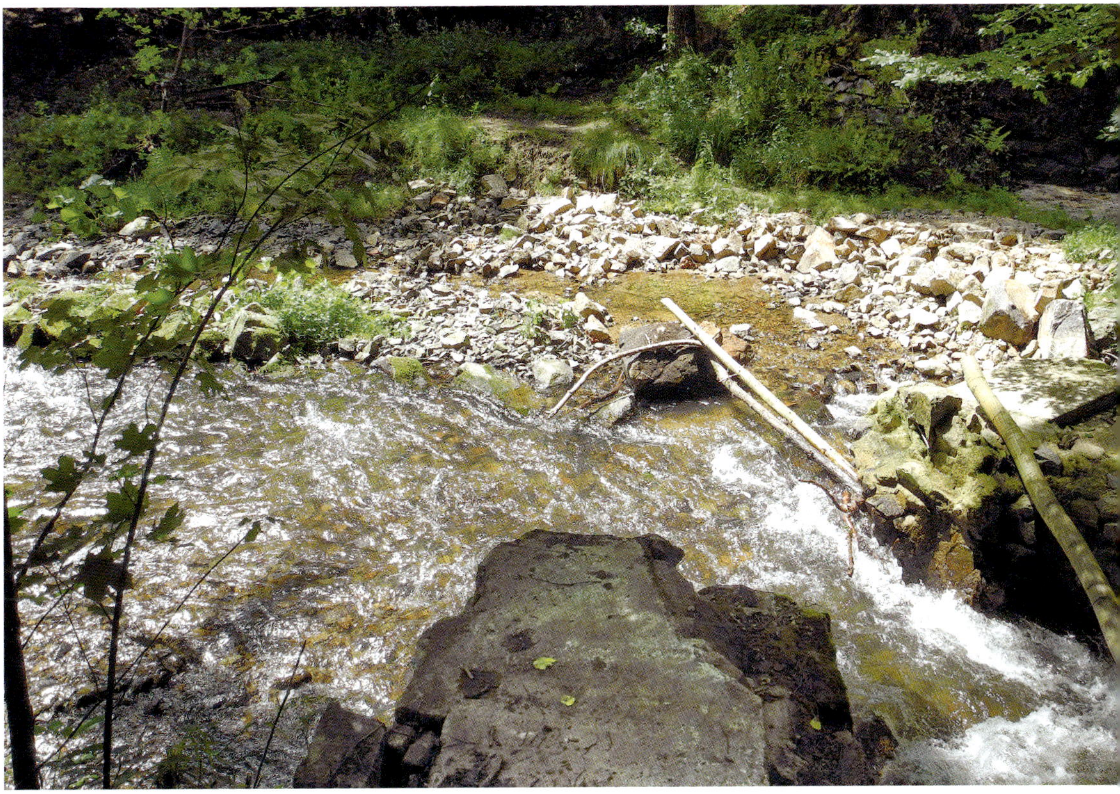

Im Sebnitztal

unwegsam ist, über Wurzeln, Treppen und Leitern auf und ab führt, ist es schwierig, ein kontinuierliches Wandertempo zu halten.
Die Angaben zu den Gehzeiten sind reichlich kalkuliert, um die Landschaft genießen zu können und nicht hasten zu müssen. Längere Pausen sollten extra eingerechnet werden.

Ausrüstung

Gute, bequeme Wanderschuhe, auch Leichtwanderschuhe, und ein gut sitzender Rucksack gehören neben wetterfester bzw. dem Wetter angepasster Kleidung zur Grundausstattung. Da die meisten Touren unterwegs keine Einkehrmöglichkeiten bieten, sollte ausreichend Verpflegung, vor allem Getränke, eingepackt werden.
Außer in den tiefen Schluchten besteht im gesamten Gebiet ein recht guter Netzempfang, jedoch abhängig vom Anbieter. Da wir uns in einer Grenzregion befinden, ist teilweise das tschechische Netz stärker.

Wege und Karten

Das gesamte Elbsandsteingebirge ist mit unzähligen Forststraßen, Wegen und Bergpfaden durchzogen. Allein im Nationalpark Sächsische Schweiz umfasst das offizielle Wegenetz über 400 Kilometer markierter und meist gut ausgebauter Wege.
Vergessene Pfade im Wortsinn gibt es hier nicht, aber kaum begangene. Wir haben uns vor allem auf solche Wege konzentriert. Einige Routen führen streckenweise

auch über beliebte und häufiger begangene Abschnitte, die allerdings bald wieder verlassen werden, um die Ruhe der Landschaft ungestört genießen zu können.

Die Wanderrouten in diesem Führer führen fast ausnahmslos entlang markierter Pfade, die meist mit farbigen Symbolen – Punkt oder Strich auf weißem Grund und gelber Pinselstrich für den Forststeig – gekennzeichnet sind. Besonders im Nationalpark Sächsische Schweiz ist für uns wichtig, konform mit dessen Schutzzielen den Genuss der Natur zu ermöglichen, ohne diese zu beeinträchtigen. Wir haben uns bemüht, einzigartige Orte fernab der üblichen Hauptattraktionen als Tourenvorschläge für Sie auszuarbeiten. Zugleich war und ist es uns ein großes Anliegen, sensible Gebiete zu schonen und besser nur von weitem zu betrachten. In diesem Sinne wurden alle Touren in diesem Wanderführer mit den Fachleuten der Nationalparkbehörde abgestimmt.

Bitte beachten Sie, dass im Nationalpark ein Wegegebot besteht und in der Kernzone ausschließlich die gekennzeichneten Wege benutzt werden sollen. Hunde sind selbstverständlich an der Leine zu führen. In den vergangenen Jahren haben der Klimawandel und damit einhergehende Dürre dazu geführt, dass die Fichten, die resultierend aus der vormaligen Forstwirtschaft auch auf Flächen angepflanzt wurden, die nicht ihrem natürlichen Standort entsprechen, keine Abwehrkräfte mehr hatten und dadurch ideale Bedingungen für Borkenkäfer bestanden. Ein Großteil der Fichten ist mittlerweile abgestorben. Für die Natur im Nationalpark ist das nicht dramatisch, an vielen Stellen kann man nun eine natürliche Waldsukzession beobachten. Für den Wanderer sind jedoch zusammenbrechende Bäume oder Äste eine Gefahr. Außerdem kann es hin und wieder zu Felsabbrüchen oder forstlichen Eingriffen kommen. Aus diesen Gründen können Wege temporär gesperrt sein. Wir empfehlen deshalb, sich vor einer Wanderung über die aktuelle Situation zu informieren. Nähere Informationen finden Sie unter www.nationalpark-saechsische-schweiz.de.

Der Rastplatz am Taubenteich

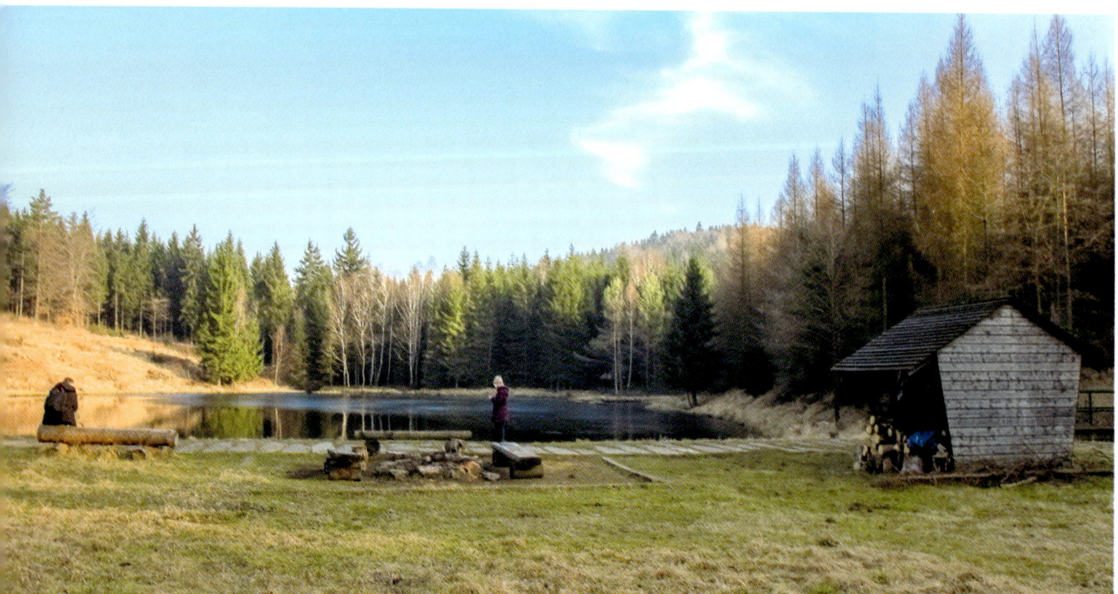

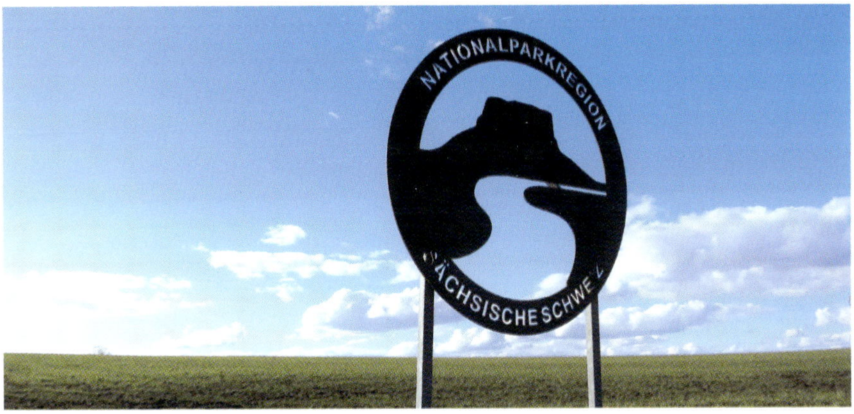

Das Symbol der Nationalparkregion

Zusätzliche Wanderkarten mitzunehmen ist empfehlenswert: zum Beispiel die Topographische Karte Nationalparkregion 1:25 000 (Ausgabe mit Wander- und Radwanderwegen sowie naturkundlichem und touristischem Begleitheft, Herausgeber Freistaat Sachsen, ISBN 978-3-89679-361-4) oder Nationalparkregion Sächsisch-Böhmische Schweiz 1:30 000 (Herausgeber Sachsen Kartographie GmbH Dresden, ISBN 978-3-86843-017-2). Als Übersicht die gezeichnete Karte von Rolf Böhm, Große Karte der Sächsischen Schweiz 1:30 000 (ISBN 978-3-910181-09-0).

Schwierigkeit

Die Touren sind in drei verschiedene Kategorien eingeteilt. Ein Mindestmaß an Trittsicherheit ist bei allen Touren erforderlich. Auch wenn die zu überwindenden Höhenunterschiede nicht besonders groß erscheinen, so sollte man die zum Teil sehr steilen Auf- und Abstiege nicht unterschätzen. Es ergeben sich folgende Einstufungen:

Die Touren, die wir in diesem Buch vorschlagen, haben wir allesamt selbst begangen, wir kennen die Wege bereits seit vielen Jahren und haben sie nach bestem Wissen und Gewissen beschrieben. Wir weisen jedoch darauf hin, dass weder wir noch der Verlag für die Richtigkeit und Aktualität der Angaben garantieren können. Das Begehen erfolgt daher vollständig auf eigene Gefahr, für etwaige Unfälle wird nicht gehaftet.

Anforderungen

- **Leicht:** einfache Wanderungen auf gut begehbaren Wegen, die keine schwierigen Stellen beinhalten
- **Mittel:** gute Kondition erforderlich; gut ausgeprägte Pfade oder Steige, Trittsicherheit und Schwindelfreiheit nötig
- **Anspruchsvoll:** konditionell fordernde Strecken, da sie zum Teil recht lang sind oder häufiger auf und ab führen. Trittsicherheit und Schwindelfreiheit erforderlich, zum Teil über Steiganlagen führend

Wir möchten uns bedanken:

Bei unseren Familien fürs Mitwandern und die Geduld. Bei Thomas, Frank, Daniel und den beiden Martins für die Bereitstellung ihrer Bilder und bei Andreas Knaak und Hanspeter Mayr von der Nationalparkverwaltung für deren Beratung und Tipps.
Wir wünschen unseren Lesern schöne und erlebnisreiche Touren in den nicht so stark begangenen Gebieten der Sächsisch-Böhmischen Schweiz und eine gesunde Rückkehr.

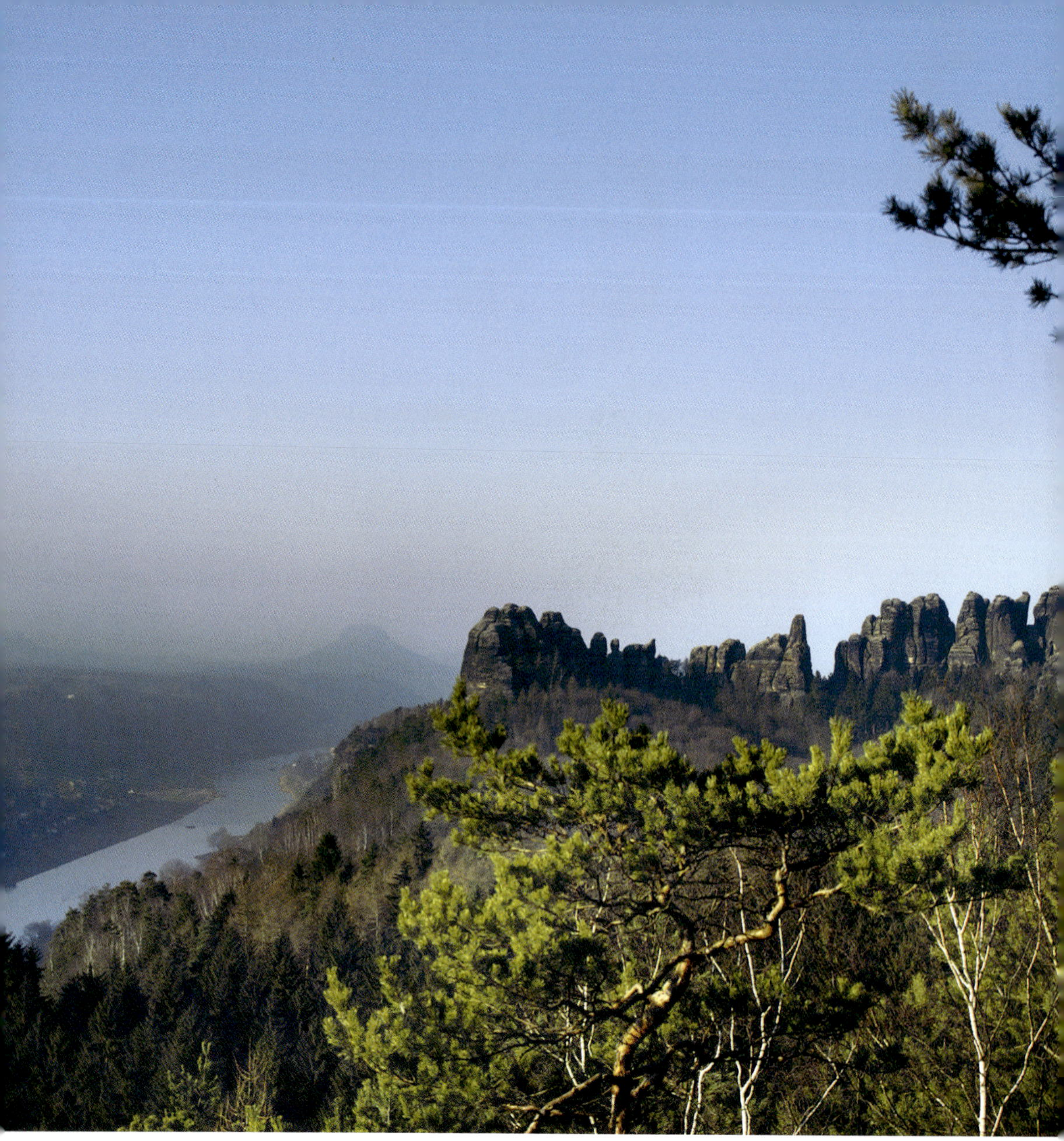

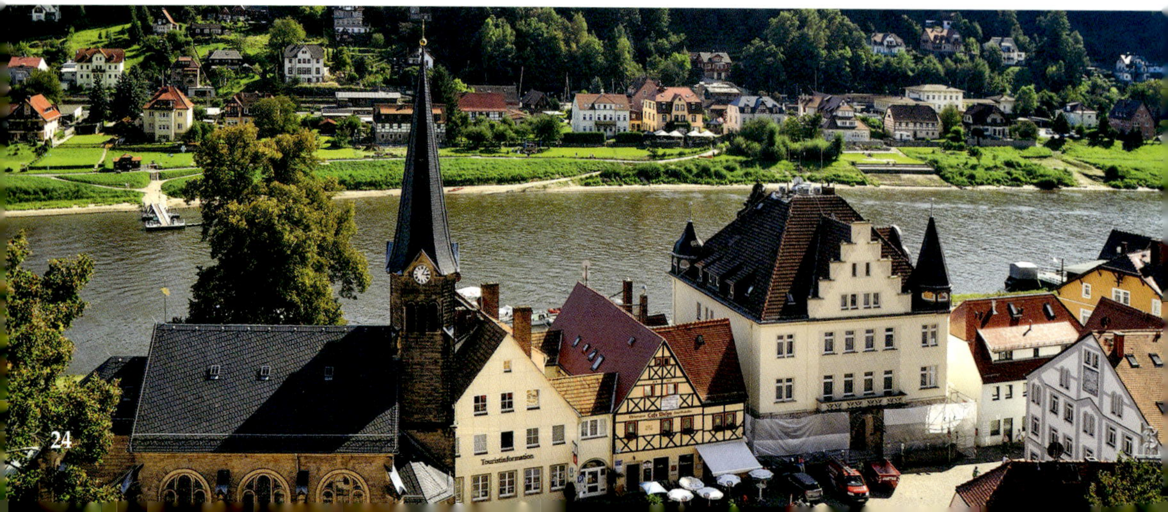

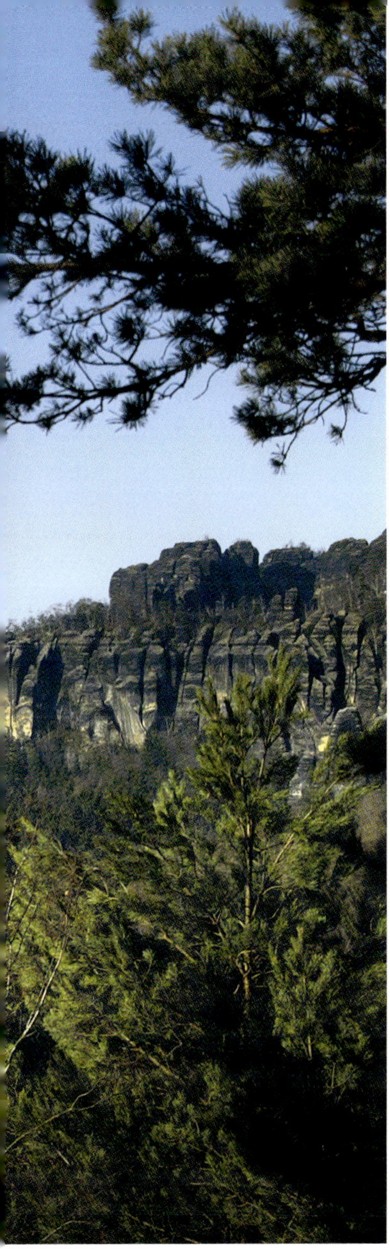

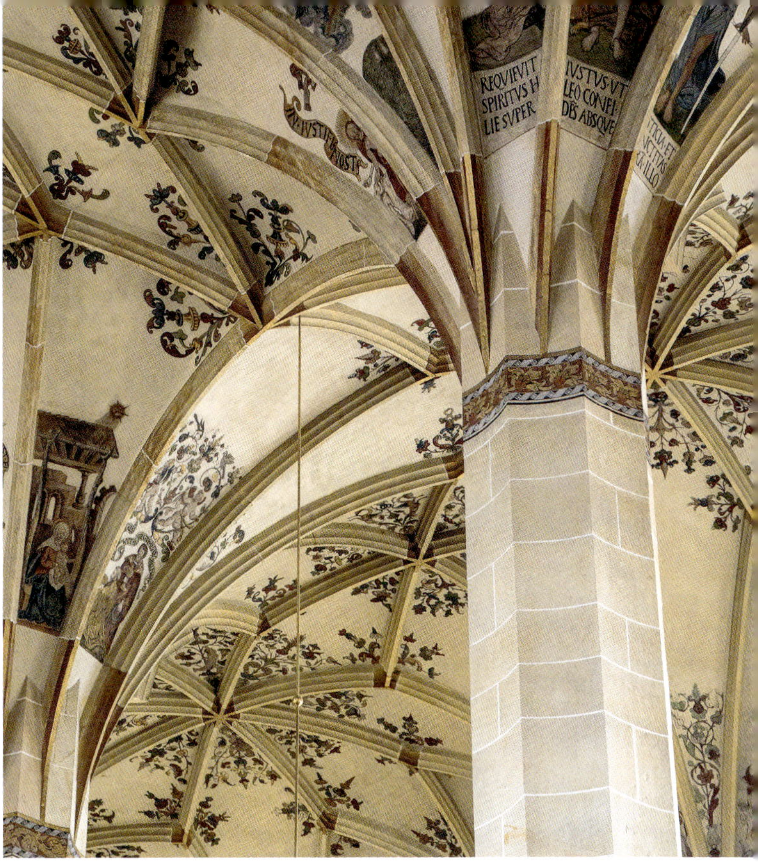

Pirna und Umgebung

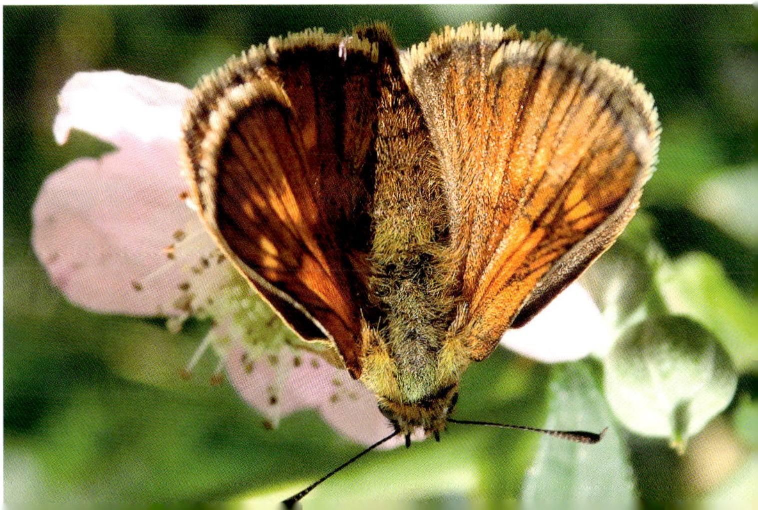

Die Schrammsteine (li. o.), das reich bemalte Gewölbe der Marienkirche in Pirna (re. o.), Dickkopffalter (re. u.), Stadtansicht von Wehlen mit der Elbe (li. u.)

1

Malerweg nach Wehlen

Inspiration für große Künstler

Mittel | 12 km | ↗ 97 m ↘ 141 m | 4,5 Std.

Tourencharakter:
Tour mit wenigen Anstiegen, da sie meist im Tal verläuft. Bei Hitze – trotz der Strecke über freie Landschaft – gut geeignet, da es im Tal angenehm kühl bleibt. Bei Schneefall und Eis im Winter Rutschgefahr

Ausgangspunkt:
Liebethaler Grund, 164 m

Endpunkt:
Stadt Wehlen, 120 m, Abfahrt mit der S-Bahn

Höchster Punkt:
Lohmen Ort, 261 m, sonst Talwanderung

Anfahrt:
Mit dem Bus ab dem ZOB-Busbahnhof in Pirna, die Linie G/L Richtung Graupa/Liebethal bis Haltestelle Liebethaler Grund. Anfahrt mit Pkw nicht zu empfehlen

Einkehr:
Gasthaus Waldidylle, verschiedene Restaurants am Marktplatz in Wehlen

Lange hatte das Elbsandsteingebirge gar keinen Namen, später wurde es »Böhmische Wälder« oder »Meißner Hochland« genannt. Anton Graff und Adrian Zingg – zwei Schweizer Künstler – fühlten sich Mitte des 18. Jahrhunderts von der romantischen Gegend derart an ihre Heimat erinnert, dass sie wohl den Begriff »Sächsische Schweiz« prägten.

Liebethaler Grund und Lochmühle Unser Startpunkt ist der Buswendeplatz am Eingang des Liebethaler Grundes. Links sehen wir den Klettergarten des Sächsischen Bergsteigerbundes, an dessen Wänden wir ein paar Kletterern zuschauen können. Wir wandern nun durch den Kühlen Grund (Markierung gelber und grüner Punkt sowie gelber Strich). Die Wesenitz fließt ruhig und beschaulich neben dem Weg – vielleicht fliegt ein Eisvogel vorbei. Zunächst plätschert das Wasser dahin, dann wird es lauter und schließlich tost das Wasser dröhnend. An einer Engstelle umgehen wir den Felsen und gelangen über die schmale Brücke an die Ruine des ehemaligen Elektrizitätswerkes für den Pirnaer Stadtteil Copitz.

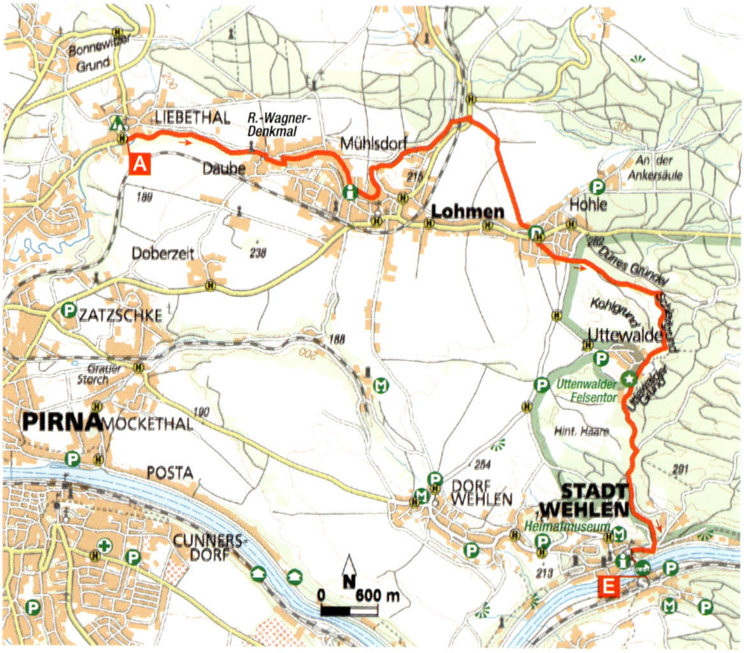

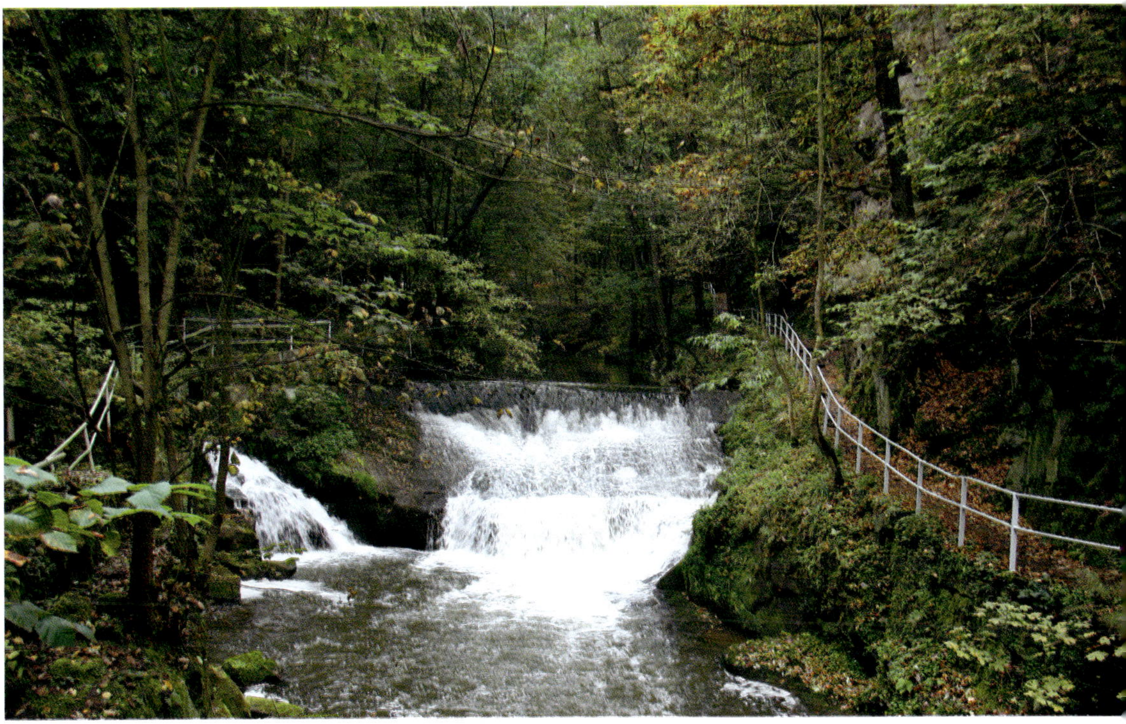

Wasserfall an der Lochmühle

Links am Wegrand werden ab und zu die verfallenen Reste der Zuleitungsrohre für das Wasserwerk sichtbar. An der Raststelle vor dem Torbogen zur »Lochmühle« steht Richard Wagner – überlebensgroß als pompöses Denkmal am linken Wegesrand. Zeitweise wohnte er im nahen Graupa, wanderte im Liebethaler Grund und kehrte nachweislich in der »Lochmühle« ein.

Wir gehen weiter durch den Torbogen an der damals oft besuchten, heute leider verfallen Gaststätte Lochmühle vorbei. Nach der Brücke, an der uns der Wasserfall kaum unser eigenes Wort verstehen lässt, biegen wir links ab und gehen am Flussufer lang bis zur Daubemühle weiter, eine der sieben Mühlen, die es früher lang der Wesenitz gab. Dahinter nehmen wir die Brücke nach links und gehen Richtung Mühlsdorf (Markierung »M« für Malerweg).

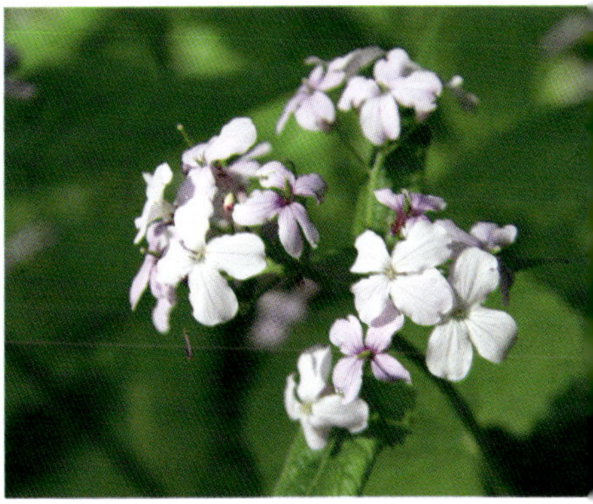

Mondviole

Mühlsdorf und Wesenitztal In Mühlsdorf angekommen, gehen wir die Straße nach rechts abbiegend durch den Ort. In einem Bogen führt sie uns wieder zur Wesenitz hinunter. Wir gehen über die Brücke und schwenken gleich darauf nach links, um nun erneut am Bach entlangzuwandern, wobei wir nun auf den blauen Punkt als Markierung achten. Unterwegs kommen wir unterhalb des Lohmener Schlosses an einer Mühle und einem Steinbruch vorbei und gehen weiter, bis wir auf den mit einem gelben Strich markierten Weg treffen. Wir verlassen den Talweg und gehen rechts leicht bergan, überqueren eine Straße und wandern, uns weiter rechts haltend, auf dem breiten Feld-

und Wiesenweg (gelber und grüner Strich, »M«) in Richtung Lohmen. Schon von weitem sehen wir dieses lang gestreckte Straßendorf. Im Ort wenden wir uns an der Hauptstraße links und gehen weiter dem grünen Strich nach durch den Ort. An einem kleinen Platz mit Sonnensegel verläuft unsere Route leicht nach rechts auf einer Nebenstraße zum Ortsrand. Wir befinden uns auf dem Malerweg und werden diesem sowie dem grünen Strich nun bis nach Wehlen folgen.

Der Malerweg Seit 2006 verläuft der Malerweg durch die Sächsische Schweiz. Es ist in etwa die Route der »Schweizreisenden« oder »Fremden«, wie die Touristen genannt wurden, die Mitte des 19. Jahrhunderts über Dresden und Pillnitz ins Elbsandsteingebirge kamen. Der heutige Wanderer erkennt den Malerweg am schwungvollen »M«. Die markierte Route zieht sich 112 Kilometer in acht Etappen erst auf der rechtselbischen Seite bis zur tschechischen Grenze, dann linkselbisch wieder nach Pirna durch das Elbsandsteingebirge. Beim Wandern auf diesem Weg lassen wir un-

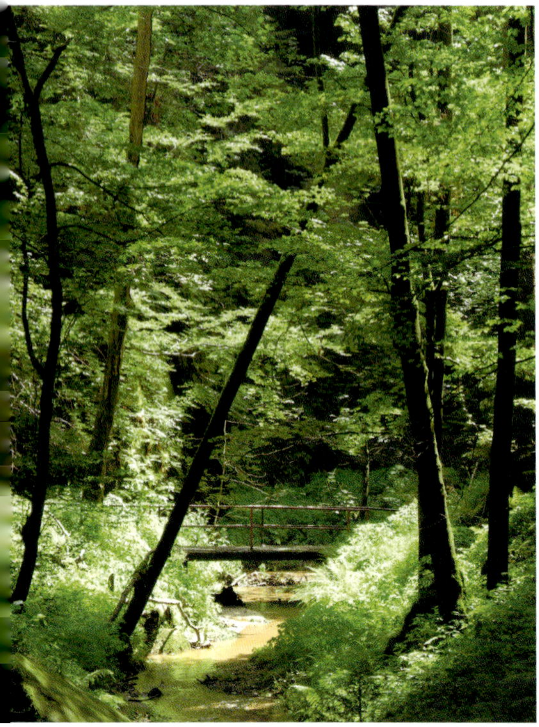

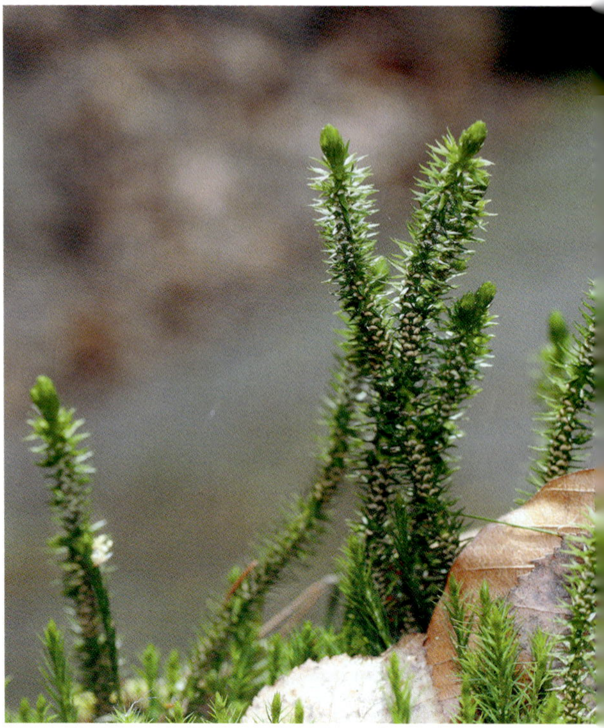

Links: Uttewalder Grund

Mitte: Tannenteufelsklaue

sere Gedanken in die Vergangenheit reisen. Wer war nicht schon alles vor uns hier? Adrian Zingg und Anton Graff, Caspar David Friedrich, Ludwig Richter und Carl Gustav Carus, aber auch Carl Maria von Weber, Frederic Chopin und Richard Wagner, um nur einige zu nennen.

Uttewalder Grund und Felsentor Am Ortsrand von Lohmen überqueren wir die Straße und wandern vorerst am Waldrand entlang, hinab zum Uttewalder Grund. In der Schlucht gehen mehrere Wege ab, wir nehmen den, der nach rechts hinunter ins

Tal führt. Die Schlucht ist kühl und feucht. Hier herrscht Kellerklima, obwohl der sich neben dem Weg schlängelnde Bach häufig kein Wasser führt. Wild und romantisch ist die Schlucht, unzählige Farne und Moose in sattem Grün überwuchern die Felsen rechts und links von uns. Der Uttewalder Grund ist einer der moosreichsten Gründe der Sächsischen Schweiz. Weiter im Tal kommen wir an das auf vielen Gemälden dargestellte Felsentor. Spätestens an dieser Stelle wird uns klar, was die Maler – einst und heute – derart an dieser Landschaft faszinierte. Wir schreiten also durch das berühmte Tor, drehen uns noch einmal um, um es auch von der anderen Seite zu betrachten. Nach einigen Metern kommen wir an das Gasthaus Waldidylle. Wirklich ein idyllischer Ort, um draußen oder drinnen eine Rast einzulegen! Unsere Wanderung führt nun eine Zeit lang fast auf gleicher Höhe bleibend bis zu einer Wegkreuzung, an der wir uns rechts halten und den breiten Weg Richtung Wehlen einschlagen. An einer kleinen Straßenkurve im Wald biegen wir nach rechts, gehen über die Brücke und sofort wieder links. Der Pfad führt parallel auf der anderen Bachseite entlang und ist

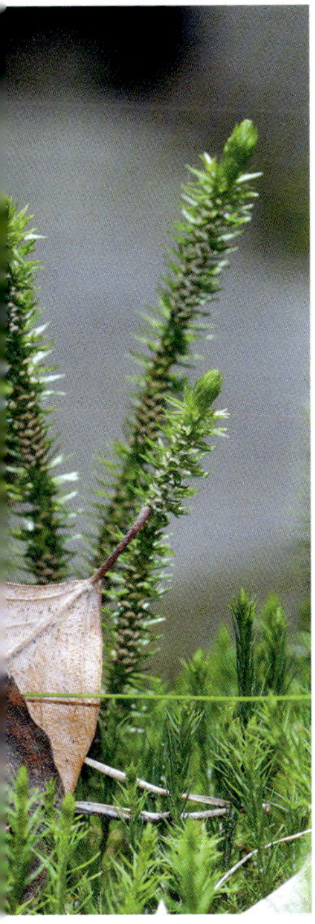

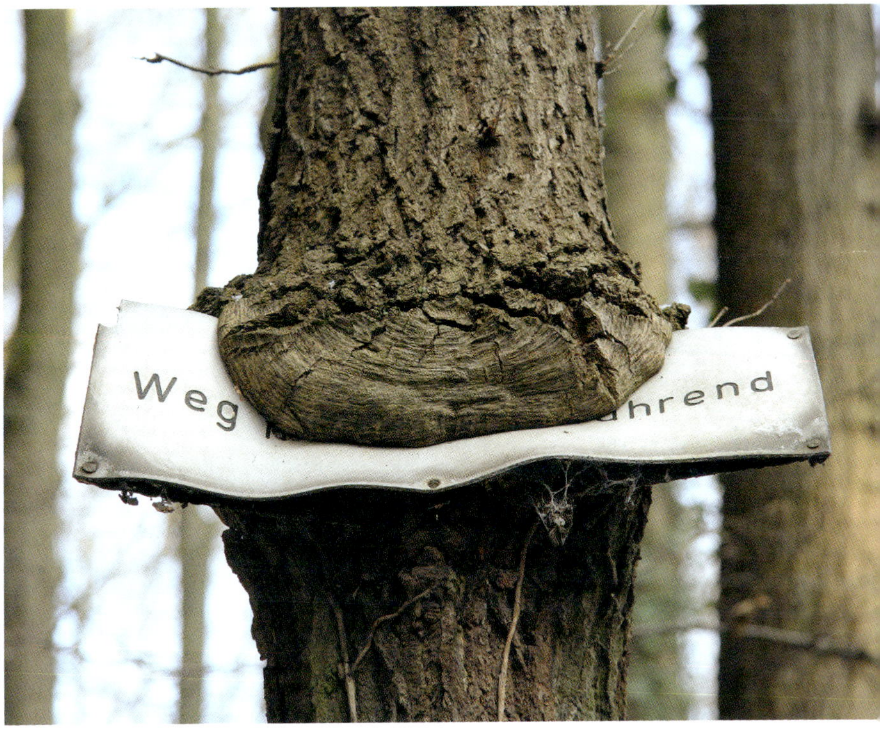

Baum frisst Schild

angenehmer zu laufen als die Straße. Später müssen wir erneut über eine Brücke und weiter auf der Straße bis zu einer Informationstafel nahe bei den ersten Häusern von Wehlen. Wir verlassen die Straße leicht links ansteigend an der Brücke. (Die Fahrstraße führt rechts über die Brücke.) Oben sind die Reste der einstigen Burganlage von Wehlen zu sehen, wer mag, kann sie besichtigen. Wir lassen die Anlage jedoch links liegen und laufen hinunter in den Ort. Dort zweigen wir nach rechts ab zur Kirche und zum Markt. Dort vorbei geht es zur Fähre an der Elbe, die uns hinüber auf die andere Seite bringt. Von dort geht es rechts zum Bahnhof von Wehlen.

2

Lochmühle

Auf den Spuren von Richard Wagner

Leicht | 13 km | ↗ 102 m ↘ 102 m | 4,5 Std.

Tourencharakter:
Leichte Tour mit kaum merklichen Anstiegen. Zur Lochmühle hinunter steile Stufen, die rutschig sein können. Im Winter bei Eis und Schnee ungeeignet. Ein Teil der Strecke führt durch hübsche Ortschaften.

Ausgangs- und Endpunkt:
Pirna Bahnhof, 118 m

Höchster Punkt:
Bei Doberzeit, 220 m

Anfahrt:
Entweder mit der S-Bahn bis Pirna und vom Bahnhof weiter wie im Text beschrieben.
Oder mit dem Pkw, dann besser die Parkplätze auf der gegenüberliegenden Elbseite im Ortsteil Copitz, am Hauptplatz oder Copitzer Elbeparkplatz nutzen

Einkehr:
Gasthaus Doberzeit, Gasthäuser in Pirna

»Zurück zur Natur« war im 18. Jahrhundert ein eher beschwerliches Unterfangen, aber auch Ausdruck eines neuen Lebensgefühls. Die wilde Wesenitz im Liebethaler Grund und die »Lochmühle« gehörten zu den ersten Eindrücken in der Sächsischen Schweiz, die Maler, Dichter und Komponisten gleichermaßen begeisterten und inspirierten.

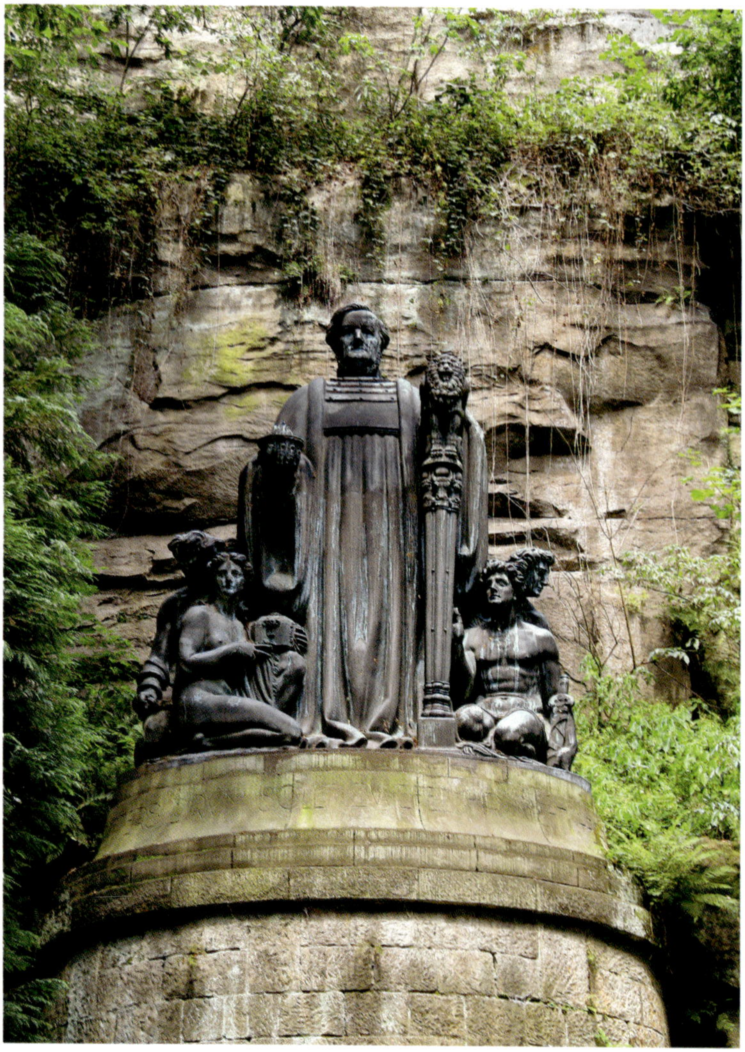

Wagnerdenkmal im Liebethaler Grund

Pirna und Copitz Am Bahnhof von Pirna halten wir uns links, überqueren die alte Elbbrücke und kommen in den Stadtteil Copitz. Im Jahr 1471 wurde der Ort, der vermutlich slawischen Ursprungs ist, erstmals urkundlich erwähnt. Menschen lebten hier schon wesentlich länger: Bei Ausgrabungen in Copitz-West kamen bronzezeitliche Fundstücke ans Licht.

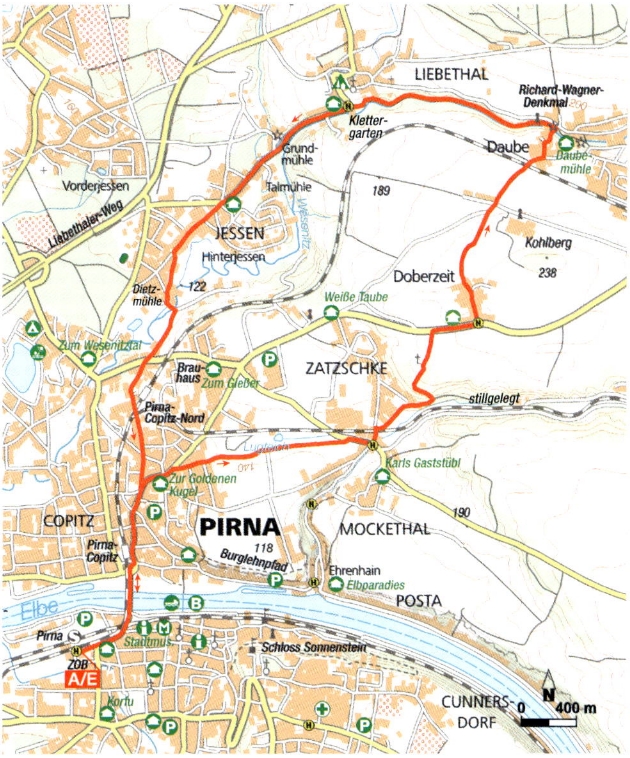

Über die Dörfer Geradeaus geht es die Hauptstraße entlang und die Lohmener Straße hinauf, bis wir rechts in die Lugstraße abbiegen. Sie führt nach Osten und wird zu einem Feldweg. An der Wegkreuzung weiter geradeaus, links liegt der Lugteich im Feldgehölz versteckt. Der nächste Ortsteil, den wir passieren, ist Mockethal. Wir biegen rechts auf die Hauptstraße ein und wenden uns dann an der nächsten Kreuzung nach links, überqueren anschließend alte Bahngleise und folgen kurz danach dem Weg nach rechts (mit einem gelben Punkt gekennzeichnet). Ein paar Häuser weiter beginnt der Wald. Wir nehmen den nächsten, links abzweigenden Weg (gelber Punkt) und steigen bergan, verlassen den Wald und wandern auf einem Feldweg weiter, vorbei an einem Sühnekreuz bis zur Straße nach Lohmen. Das Steinkreuz stand am »Pirnischen Steig«, der schon im Mittelalter bekannt war und von Neustadt über Polenz und Lohmen nach Pirna führte. Ein kleines Stück laufen wir nun die Straße entlang rechts bis nach Doberzeit. Nach der Bushaltestelle biegen wir links in den Ort ab. An alten Gehöften mit malerischen Eingangstoren vorbei wandern wir auf einer schmalen, wenig befahrenen Straße weiter nach Daube, einem beschaulichen Dörfchen. Von hier aus gehen wir links, um den Feuerlöschteich herum, der Ausschilderung Lochmühle nach.

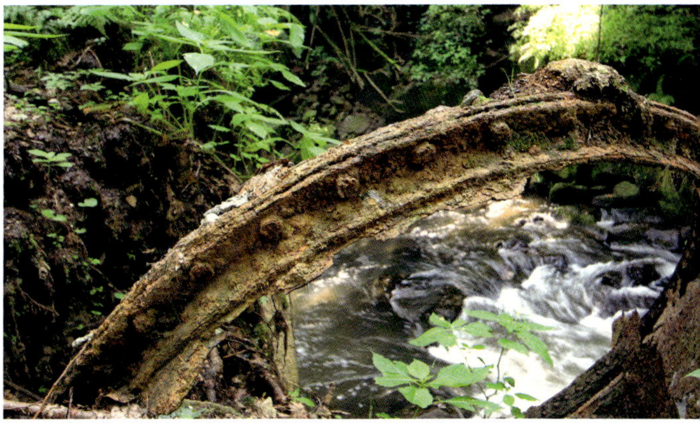

Eine alte Wasserleitung

Wilde Wesenitz in der Felsklamm Eine enge Steintreppe führt hinab ins Wesenitztal. Düsternis und Feuchtigkeit hüllen uns ein. Das Rauschen wird immer lauter und ohrenbetäubender, je weiter wir absteigen. Die Wesenitz hat sich eine tiefe Klamm mit steilen Wänden in den Fels geschnitten. Mit 83 Kilometern gehört der Fluss zu den langen rechten Nebenflüssen der Elbe. Bis zur Mitte des 19. Jahrhunderts war das Goldwaschen im Einzugsgebiet der Elbe die Hoffnung vieler. Eine Brücke am Grund der Klamm führt über den reißenden Fluss, der im Sommer 2002 verheerendes Hochwasser führte. Links die einstige und gern besuchte Gaststätte Zur Lochmühle. Heute ist das Gebäude zum Teil eingefallen und verwittert. In der »Lochmühle« war Wagner 1856 nachweislich zu Gast. Zahlreiche andere Künstler besuchten diesen Ort damals ebenfalls. Die Mühle war früher nur über die alten Stufen von Daube und einen schmalen, steilen Zugang von Mühlsdorf aus zu erreichen, lag also tatsächlich »im Loch«. Das bedeutete, dass jeder Sack Getreide nach unten zum Lochmüller geschleppt werden musste. Heute führt von der »Lochmühle« ein direkter Weg aus der Schlucht hinaus.

Tipp:

Auf jeden Fall einen Besuch wert ist das Richard-Wagner-Museum im nahe gelegenen Graupa, das im ehemaligen Schäfer'schen Gut, heute Lohengrin-Haus, untergebracht ist und in dem wesentliche Teile der Lohengrin-Komposition entstanden sind.

Richard Wagner am Wegesrand Steinerne Stufen, moosbewachsen und mit Flechten überzogen, führen zum Sandsteinsockel mit Inschrift empor. Darüber erhebt sich, 4,2 Meter hoch und in Bronze gegossen, der große deutsche Komponist Richard Wagner – dargestellt als Gralsritter. Das weltweit größte Wagner-Denkmal, mit einer Gesamthöhe von 12,5 Metern, scheint eins mit dem Fels und dem dichten Grün zu sein. Die angenehme Frische des Ortes lädt bei warmen Temperaturen im Sommer zur Rast, die Sitzmöglichkeit zum Verweilen ein.

Pforte zur Sächsischen Schweiz Wir passieren den ersten Teil des sogenannten Malerweges im Liebethaler Grund – an dieser Stelle ein enges, tief eingeschnittenes Tal mit rauschendem Fluss. Vormals seine Eingangspforte und der erste Eindruck der Reisenden vom Elbsandsteingebirge. Künstler kamen aus der Residenzstadt Dresden, um das wildromantische Felsgebiet mit Skizzen- und Notizblock zu erkunden. Wir gehen diesen Teil des Weges aber in der anderen Richtung, nämlich aus der Klamm hinaus auf Liebethal zu. Rechts vorbei an der Ruine des alten Wasserkraftwerkes von Copitz. Die gurgelnden Geräusche des Wassers verklingen langsam. Die steilen Wände eines aufgelassenen Steinbruchs werden als Klettergarten genutzt. Dann erreichen wir Liebethal.

Auf der Straße wenden wir uns nach links und laufen weiter nach Jessen. Unterwegs überqueren wir eine Brücke und gehen weiter, bis die Hauptstraße nach rechts abzweigt. An dieser Stelle wandern wir geradeaus (blauer Punkt), bis wir am Fichtenweg halb links abbiegen. Nach einigen Minuten erreichen wir eine kleine Kreuzung mit Kastanienbäumen und wenden uns nach links, hinunter bis zur Dietzmühle. Dort über die Brücke und gleich den nächsten Wiesenweg nach rechts, der uns an die Basteistraße führt. Wir überqueren sie und biegen in einen Schotterweg ein. Der führt uns, am Berufsschulzentrum vorbei und über Bahngleise, auf die Pillnitzer Straße, die wir entlang bis zur Hauptstraße wandern. Auf dieser erreichen wir über die alte Brücke die Altstadt von Pirna und den Bahnhof.

Rechte Seite: Die Lochmühle

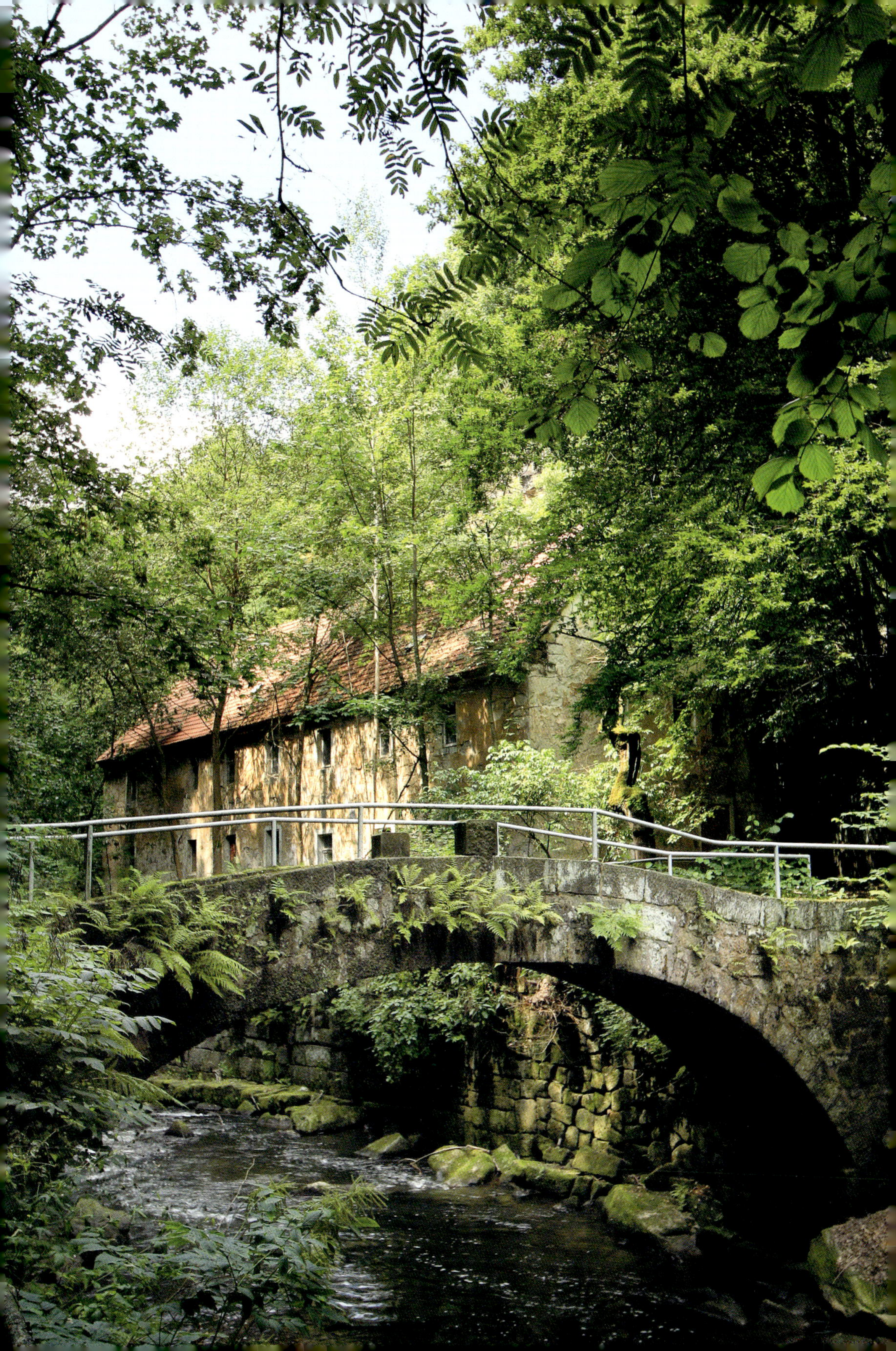

3

Herrenleite

Rundling und alte Siedlungen

Leicht | 10 km | ↗ 142 m ↘ 140 m | 3 Std.

Tourencharakter:
Wenig anstrengende Tour, leicht bergauf und bergab, im Ganzen jedoch geringe Höhenunterschiede, zeitweise durch Orte führend

Ausgangspunkt:
Bahnhof Pirna, 118 m

Endpunkt:
Stadt Wehlen, 120 m, Abfahrt mit der S-Bahn

Höchster Punkt:
Dorf Wehlen, 240 m

Anfahrt:
Mit der S-Bahn oder dem Pkw bis Pirna; Parkmöglichkeiten im Bahnhofsbereich nutzen. Rückfahrt mit S-Bahn ab Wehlen möglich

Einkehr:
Verschiedene Gaststätten in Dorf und Stadt Wehlen

Natur- und Kulturlandschaft sind im Elbsandsteingebirge eng verflochten. Darin liegen seine Ausstrahlung und außergewöhnliche Schönheit. Die Formen der Natur – Täler, Felsen, Tafelberge, Wälder – sind mit Strukturen aus Menschenhand verwoben: Äcker, Felder und Dörfer mit alten Siedlungsstrukturen wechseln sich ab.

Start in Pirna Altstadt Am Bahnhof von Pirna geht es los, indem wir uns links halten und die Elbe auf der alten Brücke in Richtung des Stadtteiles Copitz überqueren. 1417 wurde dieser Ortsteil erstmals urkundlich er-

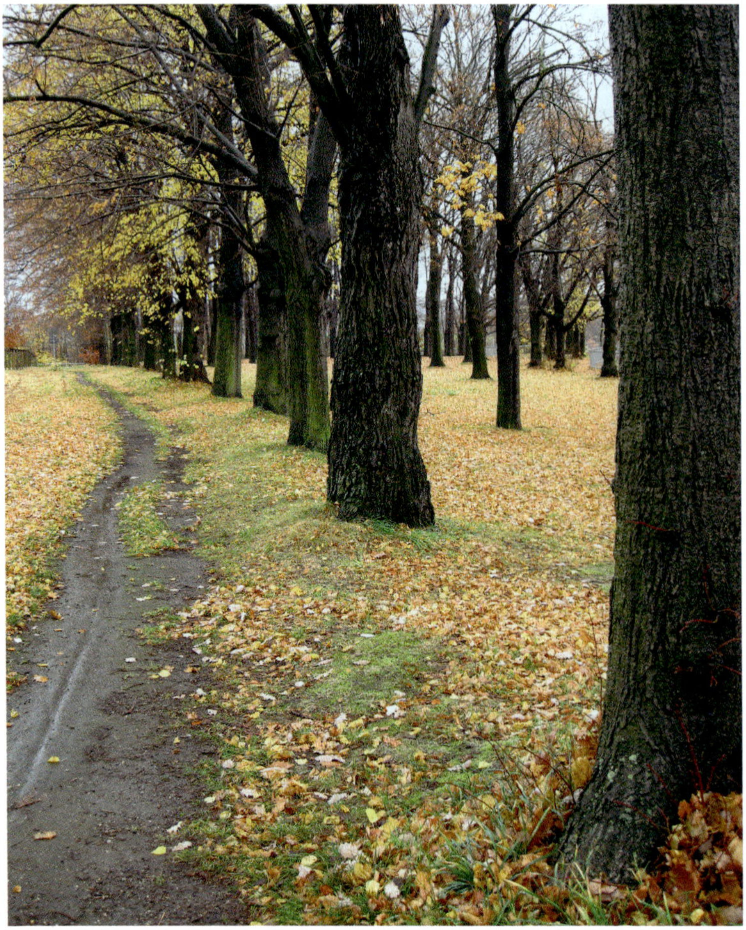

Ehrenhain

wähnt, der vermutlich slawischen Ursprungs ist. Nach der Brücke biegen wir nach rechts in die Fährstaße und gehen weiter bis zum Fleischergeschäft. Hier biegen wir nach links in die Quergasse ab bis zur Oberleite. Von dort nach rechts leicht bergan. Die »Schöne Höhe« ist ausgeschildert und mit einem gelben Punkt markiert. Linkerhand beginnt der Aufstieg.

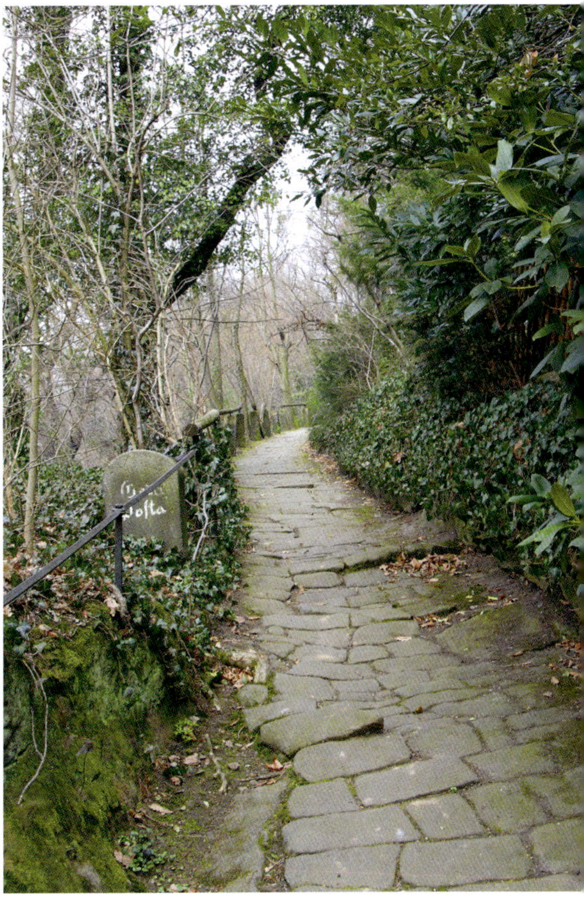

Die Treppe über der Elbe Ungefähr 130 Treppenstufen sind zu bewältigen. Schnaufend schaffen wir diese Strecke und folgen anschließend der kleinen Straße nach rechts. Nach wenigen Metern wird sie zum Weg: Der Burglehnpfad verläuft beinahe an der Felskante entlang. Das garantiert eine grandiose Sicht auf Pirnas Altstadt und das Elbtal. Viele Rastmöglichkeiten bieten willkommene Gelegenheiten, den herrlichen Ausblick zu genießen. Auch Einheimische nutzten den Weg gerne an den Wochenenden. Am Ehrenhain, einem kleinen Wäldchen, wurden im Gedenken an die gefallenen Soldaten des Ersten Weltkrieges Bäume gepflanzt. Wir gehen in einer Linkskurve um den Hain herum. Weiter geht es auf dem »Zick-Zack-Weg«, wie die Ortsansässigen sagen, nach unten in den Mockethaler Grund. Hier müssen wir die Straße überqueren und gehen geradeaus einen kleinen schmalen Weg entlang. Rechts sehen wir eine Forellenzucht und links eine Wasserstelle. Die eigentliche Quelle befindet sich ein paar Meter die Straße aufwärts. Der Tradition folgend, schöpften früher Mädchen und junge Frauen schwei-

Hinauf nach Mockethal

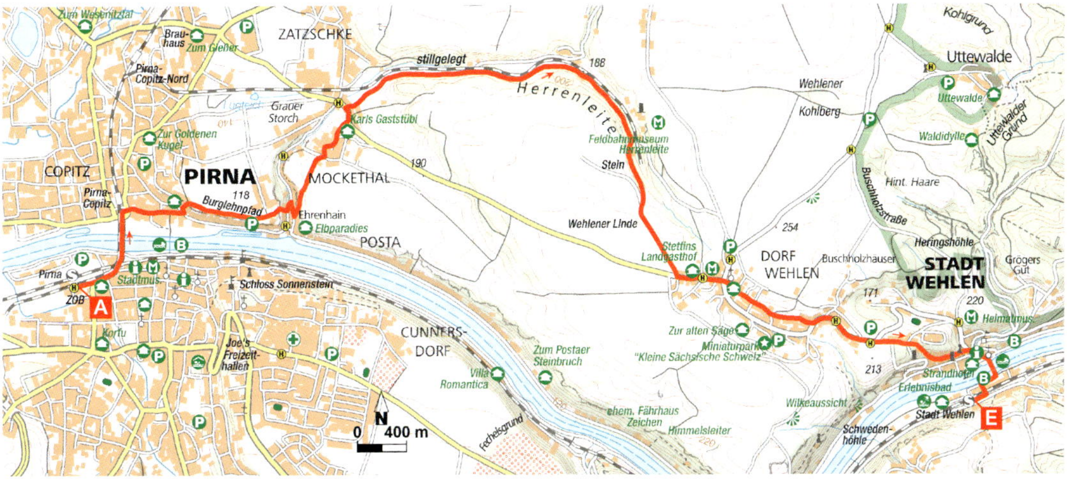

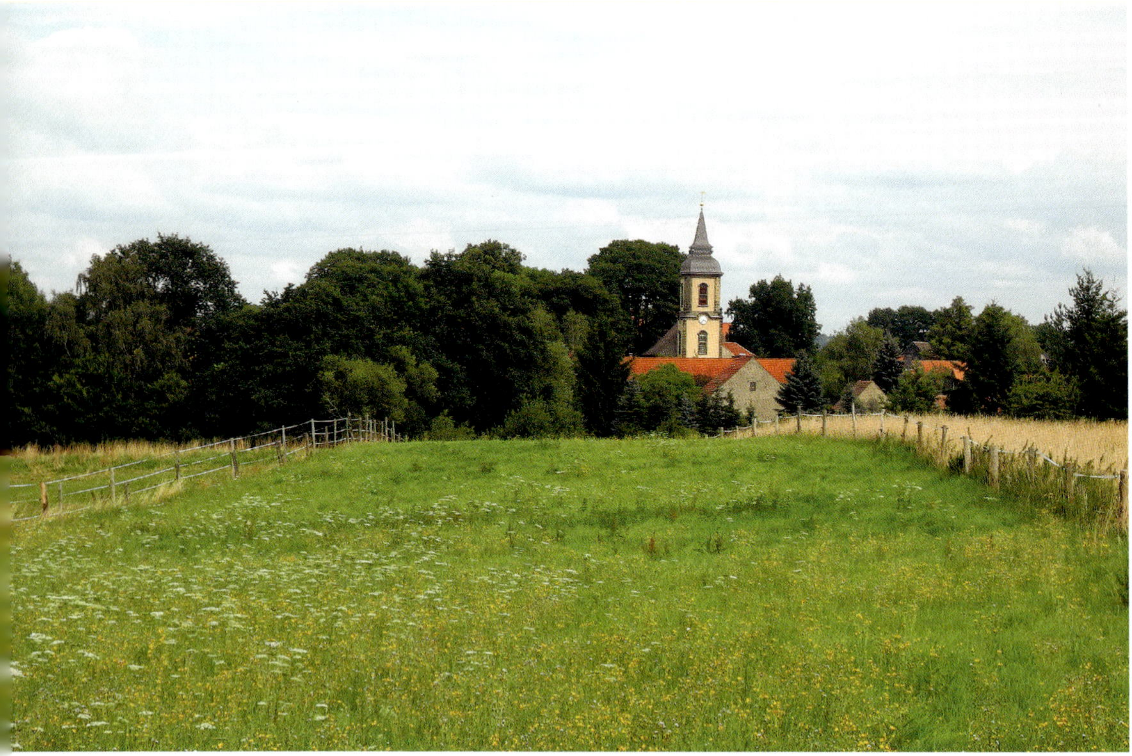

Die Kirche von Dorf Wehlen

gend Osterwasser für die spätere Waschung in den heimischen Stuben. Die Burschen des Ortes lauerten ihnen auf und damit war es mit dem Schweigen vorbei. Das Oster- wurde zum Plapperwasser.

Nach ein paar Stufen rechts dem gelben Punkt weiter folgen. Von hier ist die Forellenzucht gut zu sehen. Wir nehmen den nächsten Weg nach links und laufen bergauf zwischen hübschen Häuschen, später an Sandsteinfelsen entlang und schließlich übers Feld in Richtung Mockethal.

Rundling – alten Siedlungen auf der Spur Zwischen Kuhställen und Wirtschaftsgebäuden hindurch gelangen wir nach Mockethal, einem alten Rundlingsdorf. Noch heute ist die ehemalige Dorfstruktur gut erkennbar: In der Mitte liegt der Löschteich, die Gebäude umfangen ihn ringförmig. Wir halten uns links und gehen die Zufahrtsstraße in nördlicher Richtung bergab. Auf der Hauptstraße angekommen, steuern wir hinüber zum alten Schulgebäude, um dort rechts abzubiegen in Richtung Feldbahn-Museum oder Herrenleite – ein Tal mit Sandsteinbrüchen, Armee-Übungsgeländen aus DDR-Zeiten, alten Bunkern und viel Wald. Wir laufen eine knappe Stunde auf der kleinen Straße, zwischendurch zweigt links eine Straße nach Lohmen ab. Wir wan-

Tipp:

In der Herrenleite liegt das Feldbahnmuseum, in dem das ganze Jahr über Veranstaltungen stattfinden. Informationen unter: http://www.feldbahnmuseum-herrenleite.de. Jährlich im Herbst findet der Naturmarkt in Wehlen statt, zahlreiche lokale Akteure sind daran beteiligt.

dern weiter nach rechts, folgen der Radroute und erreichen bergan steigend ein Feld. Eine Dachspitze erscheint, nach und nach wird die Dorfkirche von Dorf Wehlen auf der linken Seite sichtbar.

Wehlen – Perle der Sächsischen Schweiz Etwa eine halbe Stunde mitten durch den Ort führt uns der nächsten Abschnitt der Wanderung: vorbei an alten Fachwerkhäusern, die zum Teil liebevoll saniert und bunt bemalt wurden, anderorts an Höfen, deren bessere Tage längst vorbei sind. Im Ort sehen wir geradewegs an der Kreuzung das Gasthaus Eiche. Hier können wir nach links abbiegen und einen Abstecher zur Kirche machen. Wir folgen dem schmalen Weg links neben dem Gasthaus Eiche, der sich zwischen die Häuser drängelt und eigentlich eine Abkürzung zur Dorfstraße ist (Markierung roter Strich). Auf der leichten Anhöhe, die wir nun erreichen, erkennt man in der Ferne den Rauenstein und die Bärensteine. Am Parkplatz wandern wir zunächst geradeaus weiter nach Stadt Wehlen. Die Straße verengt sich und wird zu einem mit großen Sandsteinen gepflasterten Weg, der uns am Hang steil nach unten führt und hübsche Ausblicke über das Städtchen und das Elbtal gewährt. Wir halten uns links und erreichen unten, der Ausschilderung folgend, den idyllischen Marktplatz der Stadt Wehlen. Leckerer Kuchen und Eis im Marktplatz-Café, Blick auf die schöne Kirche, eine Nudelwerkstatt und den massiven Dorfbrunnen – beste Voraussetzungen, die Wanderung optimal ausklingen zu lassen. Rechts neben der Kirche geht es hinunter an die Elbe und zur Anlegestelle der Fähre. Wir setzen über und gehen nach rechts zum Bahnhof Wehlen.

Stadt Wehlen an der Elbe

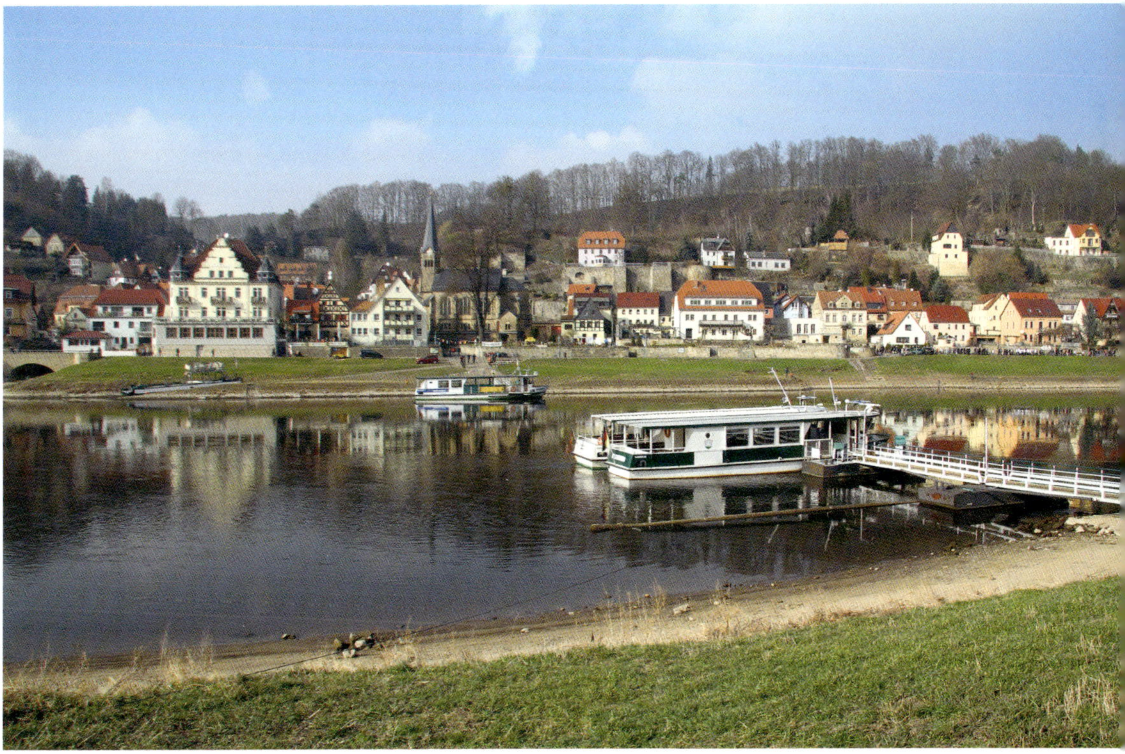

4

Canalettoweg

Das Tor zum Elbsandsteingebirge

Leicht | 6 km | ↗ 46 m ↘ 40 m | 1,5 Std.

Tourencharakter:
Leichte Tour mit geringem Höhenunterschied, verläuft zeitweise im Elbtal

Ausgangspunkt:
Pirna Bahnhof, 118 m

Endpunkt:
S-Bahn Haltestelle Obervogelgesang, 124 m

Höchster Punkt:
Canalettoweg, 165 m

Anfahrt:
Mit der S-Bahn oder den verschiedenen Buslinien des ÖPNV nach Pirna.
Mit dem Auto über die B172 bis Pirna; Parkmöglichkeiten im Bahnhofsbereich oder Parkplätze und -häuser der Stadt Pirna

Einkehr:
Gasthof Obervogelgesang sowie zahlreiche Einkehrmöglichkeiten in Pirna am Markt und im Bereich hinter der Kirche

Bernardo Bellotto – weltbekannt als Canaletto – schuf nicht nur die berühmte Stadtansicht von Dresden, er malte auch Pirnas Fassaden. Zahlreiche Gebäude wurden im baufreudigen Barock aus Sandstein errichtet, der direkt an der Elbe stromaufwärts gebrochen wurde. Die gewaltigen weiß-gelben Steilwände sind ehemalige Steinbrüche.

Historische Altstadt von Pirna Wir starten am Bahnhof Pirna, gehen über die Fußgängerampel geradeaus die Gartenstraße entlang. An der Sparkasse überqueren wir die Straße und halten uns an der kleinen Parkanlage links. Die nächste rechts – die Jacobäer Straße Ecke Deutsche Bank – biegen wir ab. Der Straßenname erinnert an den Pirnaer Apotheker Theophilus Jacobäer, der im Jahr 1639 – damals wütete gerade der Dreißigjährige Krieg – die Stadt rettete und vor der Zerstörung bewahrte. Wir gehen weiter durch die historische Altstadt, deren Besuch sich allemal lohnt, zum Marktplatz. In der Mitte steht das Rathaus, rechts davon am anderen Ende des Platzes das Canalettohaus (mit der Touristeninformation). Um 1752/55 malte Bernardo Bellotto, genannt Canaletto, sein Gemälde »Der Marktplatz zu Pirna«. Er schuf insgesamt elf große Ansichten von Pirna, die einzige Kleinstadt über-

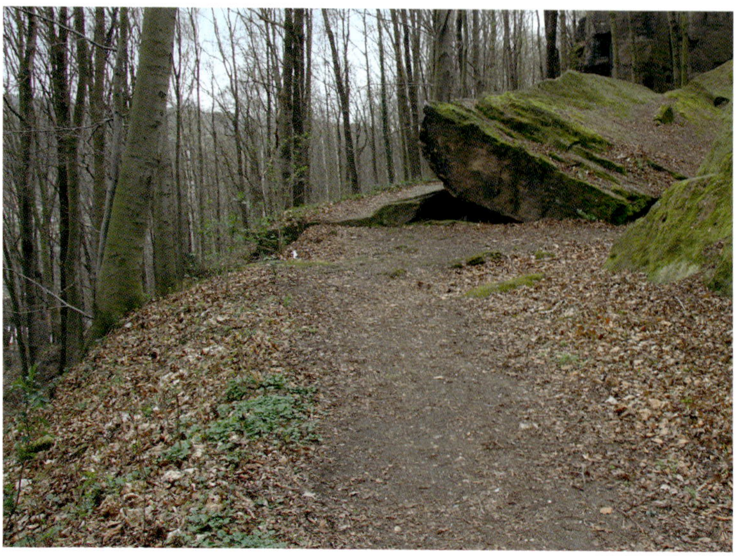

Am Hang entlang

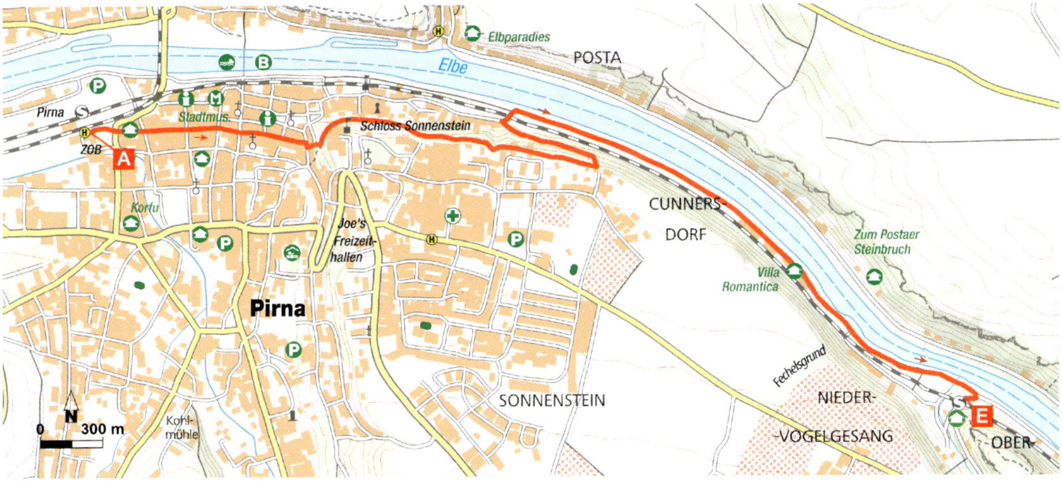

haupt, die er in seinen Werken würdigte. Hinter dem Markt erheben sich das hohe Dach und der Turm einer der größten spätgotischen Hallenkirchen in Sachsen, der Stadtkirche St. Marien. Eine Besichtigung sollte man daher unbedingt einplanen.

Hinter der Marienkirche gehen wir rechts. Der Erlpeterbrunnen liegt am Weg. Der Erlpeter ist eine historische Brunnenfigur und eine Quelle, aus der man unbedingt trinken sollte. Wir folgen der Markierung mit dem roten Punkt bergauf (sowie »M« und »C«), kommen zu einer Treppe und biegen nach links, um emporzusteigen. Für einen besonders schönen Altstadtblick lohnt sich ein kurzer Abstecher ein Stückchen weiter die Treppen hinauf.

Gedenkstätte Pirna-Sonnenstein Wir folgen jedoch dem roten Punkt links am Hang entlang und wandern am Fuß der Kasematten und Bastionen des Schlosses,

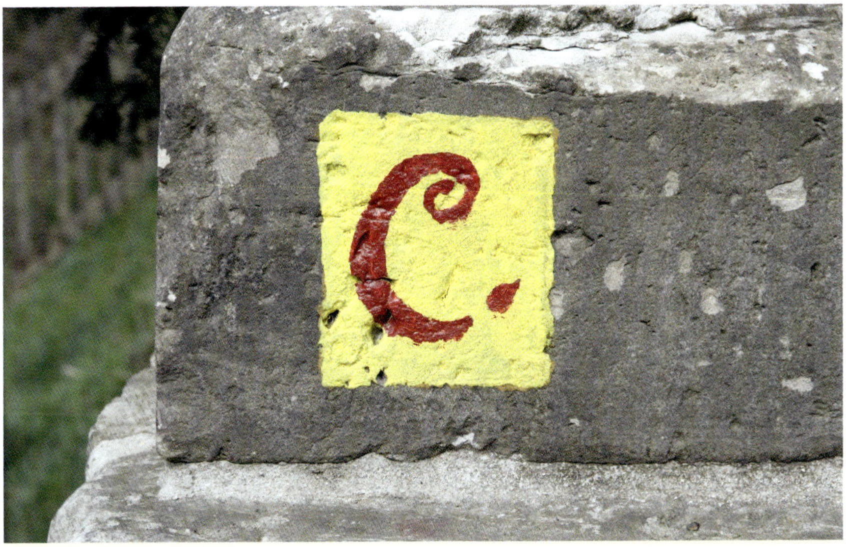

Markierung des Canaletto-Wegs

heute Landratsamt, entlang. Im Schlossbereich, in der ehemaligen Heil- und Pflegeanstalt Pirna-Sonnenstein, ermordeten die Nationalsozialisten in den Jahren 1940/1941 13720 vorwiegend psychisch kranke und geistig behinderte Menschen. Die Gedenkstätte hält die Erinnerung wach. Unser Weg führt am Gedenkwald –

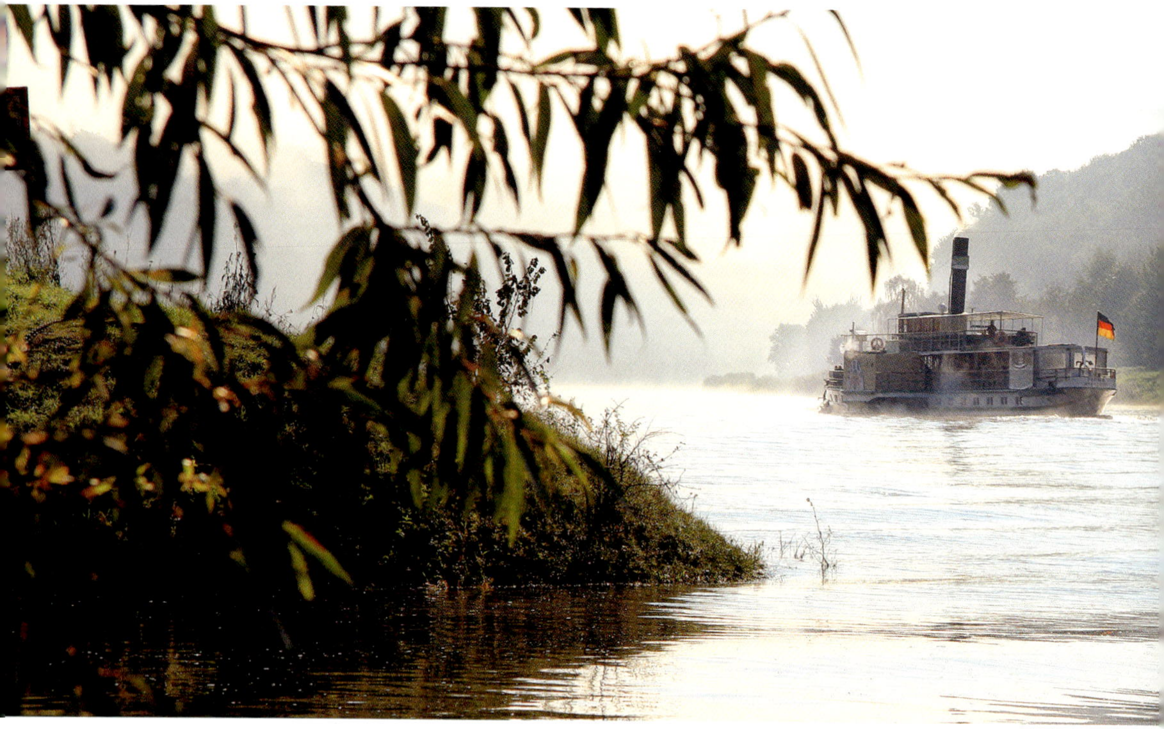

Elbromantik

weiß und schwarz gestrichene Bäume – vorbei, den wir links auf Stufen umgehen. Eine Informationstafel weist darauf hin, dass die Nazis die Asche hunderter Ermordeter an dieser Stelle einfach in den Wald kippten.

Entlang der Elbe In einer Spitzkehre überqueren wir einen Graben und folgen weiter dem roten Punkt. Rechts vom Weg sind Überreste und Abbaukanten alter Sandsteinbrüche zu sehen. In einer weiteren Spitzkehre verlassen wir nun den Canaletto-Weg. Die Markierung des Canaletto-Weges (»C«) führt geradeaus, an einem Klettergarten vorbei und endet an Privatgrundstücken. Wir bleiben auf dem Weg mit der roten Markierung und gehen sanft den Hang hinunter wieder in Richtung Pirna. Auf einem befestigten Weg hinter den Häusern halten wir uns links Richtung Stadt. Nach etwa 200 Metern gehen wir rechts die kleine Straße am alten Wasserwerk hinunter, auf der größeren Straße gleich wieder nach rechts (roter Punkt) und unterqueren die Bahngleise. Wer möchte, folgt links dem Weg am Elbufer zurück nach Pirna und kommt in ungefähr 15 Minuten in die Innenstadt.
Wir wandern weiter dem roten Punkt nach die Straße elbaufwärts. Es ist mit wenig Autoverkehr zu rechnen, in den Sommermonaten jedoch mit Fahrradfahrern, da dies ein Teil des Elberadwegs ist.

Sandsteinbrüche Auf der anderen Elbseite, dem Pirnaer Stadtteil Posta, erstrecken sich hinter den Häusern terrassenförmig die Überreste alter Steinbrüche. An den Ufern der Elbe wurde schon im 14. Jahrhundert Sandstein gebrochen. Der Abtransport auf dem Wasser war optimal und die Steine wurden bis nach Hamburg,

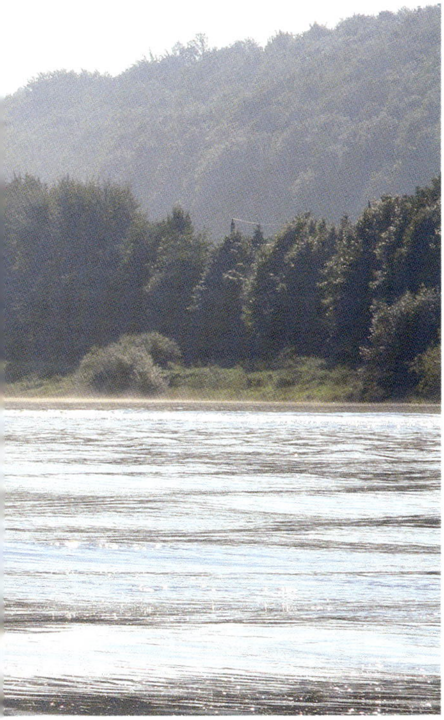

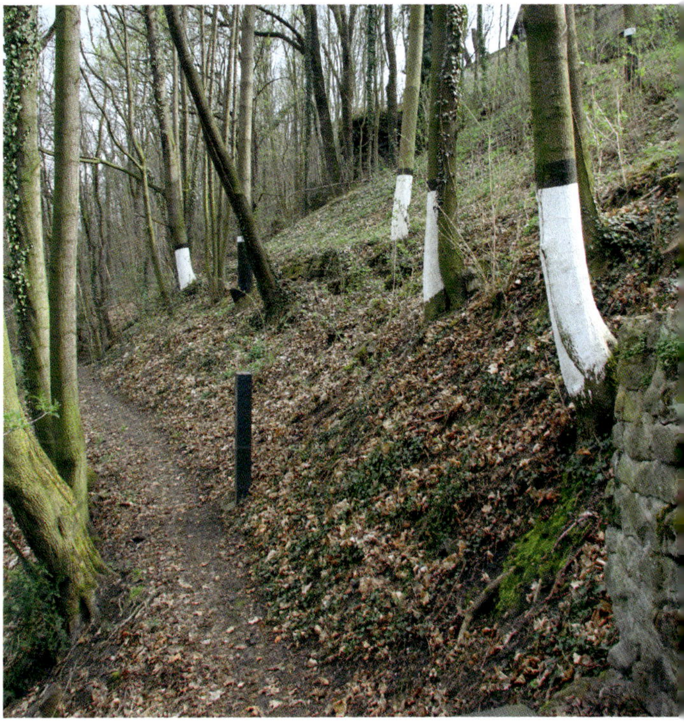

Wald der Gedenkstätte

Kopenhagen und Antwerpen gebracht. Die Frauenkirche und der Zwinger in Dresden sind aus dem Sandstein der Sächsischen Schweiz errichtet. Im 19. Jahrhundert arbeiteten zeitweise über 4 000 Arbeiter in mehr als 300 Steinbrüchen – der Höhepunkt der langen und harten Tradition der Steinbrecherei im Elbsandsteingebirge. Nach dem Zweiten Weltkrieg hatten Nachfrage und Abbau schon merklich nachgelassen. Gründe dafür waren günstigeres Baumaterial, die Gefährdung der Schiffe auf der Elbe und Initiativen zum Schutz der Landschaft. Wir blicken hinüber zu den hellen, steilen Felswänden und fragen uns, wie die Gipfel ausgesehen haben könnten, die hier einst standen.

Nach 20 Minuten sehen wir auf unserer Flussseite den bewaldeten Felssporn der Königsnase. Wir passieren die Mündung des Struppenbaches, biegen hinter dem Biergarten des Gasthofes Obervogelgesang rechts von der Straße ab und unterqueren die Bahnschienen. Danach geht es links (weiterhin roter Punkt) zum Haltepunkt Obervogelgesang.

Tipp:

Wer die Wanderung verlängern möchte, folgt von Obervogelgesang aus weiter dem roten Punkt bis zur Königsnase. Im Anschluss geht es nach Naundorf, ab da dem roten Strich nach zum Bahnhof Stadt Wehlen. Lohnenswert ist auch der Besuch der Gedenkstätte auf dem Sonnenstein.

5

Pilzaussicht

Vom Gottleubatal ins Elbtal

Leicht | 11 km | ↗ 132 m ↘ 126 m | 3 Std.

Tourencharakter:
Leichte Tour mit geringen Höhenunterschieden, teilweise durch Ortschaften. Achtung beim Abstieg, Stufen können bei Feuchtigkeit und Schnee rutschig sein

Ausgangspunkt:
Pirna Bahnhof, 118 m

Endpunkt:
Obervogelgesang, 124 m, Rückfahrt mit S-Bahn

Höchster Punkt:
Höhenzug nach Struppen, 250 m; Pilzaussicht

Anfahrt:
Mit der S-Bahn oder den verschiedenen Buslinien des ÖPNV nach Pirna.
Mit dem Auto über die B172 nach Pirna; Parkmöglichkeiten im Bahnhofsbereich. Rückfahrt mit der S-Bahn ab Obervogelgesang

Einkehr:
Unterwegs keine, am Ende Gasthof in Obervogelgesang

Die Gottleuba entspringt im Osterzgebirge und formt eines der linkselbischen Täler. Wir wandern durch naturnahe Laubwälder ein Stück durch dieses Tal und weiter über die angrenzende Struppener Ebenheit, mit einer großartigen Sicht auf Dresden und bis in die Vordere Sächsische Schweiz sowie einem überraschenden Ausblick ins Elbtal.

Von der Innenstadt in den Wald Ausgangspunkt ist wieder der Bahnhof in Pirna. Wir gehen über die Fußgängerampel nach rechts ein paar Meter in die Maxim-Gorki-Straße, dann links in die Bahnhofstraße (hier bereits die Markierung grüner Strich), gerade über den Kreisverkehr. An einer Schule vorbei geht es in die Külzstraße und über den Tischerplatz in die Bergstraße bis zur stark befahrenen Schandauerstraße (B172), der wir kurz bergauf folgen, um sie in der nächsten Kurve wieder zu verlassen und geradeaus die Hohe Straße weiterzugehen, die kurze Zeit später zu einem Waldweg wird.

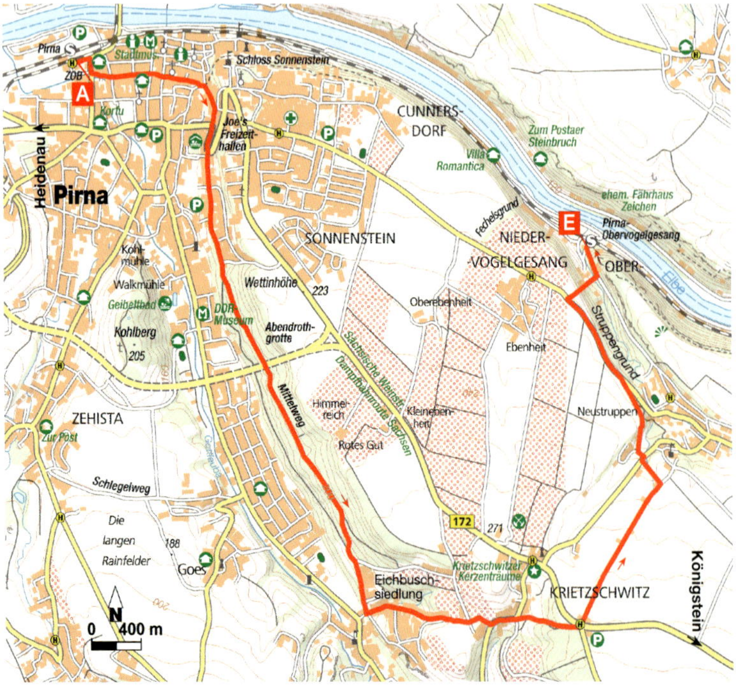

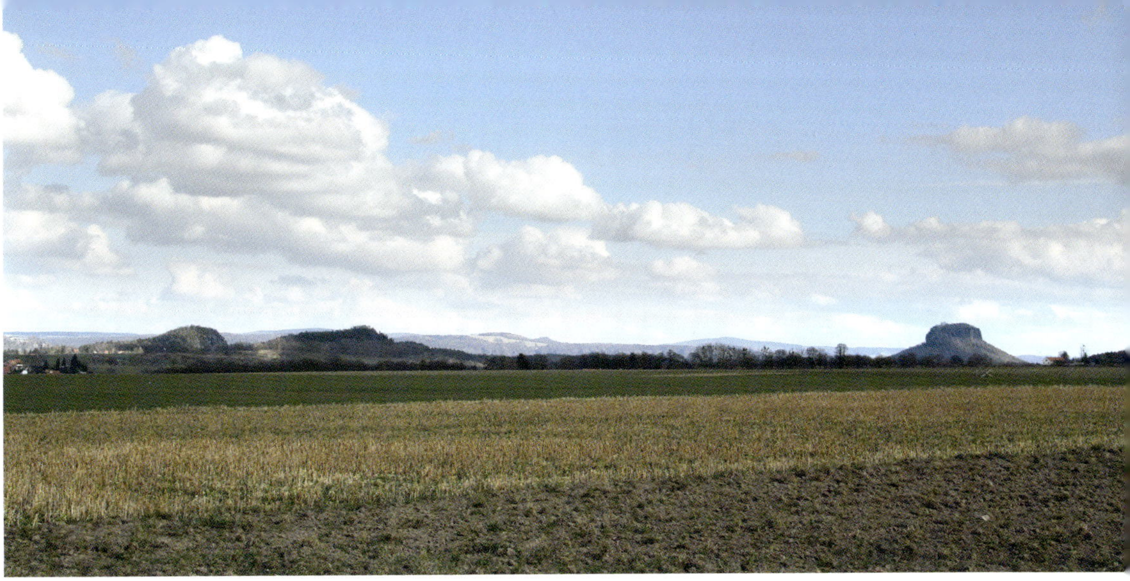

Viehleite Das Waldgebiet wird Viehleite genannt. Der Weg mit dem grünen Strich führt wenige Meter hinter einer Informationstafel leicht ansteigend nach links, dann auf gleicher Höhe am Hang entlang. Unten im Tal fließt die Gottleuba. Wir passieren alle Weggabelungen und bleiben immer auf dem markierten Wanderweg, bis es leicht bergab zum Eichbuschweg in Rottwerndorf geht. Wir gehen rechts und kommen zum Eichgrundweg. Jetzt ändert sich die Markierung und wir achten nunmehr auf einen gelben Punkt. An der nächsten Straßenkreuzung geht es geradeaus bis zu einer größeren Straße. Hier halten wir uns links und nehmen nach einigen Metern rechts den Forstweg (gelber Punkt). Bergan kommen wir an die B172, die wir überqueren und an der gleich darauf links abbiegenden kleineren Straße wieder verlassen. Von hier blicken wir auf Dresden, über den Borsberg, die Bärensteine, den Lilienstein bis zum Königstein. An der nächsten schmalen Straße wenden wir uns links bergab und gehen bis zur nächsten Kreuzung; dort kurz rechts und gleich wieder links (gelber Punkt). Rechts an einigen Häusern vorbei erreichen wir den Wald und gehen an der Felskante entlang bis zur Straße. Hier ist Achtung geboten, dieser Bereich ist schwer einsehbar. Am besten bleiben wir am linken Straßenrand bis rechts die Leitplanke endet und überqueren erst dann die Straße. Der offizielle Wanderweg führt rechts am Straßenrand entlang. Wesentlich angenehmer ist es allerdings, am Feld- bzw. Waldrand entlangzulaufen. An der Baumreihe im Feld biegen wir rechts ab. Wenige Treppen abwärts werden wir überrascht.

Blick hinüber zu den Tafelbergen

Weg nach Struppen

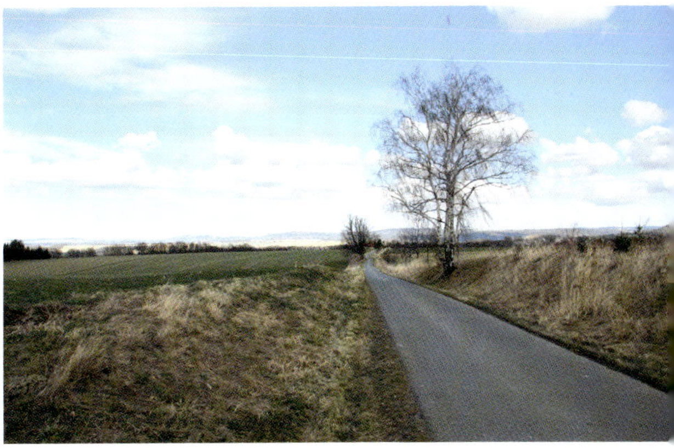

Pilzaussicht Vor uns eröffnet sich plötzlich ein außergewöhnliches Elbtal-Panorama! Der Ort sieht wirklich aus wie ein Pilz. Neben dem Aussichtspunkt führen die alten, sogenannten Pilzstufen hinab nach Obervogelgesang. Unten angekommen, halten wir uns rechts in Richtung Bahnhof Obervogelgesang.

6

Breiter Stein, Schöne Höhe

Unterwegs im Landschaftsschutzgebiet

Leicht | 10 km | ↗ 247 m ↘ 211 m | 3,5 Std.

Tourencharakter:
Zu Beginn leicht ansteigend, vom Breiten Stein bequem abwärts und wenig anstrengender, lang gezogener Aufstieg zur Schönen Höhe

Ausgangspunkt:
Bahnhof Lohmen, 203 m

Endpunkt:
Dürrröhrsdorf Bahnhof oder Bushaltestelle, 239 m

Höchster Punkt:
Breiter Stein, 325 m; Schöne Höhe, 328 m

Anfahrt:
Mit der Bahn RB 71 bis zum Haltepunkt Lohmen, ab Pirna mit den Buslinien 236, 237 oder 238 bis Lohmen Bahnhofstraße. Zurück mit der RB 71 ab Haltepunkt Dürrröhrsdorf, oder ab Dürrröhrsdorf mit den Buslinien 236 oder 234 Richtung Pirna.
Anfahrt mit Pkw ist nicht zu empfehlen

Einkehr:
Gaststätte Schöne Höhe

Im Mittelalter veränderte der Zuzug von Bauern aus Franken und Thüringen das wenig besiedelte Land: Es wurde umfangreich gerodet und Waldhufendörfer wurden angelegt. Heutige Siedlungen, der Strukturreichtum und die Vielfalt der Landschaft gehen teilweise auf jene Zeiten zurück. Um sie zu bewahren, wurde sie unter besonderen Schutz gestellt.

Straßendorf Lohmen Ausgangspunkt der Wanderung ist der Bahnhof in Lohmen. Rechts die Bahnhofstraße entlang, biegen wir gleich darauf links in die Fabrikstraße ein. An der Kurve gelangen wir auf die ins Tal führende Straße, der wir bergab folgen. Noch vor der Brücke über die Wesenitz nehmen wir rechts den Wanderweg mit dem blauen Punkt als

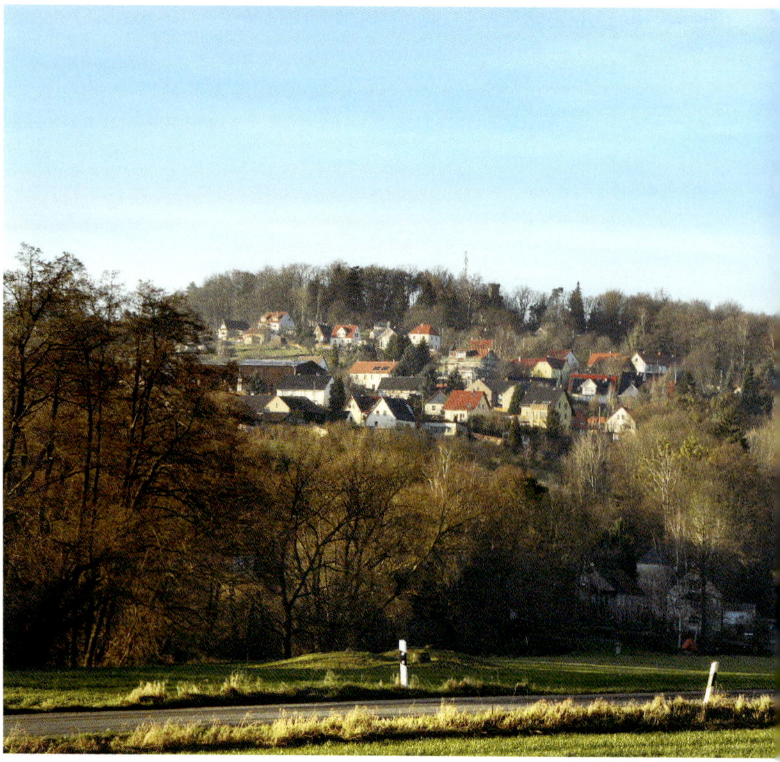

Blick zur Schönen Höhe

Markierung. Vor uns sind hoch auf dem Felsen die schweren Mauern des Lohmener Schlosses zu erkennen, wo heute unter anderem auch die Touristeninformation untergebracht ist. Der Ursprung Lohmens geht bis ins 12./13. Jahrhundert zurück, damals ein Reihendorf mit Waldhufenflur, das 1411 als Rittersitz erstmals urkundlich erwähnt wurde. Unser Weg führt vorbei an einer Mühle ins kühle und manchmal düster wirkende Wesenitztal. Typisch ist die abschnittsweise Verengung zu einer schmalen Klamm mit steilen Felswänden. 110 Mühlen, Sägewerke und Schleifen nutzten die Wasserkraft der Wesenitz und ihrer Zuflüsse. Sie hat ein Einzugsgebiet von 270 Quadratkilometern und fließt bei Pirna Pratschwitz in die Elbe. Der Name geht auf den slawischen Ursprung wjazonica zurück, was Ulmenbach bedeutet. Eine politische

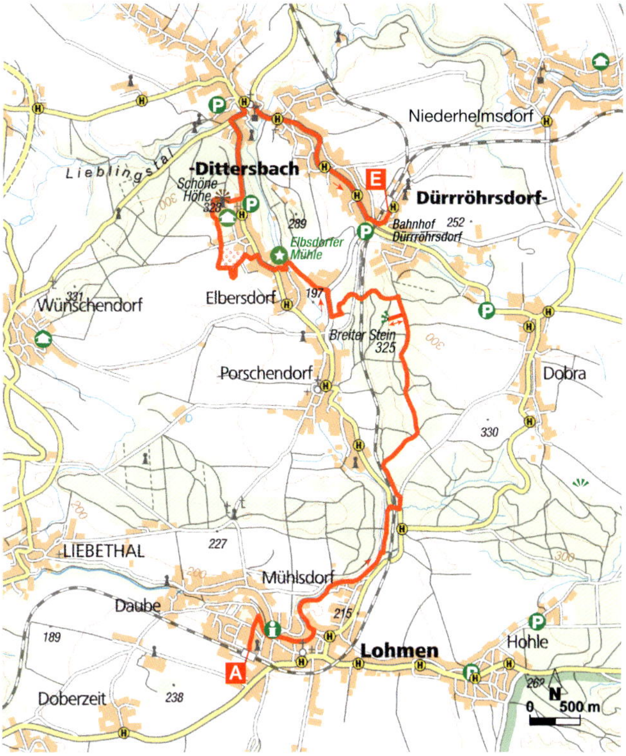

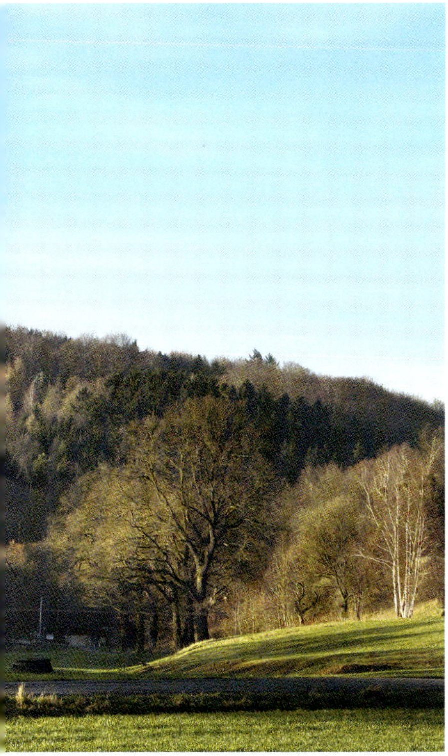

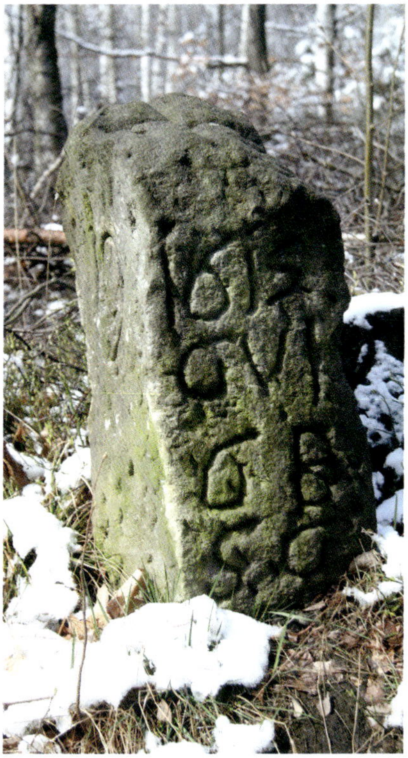

Historischer Forst-Grenzstein

Bedeutung bekam die Wesenitz ab 1241 in der Oberlausitzer Grenzurkunde: Teilweise bildete sie die Grenze zwischen dem Bistum Meißen und der böhmischen Oberlausitz.

Nach der kleinen Brücke, die über einen Zufluss der Wesenitz führt, zweigt rechts ein Weg ab, wir bleiben jedoch am Fluss. Auch die nächste Brücke über die Wesenitz beachten wir nicht weiter, sondern bleiben auf der bisherigen Seite des Tals und verlassen es erst mit dem nächsten Weg, der rechts leicht bergauf nach oben führt. Wir kommen an die Straße und folgen ihr bis zur Bahnunterführung. Kurz danach gehen wir geradeaus den Waldweg aufwärts. Rechts sehen wir eine kleine Brücke.

Breiter Stein mit Blick zur Schönen Höhe An einer Wegkreuzung mit Bank, Sandsteinsäule und Wegweisern biegen wir scharf links in den engen Wanderweg ein. Wir folgen dem grünen Strich in Richtung Breiter Stein, ein Stück laufen wir fast parallel zur Bahnstrecke. Nach der nächsten scharfen Rechtskurve folgen wir dem Weg bergan. Wir kommen rechts an einer Wiese und an einer Bank vorbei und folgen weiter der Markierung und Ausschilderung durch den Wald. Schließlich wenden wir uns nach links und überwinden die letzten Höhenmeter auf Stufen. Wir haben den 325 Meter hoch gelegenen Breiten Stein erreicht, ein Blockfeld aus Sandsteinen, 120 Meter über der Wesenitz. An der Schutzhütte angekommen, werfen wir einen Blick hinüber zum nächsten Etappenziel, der Schönen Höhe.

Elbersdorfer Mühle und Wesenitz Hinunter zum Abzweig gehen wir den gleichen Weg, halten uns links, weiterhin dem grünen Strich nach, und wandern an der nächsten Wegegabelung den Berg hinunter. Über die Bahngleise und eine Wiese erreichen wir die Straße. Ein Wegweiser (Schöne Höhe) schickt uns nach rechts. Wir laufen ein Stück auf der Straße und biegen die nächste Straße, vor einem landwirtschaftlichen Gebäudekomplex, links Richtung Elbersdorf ab. An uralten Bäumen, die heute unter Naturschutz stehen, vorbei entdecken wir eine Mühle an der Wesenitz. Es ist die Elbersdorfer Mühle, 1564 erstmals urkundlich erwähnt. Früher war sie Mahl-, Schneide- und Ölmühle, heute ist sie Wohnhaus und seit 2006 wird dort mittels einer Turbine und einem Generator Strom erzeugt. Wir wandern über die Brücke auf die andere Seite der Wesenitz, die übrigens auf 515 Metern Höhe am Valtenberg entspringt und nach 83 Kilometern in die Elbe bei Pirna mündet.

Im Abendlicht

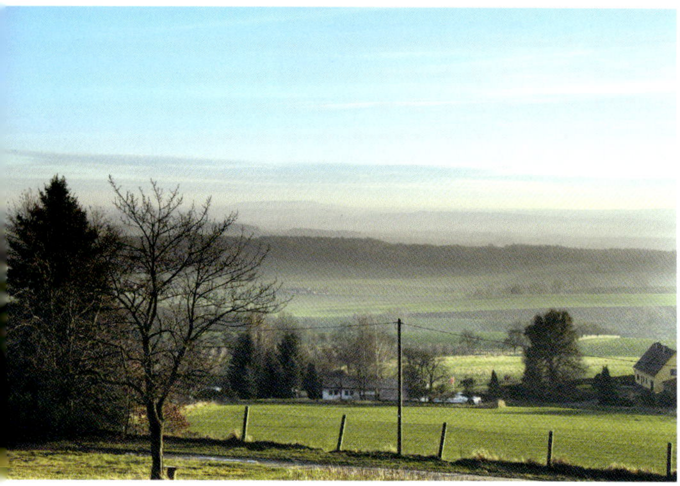

Turmschlösschen Schöne Höhe Nach der Brücke ignorieren wir die bunten Markierungen und folgen lieber den örtlichen Wegweisern Richtung Schöne Höhe. Sie führen uns weg von der Straße über schmale Pfade zwischen Privatgrundstücken hindurch und spä-

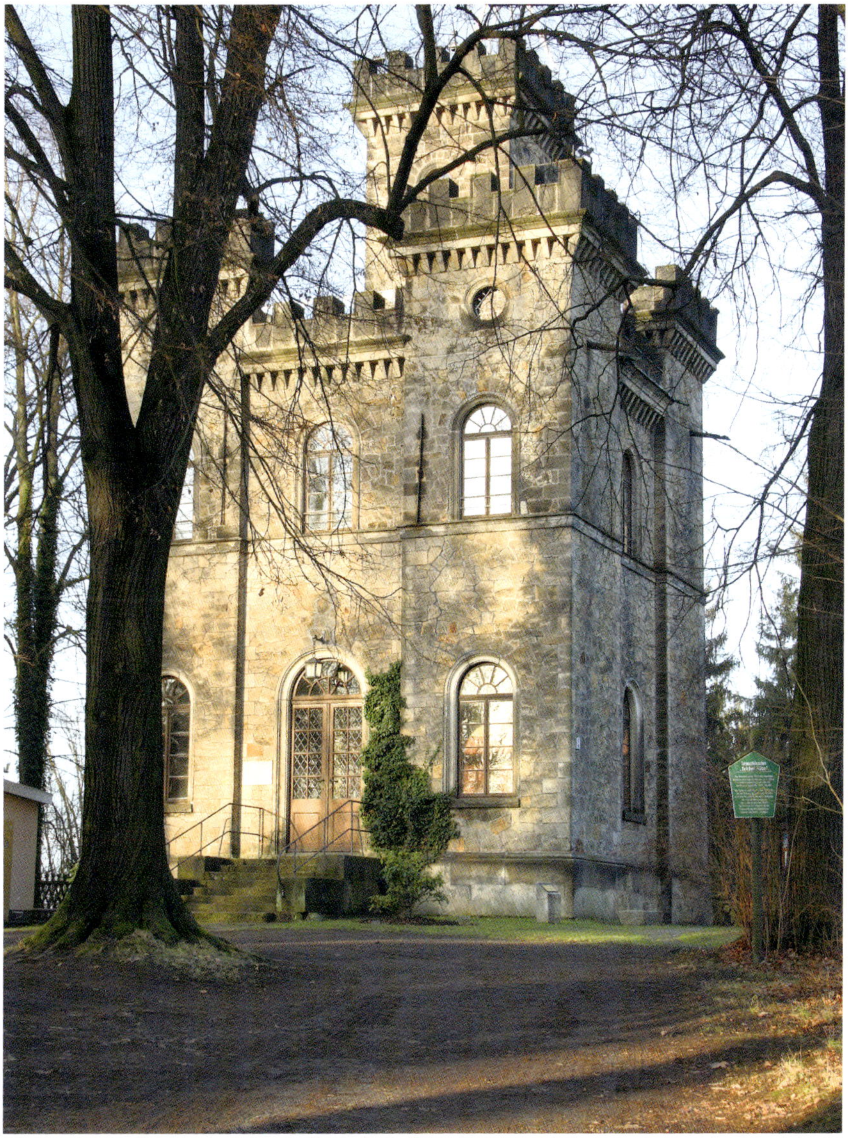

Turmschlösschen Schöne Höhe

ter über Wiesen bergauf zum Aussichtspunkt Schöne Höhe, 328 Meter hoch gelegen. Auf dem Gipfel erwartet uns neben einer Gaststube auch ein neugotisches Schloss mit Aussichtsturm, das 1984 bis 1987 restauriert wurde. Wer noch ein paar Höhenmeter schafft, steigt die Stufen hinauf.

Der weitere Weg führt nun wenige Meter zurück und dann, der Markierung mit rotem Strich folgend, in Richtung Dürrröhrsdorf-Dittersbach. Durch den Wald geht es bergab bis zu einer schmalen, kaum befahrenen Straße. Nach links laufen wir ins Tal hinunter, an der nächsten Kreuzung dann rechts weiter. Im Ort angekommen, halten wir uns auf der Hauptstraße rechts, die durch den Ortsteil Dürrröhrsdorf führt, bis wir zum gleichnamigen Haltepunkt gelangen. Von hier aus kann man auch den Bus nehmen.

7 Cottaer Spitzberg

Zum Vulkan

Heute ist der Vulkan kalt. Nur Form und Name des Cottaer Spitzberges erinnern an die Ereignisse von vor ungefähr 65 Millionen Jahren, als heißes Magma aus Spalten an die Oberfläche drückte. Die Kuppe aus Basalt – Ergussgestein aus der erstarrten Gesteinsschmelze – ist Zeuge dieser turbulenten Zeiten.

Mittel | 10 km | ↗ 245 m ↘ 245 m | 4 Std.

Tourencharakter:
Wenig ansteigend zu Beginn, später im Gipfelaufstieg kurz und steil über Treppen. Dort sind Trittsicherheit und Schwindelfreiheit erforderlich, Steiganlage bei Schnee und Eisglätte ungeeignet. Tour führt durch abwechslungsreiches Gelände und dörfliche Strukturen

Ausgangs- und Endpunkt:
Rottwerndorf Bushaltestelle Lohmgrund, 145 m

Höchster Punkt:
Cottaer Spitzberg, 390 m

Anfahrt:
In Pirna am ZOB mit den Buslinien 209, 216 oder 218 Richtung Pirna/Neundorf. In Rottwerndorf an der Haltestelle Lohmgrund aussteigen.
Mit dem Pkw in Pirna der Ausschilderung Rottwerndorf/Bielatal folgen, im Gottleubatal weiter in den Pirnaer Ortsteil Rottwerndorf. In Nähe des alten Schlosses gibt es einige Parkmöglichkeiten.

Einkehr:
Unterwegs keine

Rechte Seite: Festung Königstein und Lilienstein in der Ferne

Zeichen der Steinbrecherei Diese Wanderung wird uns eine weitläufige Sicht von außen in das Elbsandsteingebirge hinein gewähren. Wir starten im Pirnaer Ortsteil Rottwerndorf an der Bushaltestelle neben dem alten, zerfallenen Renaissanceschloss, erbaut im 16. Jahrhundert im Auftrag von Kurfürst August. Von dort gehen wir ein Stück talaufwärts und biegen rechts ab, der Wegmarkierung grüner Strich und gelber Punkt folgend. Dabei überqueren wir die Gottleuba. Der Weg schlängelt sich bergan und führt durch altes Steinbruchgebiet. Die Zeichen der Steinbrecherei sind

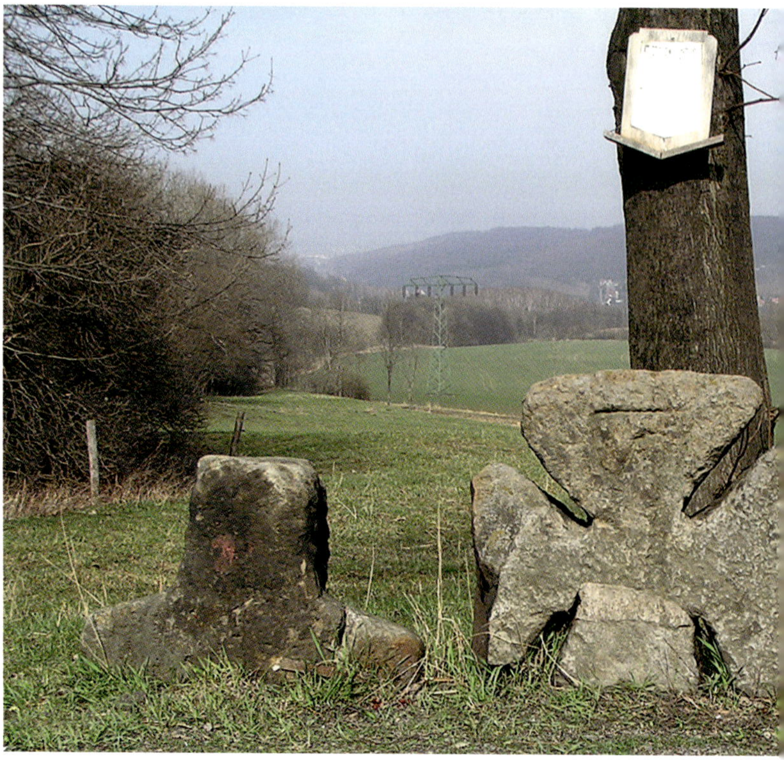

Mittelalterliche Steinkreuze am nordöstlichen Ortsausgang von Cotta

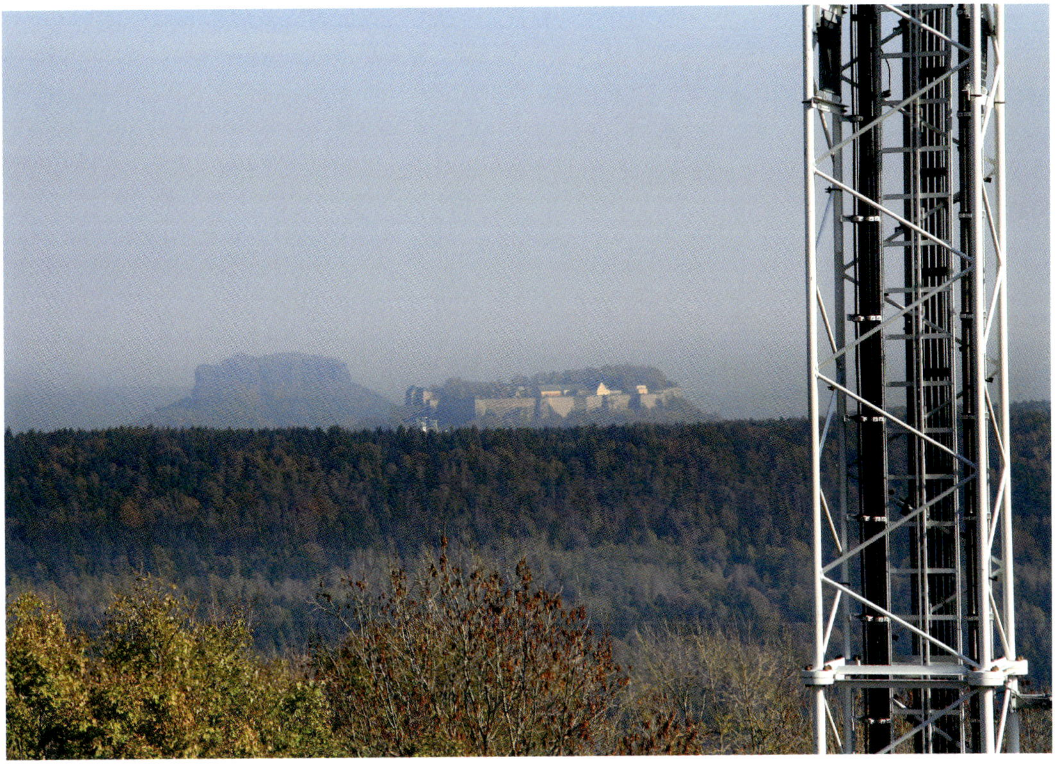

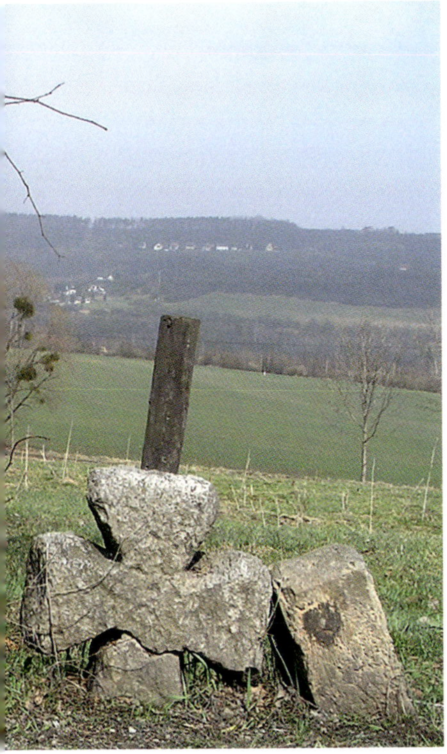

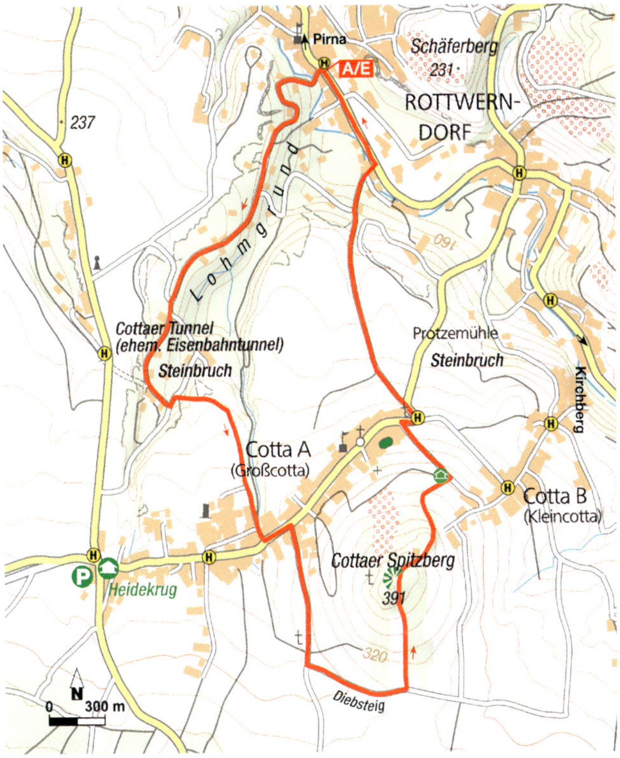
Pirna
A/E
Schäferberg
231
ROTTWERN-
DORF
237
Lohmgrund
160
Cottaer Tunnel
(ehem. Eisenbahntunnel)
Steinbruch
Protzemühle
Steinbruch
Kirchberg
Cotta A
(Großcotta)
Cotta B
(Kleincotta)
Heidekrug
Cottaer Spitzberg
391
320
Diebsteig
N
0
300 m

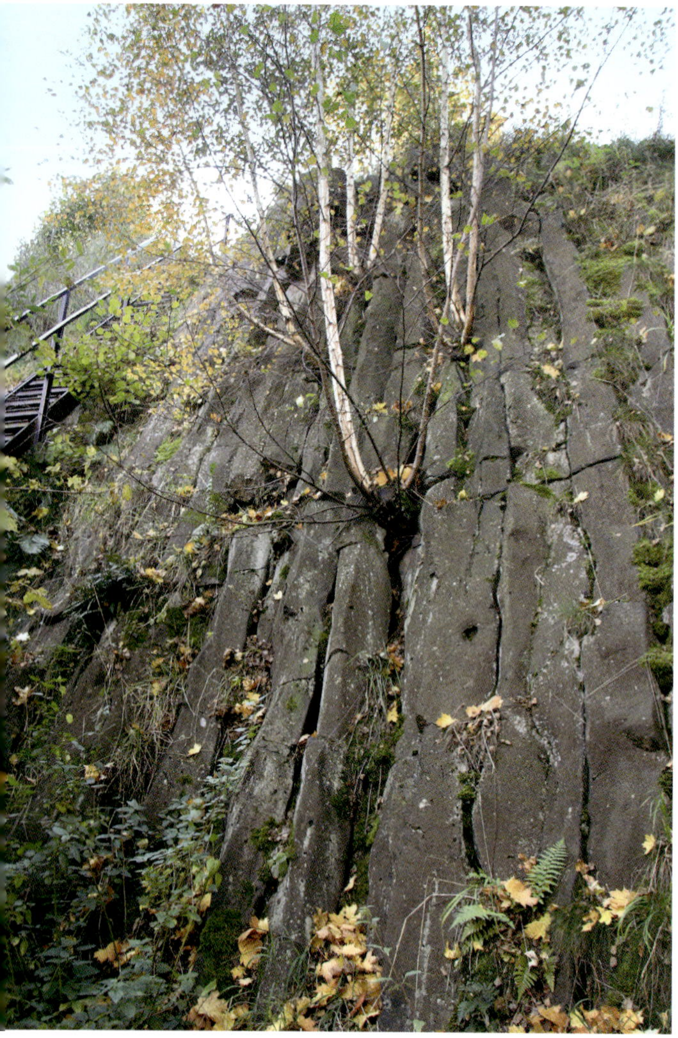

Basaltsäulen am Cottaer Spitzberg

rechts und links am Wegesrand noch zu erkennen. Im relativ breiten Lohmgrund, so wird hier diese Folgelandschaft des Sandsteinabbaus genannt, liegen Häuser und Gärten. Lomu ist altslawisch und heißt Steinbruch.
Wir bleiben auf dem Weg bis zu einer Abzweigung, rechts mündet der Weg in einen Steinbruch. Weiter geradeaus kommen wir zu einem alten Gebäudekomplex, einem ehemaligen Bahnhof. Ein Abstecher rechts auf dem unmarkierten Weg bringt uns zum Cottaer Tunnel, der ehemaligen Eisenbahnstrecke. Im Zweiten Weltkrieg wurden hier zahlreiche Gemälde aus der Dresdner Gemäldegalerie, unter anderem die Sixtinische Madonna von Raffael, vor den Bomben der Alliierten in Sicherheit gebracht. Zurück auf dem markierten Weg geht es weiter bis zur Ruine an der Weggabelung. Wir folgen der grünen Markierung links nach Cotta. Steil bergauf wandern wir durch ein Wäldchen und sind mit einem Mal an der Kante über dem Steinbruch, mit Blick in die Tiefe: An diesem Ort wird noch Sandstein gewonnen. Der Weg führt direkt an der Abbruchkante entlang bis zu einem Feldweg nach Cotta.

Cotta In Cotta immer der Hauptstraße entlang bis zum Feuerlöschteich und einer alten Wegsäule aus Sandstein. Dort biegen wir rechts ab und wandern auf einem Feldweg zum Ort hinaus. Links thront der Cottaer Spitzberg. Wir erreichen eine Weggabelung in der Senke, wenden uns nach links und folgen dem Diebsteig, bis wir an einer Baumreihe auf einen Wegweiser treffen und der Pfad hinauf auf den Cottaer Spitzberg führt. Am oberen Ende der Wiese laufen wir in den Wald hinein. Dort, wo noch Steinbruchreste erkennbar sind, geht es rechts auf dem direkten Weg zum Gipfel.

Basaltsäulen Das letzte steile Stück führen Treppen zum Gipfel des 390 Meter hohen Spitzberges. Der oberste Teil ist kaum verwitterter Basalt: Vulkanische Vorgänge im Tertiär drückten heißes Magma an die Erdoberfläche, das zu basischem Basaltgestein erkaltet ist. Im Elbsandsteingebirge gab es an vielen Stellen Vulkanausbrüche. Die Aschekegel wurden im Laufe der Zeit abgetragen, übrig blieben die gerundeten Basaltkuppen und manchmal die typisch geformten Basaltsäulen der ehemaligen Schlote. Am Cottaer Spitzberg können wir sie von oben besonders gut bestaunen. Zum Glück wurde der Abbau des Basaltes ab 1900 langsam reduziert und dann ganz eingestellt. Das ist vor allem dem »Landesverein sächsischer Heimatschutz« zu verdanken, der dafür sorgte, dass der einstige Vulkan als Kegel in der Landschaft erhalten blieb. Auch aufgrund der Namen sind die ehemaligen Vulkane von den Sandsteinfelsen zu unterscheiden: Die einstigen Vulkane heißen Berge. Neben dem Cottaer Spitzberg sind das zum Beispiel der Große Winterberg oder der Rosenberg. Die Sandsteinfelsen hingegen heißen einfach Steine: der Lilienstein zum Beispiel, oder der Pfaffenstein und andere. Entstanden sind sie aus den großräumigen Ablagerungen des ehemaligen Kreidemeeres, das vor rund 100 Millionen Jahren die Gegend überflutete. Die mächtigen, bis zu 600 Meter dicken Sandschichten blieben nach Abfluss des Meeres übrig, zerklüfteten im Laufe von Jahrmillionen stark und erodierten immer mehr zu den heute so charakteristischen Formen dieser Landschaft.

Alt und Neu

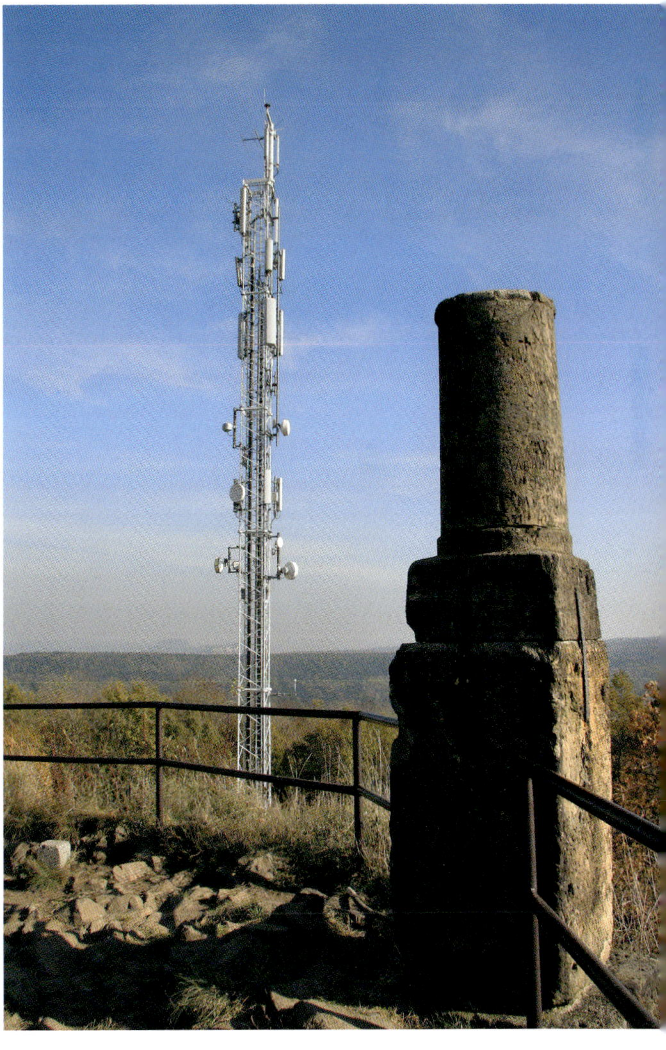

Der Rundblick vom Cottaer Spitzberg ist beeindruckend und reicht vom Osterzgebirge über die Vordere Sächsische Schweiz bis zur Lausitz und ins Elbtal mit Pirna und Dresden. Zum Abstieg gehen wir dieselben Treppen wieder hinunter und folgen dem Weg geradeaus, vorbei an der Informationstafel zum Flächennaturdenkmal Cottaer Spitzberg. Der breite Weg zieht sich durch Wiesen und Wälder; im Frühjahr blühen hier Lungenkraut, Lärchensporn, Schlüsselblume, Waldbingelkraut und Waldveilchen. Wir kommen an einer Schutzhütte vorbei und stoßen dort auf eine kleine Straße, der wir nach links folgen. Schon von weitem werden drei Steinkreuze sichtbar, an denen wir vorbeigehen bis zu einem Feldweg, in den wir einbiegen und bergab laufen. An der nächsten Weggabelung halten wir uns rechts, gehen zum Wald und gelangen zu einer Straße, der wir weiter ins Tal der Gottleuba folgen. Im Tal angekommen, biegen wir nach rechts, links befindet sich ein Firmengelände, und überqueren den Fluss. Danach schwenken wir wieder nach links und kommen so wieder zu unserem Ausgangspunkt am Schloss zurück.

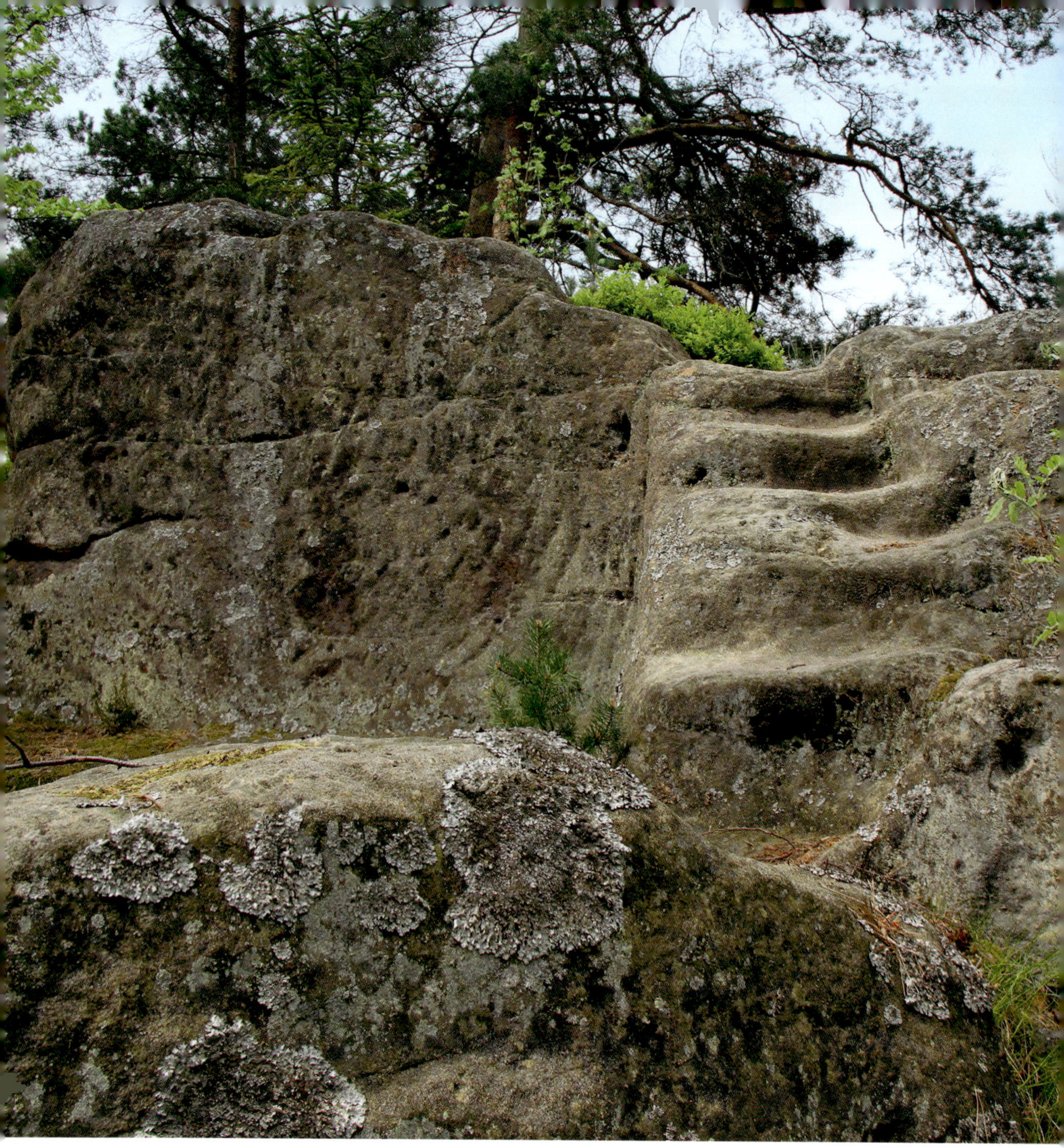

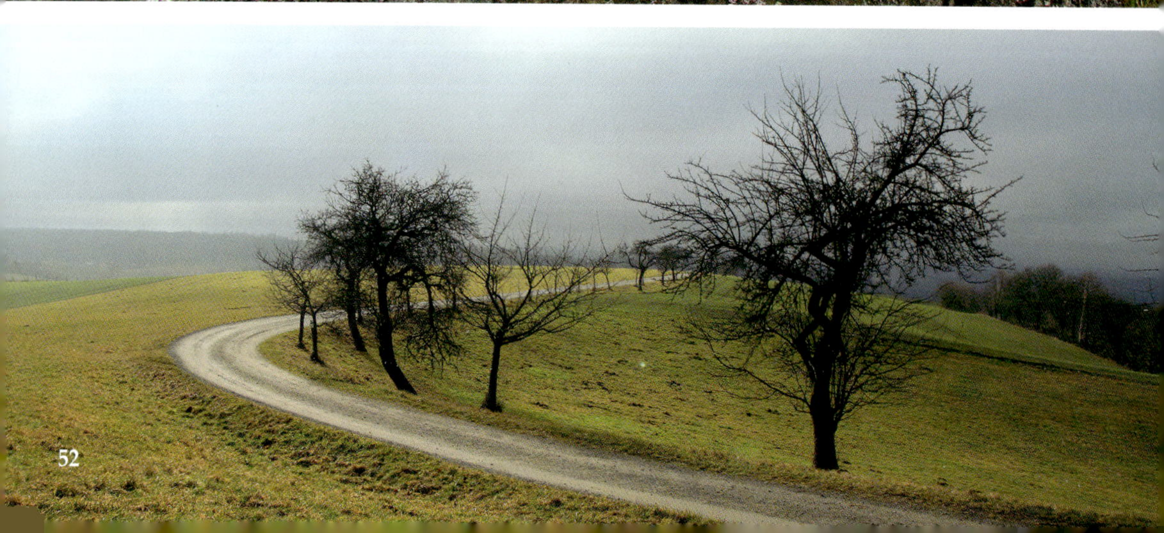

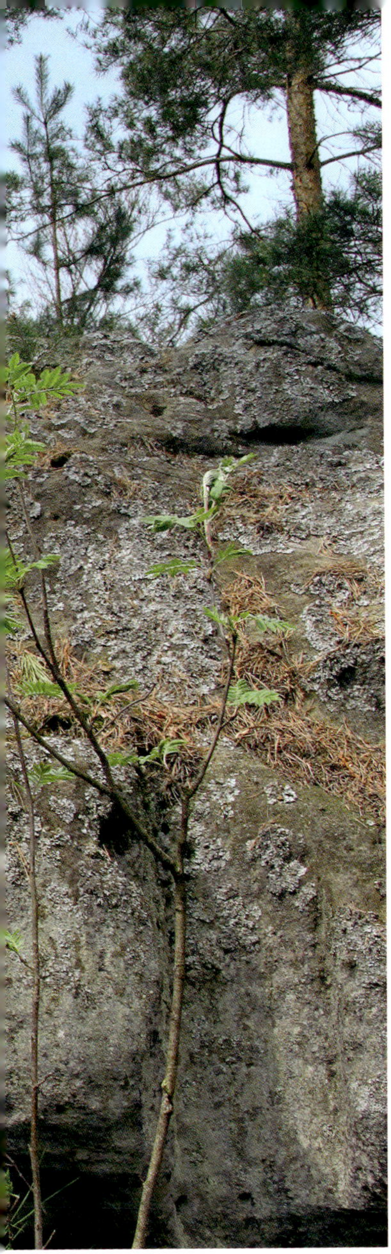

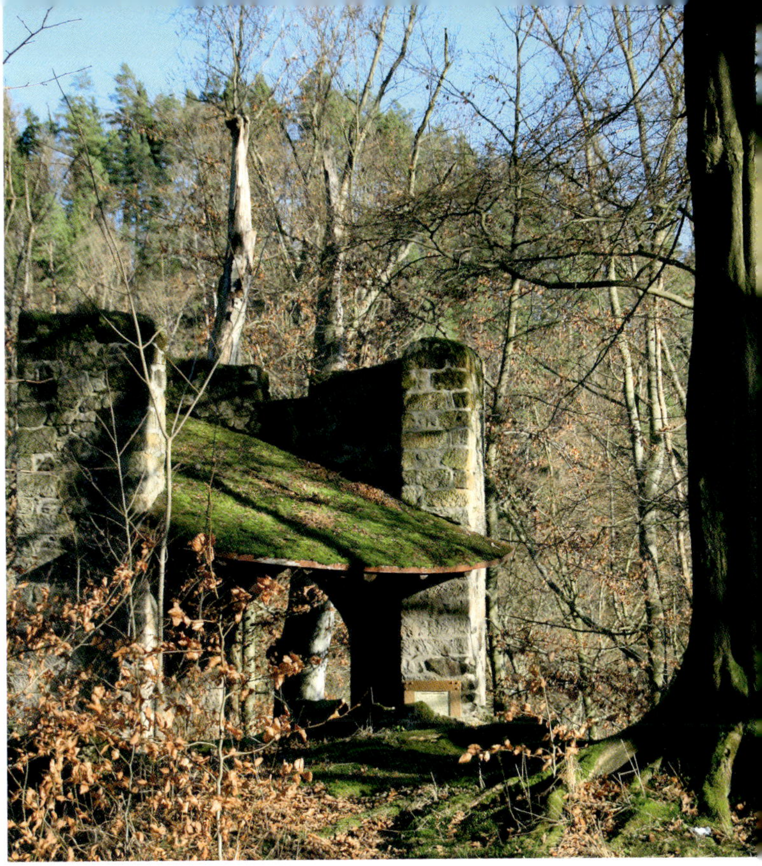

Rechtselbische Touren

Am Arnstein: Die Stufen aus dem Mittelalter führen die Wanderer heute noch nach oben (o. li.). Das Goßdorfer Raubschloss (o. re.). Natürliche Landart (u. re.). Im Herbst zeigt sich die Sächsische Schweiz mystisch (u. li.).

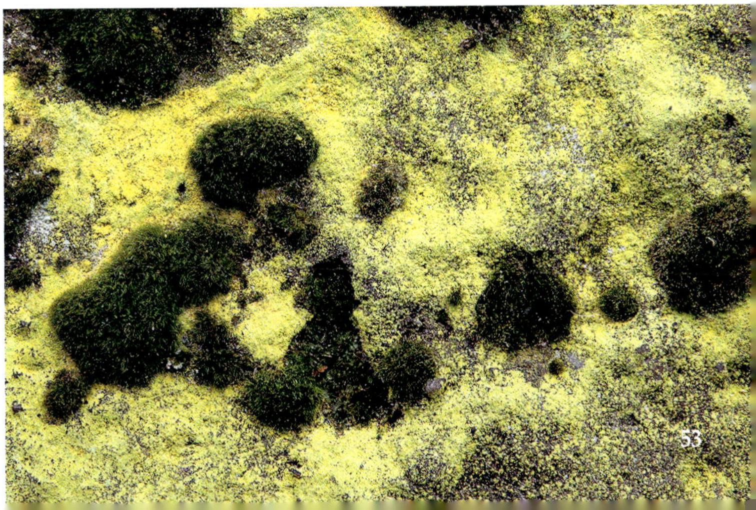

8 Lilienstein

Symbol der Sächsischen Schweiz

Mittel | 8 km | ↗ 217 m ↘ 221 m | 4 Std.

Tourencharakter:
Spektakuläre Gipfeltour mit Auf- und Abstiegen über Treppen, Leitern und in den Fels gehauene Stufen. Steiler, anstrengender Anstieg. Die Anreise mit dem Zug und die Elbüberquerung mit Fähren in Königstein und Rathen machen diese Tour zu einem besonderen Erlebnis. Schwindelfreiheit und Trittsicherheit erforderlich; Achtung im Herbst und Winter, Rutschgefahr durch Nässe und Eis

Ausgangspunkt:
Königstein Bahnhof, 128 m, Übersetzen mit der Fähre nach Halbestadt

Endpunkt:
Kurort Rathen, 124 m

Höchster Punkt:
Lilienstein, 415 m

Anfahrt:
Mit der S-Bahn bis Königstein, von dort zu Fuß in wenigen Minuten zum Fähranleger an der Elbe, Überfahrt nach Halbestadt; die Fahrkarte ist auch für die Fähre gültig

Rückfahrt:
Mit der S-Bahn von Rathen aus

Einkehr:
Gaststätte auf dem Lilienstein sowie verschiedene Einkehrmöglichkeiten in Rathen

Hoch über dem Elbtal thront der Lilienstein. In einer beeindruckenden, fast vollständigen Schleife umrundet die Elbe den Tafelberg. Der Gipfel bietet ein phänomenales Panorama des Elbsandsteingebirges. Nicht umsonst gilt der Lilienstein als Symbol einer ganzen Region und dient als Logo des Nationalparks Sächsische Schweiz.

Vom Wasser auf den Berg Bevor es losgeht, müssen wir über die Elbe – eine nette Abwechslung im Wanderalltag. Hinter dem Bahnhof in Königstein setzt die Fähre nach Halbestadt über.

Steiler Aufstieg auf der Südseite Links vom Fähranleger beginnt die Wanderung (Markierung blauer Strich). Nach dem ersten steilen Anstieg wird es gemächlicher, die »Ebenheit«, so der Name des Geländes, ist erreicht. Zeit zum Verschnaufen und um den Blick schweifen zu lassen. Im Rücken erhebt sich die Festung Königstein auf dem gleichnami-

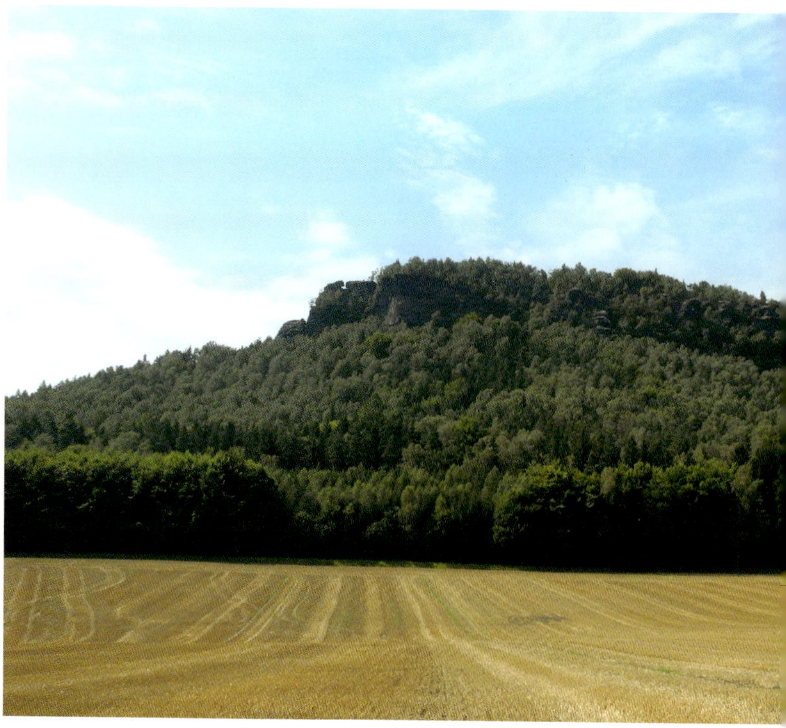

Blick zum Lilienstein

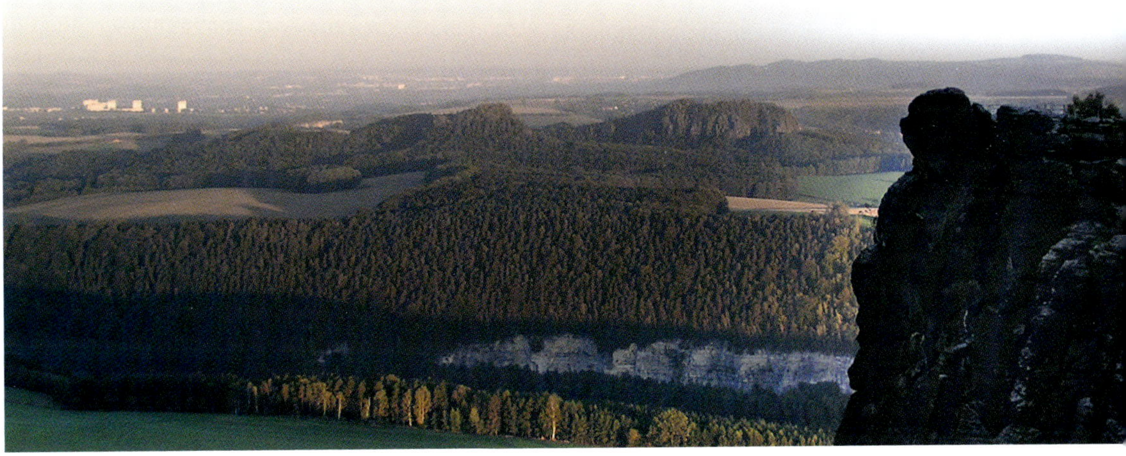

gen Tafelberg. 1241 wurde Deutschlands größte Bergfestung erstmals urkundlich erwähnt, erobert wurde sie übrigens nie. Vorn ist der Lilienstein gut zu sehen, erwähnt 1379 als »Ylgenstein« (vom Heiligen Aegidius oder St. Ilgen abgeleitet). Der Weg führt in Serpentinen zum Fels. August der Starke, Kurfürst von Sachsen und König von Polen, ließ um 1708 Stufen aus dem Fels hacken, um den Lilien-

Aussicht vom Lilienstein

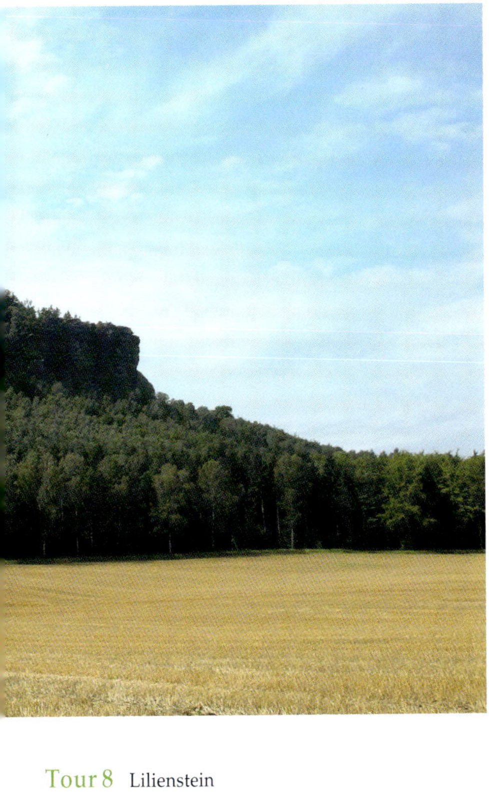

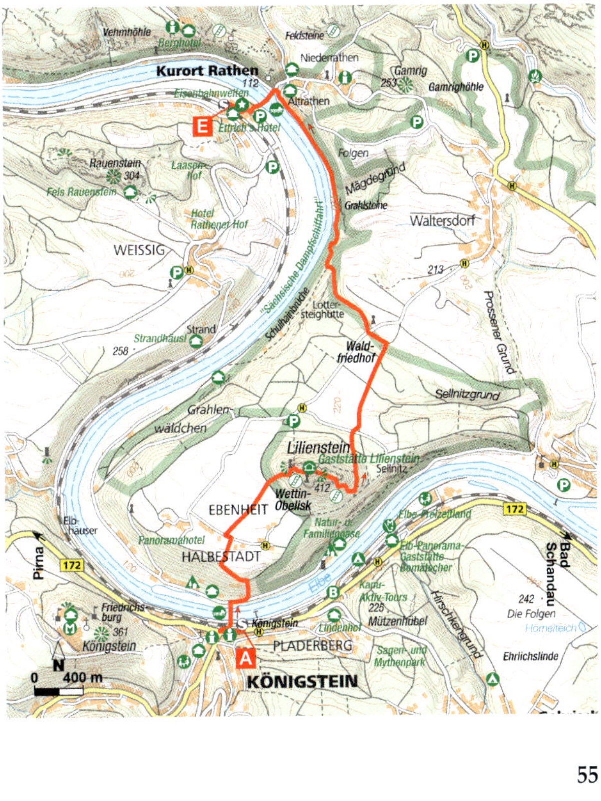

stein besteigen zu können. Diese Treppe existiert noch heute und bringt uns direkt zum Gipfel, den ein Obelisk zur Erinnerung an den hohen Besuch krönt.

Tafelberg Auf dem Plateau unbedingt links zur Westspitze gehen. Leitern und Brücken überspannen tiefe Schluchten, deshalb sind Trittsicherheit und Schwindelfreiheit dringend erforderlich. Zur Belohnung gibt es eine grandiose Aussicht. Zurück auf dem gleichen Weg und weiter zur Gaststätte Lilienstein und zur Ostaussicht.

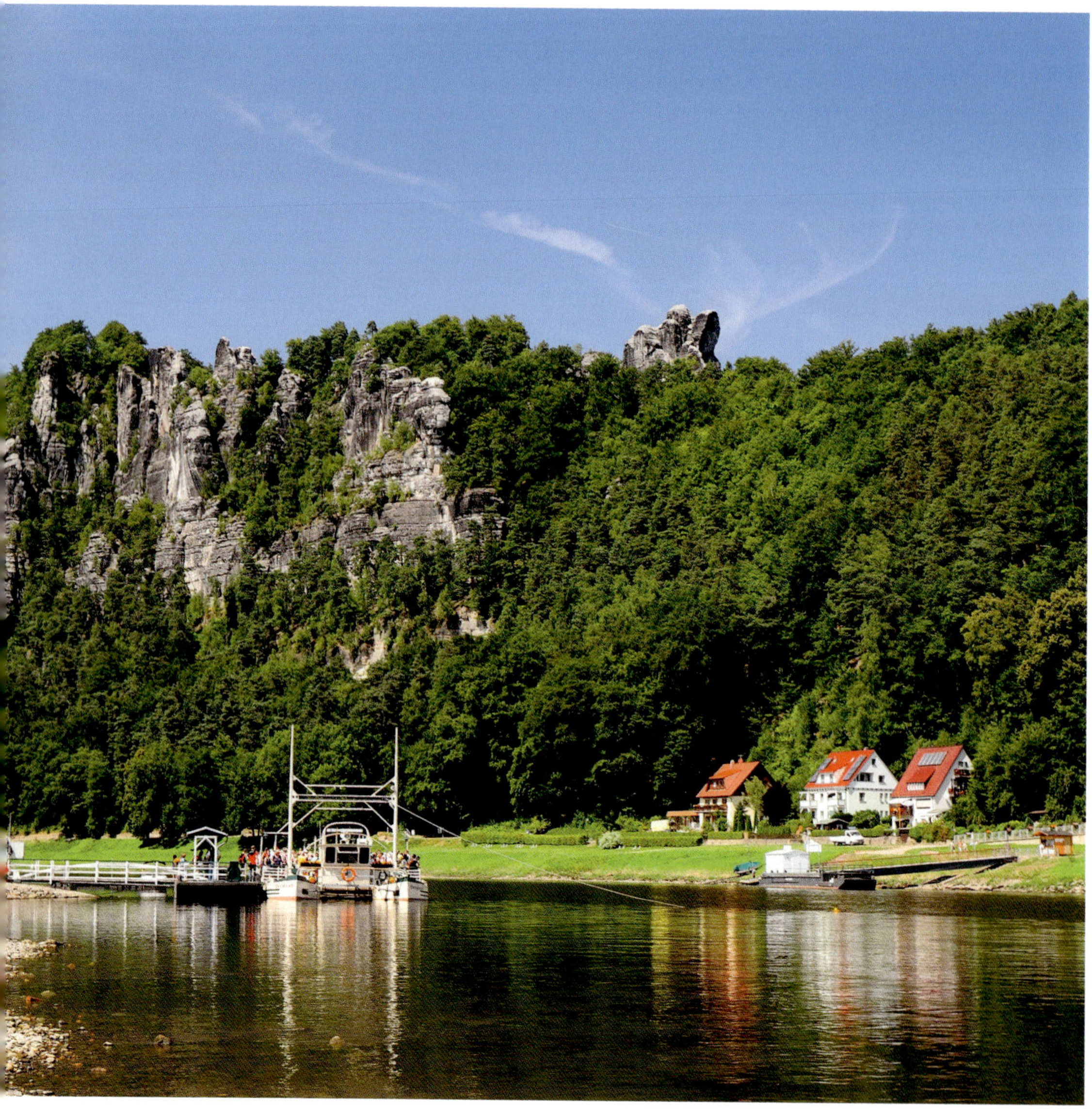

Mit der Gierseilfähre geht es bei Rathen über die Elbe.

Auf Leitern ins Tal – Nordabstieg Eine steile Metalltreppe und Felsstufen bringen uns hinunter in den Wald. An der Weggabelung zweigen wir links ab und folgen der blauen Markierung. Links am Wegesrand liegt die Quelle »Franzosenborn«, sie erinnert an die Französischen Truppen, die 1813 hier lagerten.

Von der Ebenheit zur Elbe Auf dem Kirchsteig wandern wir weiter Richtung Norden, vorbei am Waldfriedhof. Links zweigt der Lottersteig ab, ein schmaler Fußweg,

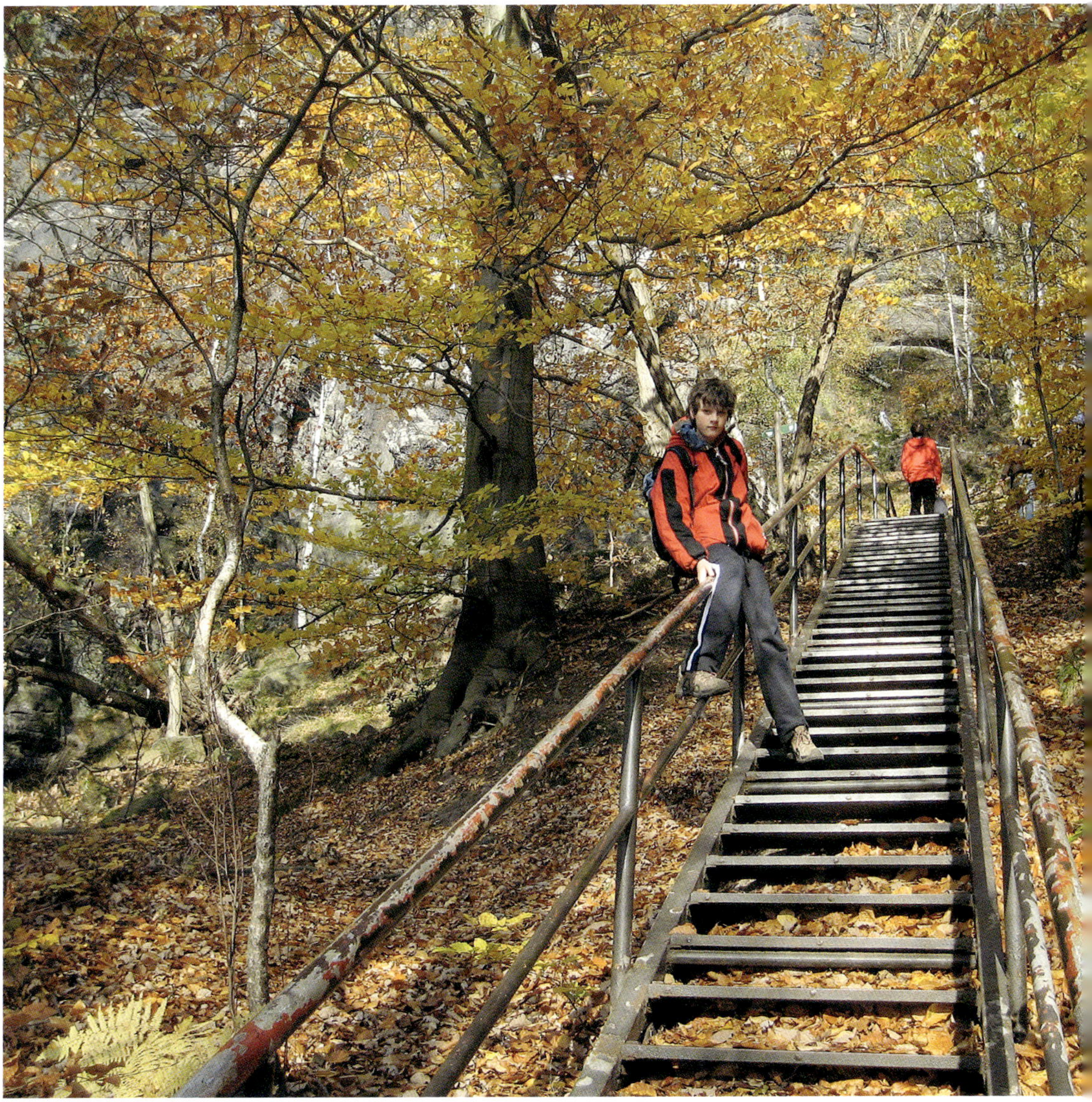

Südaufstieg zum Lilienstein

der uns wieder an die Elbe bringt (blaue Markierung). Unten angekommen, gehen wir rechts, weiter am Ufer auf dem Kottesteig entlang nach Rathen. Dort gibt es zahlreiche Einkehrmöglichkeiten. Mit der historischen Gierseilfähre, die uns zum Bahnhof übersetzt, endet die Tour recht beschaulich. Von der Fähre können wir den Blick zu den Felsen des Basteigebietes genießen.

9

Brandgebiet

Zum Balkon der Sächsischen Schweiz

Anspruchsvoll | 14 km | ↗ 254 m ↘ 254 m | 5 Std.

Tourencharakter:
Anspruchsvolle Tour, da mehrfach Höhenunterschiede überwunden werden müssen. Eine Tour mit stetem Auf und Ab, wobei es zum Teil über steile Stufen bergab und zum letzten Etappenziel (Brand) über zahlreiche Stufen hinaufgeht. Trittsicherheit erforderlich. Bei Eis und Schnee Rutschgefahr

Ausgangs- und Endpunkt:
Hohnstein Parkplatz oder die Bushaltestelle Eiche, 315 m

Höchster Punkt:
Napoleonschanze, 392 m; Brand, 317 m

Anfahrt:
Ab Pirna mit den Buslinien 237 oder 236 (Richtung Sebnitz), an der Haltestelle Eiche aussteigen; Anfahrt mit dem Pkw von Pirna über Lohmen nach Hohnstein oder von Bad Schandau über Porschdorf nach Hohnstein

Einkehr:
Brandbaude, Waitsdorfer Schänke

Die Hochfläche zieht sich fast eben dahin. Der Brand heißt diese Gegend, seit das Felsenplateau samt umliegender Wälder in Flammen stand, irgendwann vor 1800. Später stehen wir ganz vorn an der Kante. Nur das Geländer trennt uns vom tiefen Canyon der Polenz unter uns.

Napoleonschanze, Schanzberg Ausgangspunkt ist der Parkplatz oder die Bushaltestelle Eiche in Hohnstein. Wir folgen dort der Ausschilderung zum Stadtbad. Am Bad vorbei gelangen wir zur Brücke der ehemaligen Bahnstrecke von Hohnstein zur Kohlmühle im Sebnitztal. Unter der Brücke hindurch folgen wir der Markierung mit dem grünen Strich. Der schmale Wiesenweg führt hinauf zum Schanzberg auf 392 Metern Höhe. Von dort aus hat man eine perfekte Rundumsicht. Verständlich, dass Napoleon 1813 genau diese Stelle wählte, um Befestigungsanlagen zu errichten, deren Aufgabe der Schutz der Straße auf dem Ziegenrücken

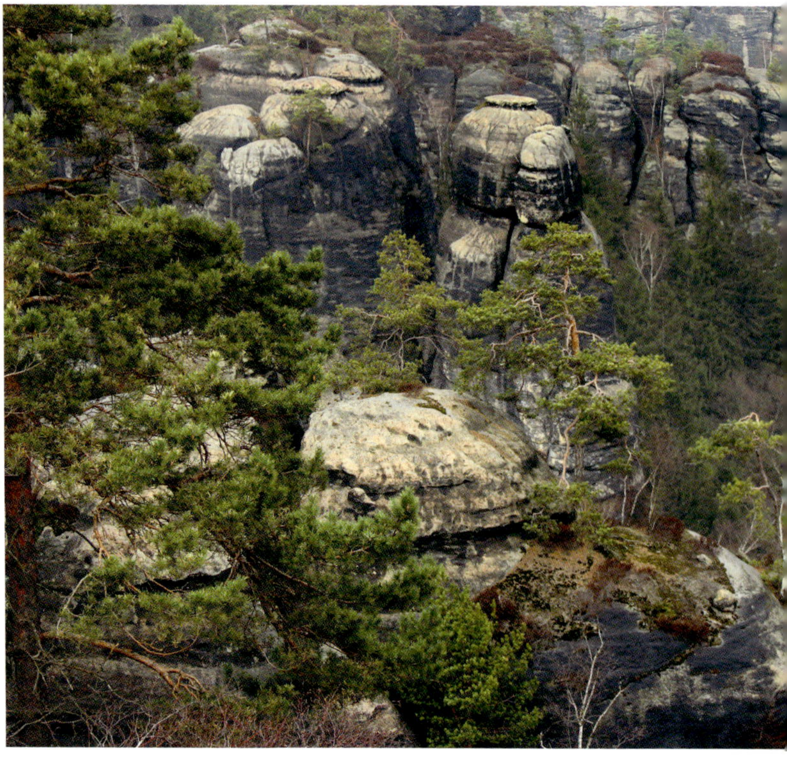

Felsriffe im Brandgebiet

hoch über dem Polenztal war. Die Wälle sind heute noch zu sehen. Auf einer Informationstafel findet man Erklärungen dazu und zu den Befreiungskriegen 1813. Tisch und Bänke für eine kurze Verschnaufpause sind hinter der Umzäunung rechts zu finden.

Stetes Auf und Ab Wir wandern über den Wiesenweg leicht abwärts bis zum Waldrand und lassen uns weiter von der grünen Markierung leiten. Alte Grenzsteine mit kurfürstlichen Zeichen schmücken den Wegesrand. An der Weggabelung, wo der Wald beginnt, halten wir uns links. Nach wenigen Metern zweigt der Ringflügelweg ab. Wir durchwandern nun das Schützengelege, so der Name dieser Waldregion, auf fast gleichbleibender Höhe. Bald treffen wir an der Kreuzung zum Lupinenweg auf eine Markierung mit gelbem Strich. Wir folgen ihr nun nach links auf dem Brandweg ins Tal des Tiefen Grundes.
Nach Überquerung der Straße geht es weiter auf dem gegenüberliegenden Weg, dem Holländerweg, in den Wald hinein. Er führt Richtung Waitzdorf und bringt uns zunächst zum Waldrand hinauf.
Wenig später erreichen wir den Rand von Waitzdorf. Wir treffen auf die Markierung mit dem roten Strich, biegen in den Ort ab und halten uns in Richtung Waitzdorfer Schänke. Waitzdorf ist ein abgelegenes Dorf, in dem nur noch wenige Einwohner leben. Es ist zudem das einzige Dorf, das sich mitten im Nationalpark Sächsische Schweiz befindet. Über die zahlreichen Stufen des Dorfgrundes gelangen wir in den Tiefen Grund. Der letzte Abschnitt ist fast baumlos, denn vor einigen Jahren fiel der

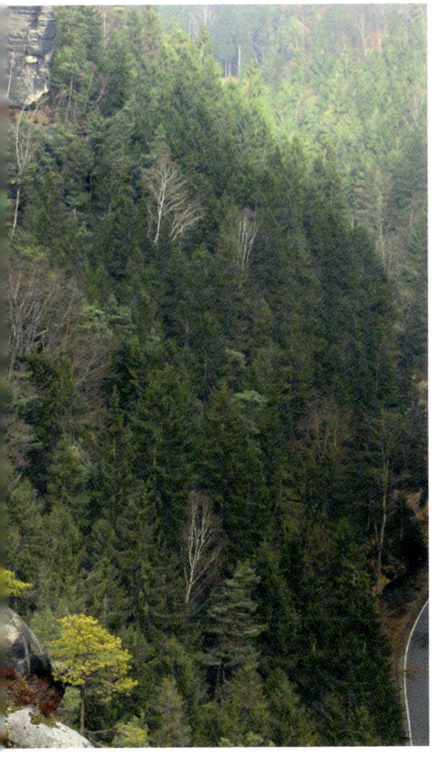

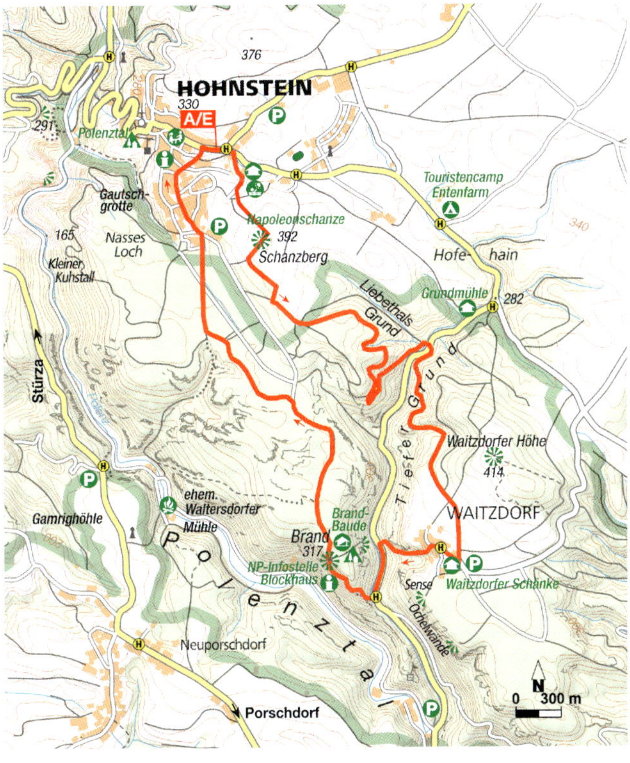

Tipp:

An einem Wochenende im Jahr finden die Hohnsteiner Puppenspiele statt. Dazu werden Gruppen eingeladen, die bei etwa 50 Vorstellungen an zwei Tagen große und kleine Zuschauer mit ihren Puppenspielkünsten begeistern. Informationen unter: http://www.hohnsteiner-puppenspielfest.de

Wald hier einem Sturm zum Opfer. In diesem Gebiet ist die natürliche Waldsukzession, also die Abfolge der unterschiedlichen Entwicklungsstadien einer sich selbst überlassenen Naturlandschaft, hervorragend zu beobachten.

Wir laufen nun etwa 10 Minuten die Straße abwärts. Die Vegetation im Tiefen Grund ist sehr ursprünglich geblieben: Moose, Farne, Flechten wachsen an den Felswänden und entlang des Bachlaufes. Aber auch die blassviolette Mondviole, auch Silberblatt genannt, und der filigrane weiße Waldgeißbart sind hier zu finden. Das Rauschen des Baches tönt angenehm in unseren Ohren.

Rechte Seite: Herrliche Laubfärbung auf dem Weg nach Hohenstein

Fast 900 Stufen zur Brandaussicht Rechterhand kommen wir zu einer kleinen Brücke und einem Wegweiser zu den Brandstufen und zum Brand. Nun beginnt der nicht enden wollende Aufstieg über unzählige Stufen zum Brand. Der Tiefe Grund unter uns macht seinem Namen alle Ehre.

Der Anstieg lohnt sich. Die Brandaussicht hängt wie ein Balkon ganz draußen an der Felskante und ermöglicht einen grandiosen Weitblick in die Sächsische Schweiz und tief ins Polenztal. Eine Tafel hilft bei der Identifizierung der Tafelberge und Felsformationen. Die direkt unter uns aufragende, flache Felsnadel ist die Brandscheibe. Der Name Brand geht auf eine große Feuersbrunst in diesem Waldgebiet zurück. Nach dem beschwerlichen Aufstieg und diesem herrlichen Ausblick gönnen wir uns eine Stärkung in der gemütlichen Brandbaude oder wärmen uns in der kühlen Jahreszeit am zentralen Ofen auf. Bereits seit 1835 werden hier Wanderer bewirtet. Im historischen Blockhaus gegenüber ist eine Nationalpark-Infostelle eingerichtet (Öffnungszeiten ganzjährig 10–18 Uhr).

Von der Brandbaude wandern wir auf dem breiten Weg, der auch der Fahrweg zur Baude ist, Richtung Hohnstein zurück, vorbei an der Informationstafel zum Nationalpark. Einen Abzweig lassen wir unbeachtet und kommen nach einer lang gezogenen, leicht abfallenden Kurve an eine Weggabelung. Hier verlassen wir die breite Brandstraße und nehmen links den mit einem grünen Strich markierten Weg. Vorbei an einem idyllischen Feuchtbiotop, an dem sich gut Libellen und Frösche beobachten lassen, erreichen wir die nächste Wegkreuzung. Hier beginnt rechts ein mit rotem Strich markierter Weg, auch Neuweg genannt, auf dem wir an den Ortsrand von Hohnstein gelangen und dort der Straße folgen, vorbei am alten Bahnhofsgebäude und Puppenspielhaus, zurück zum Parkplatz. Links thront die Burg Hohnstein.

Aufstieg zur Napoleonschanze

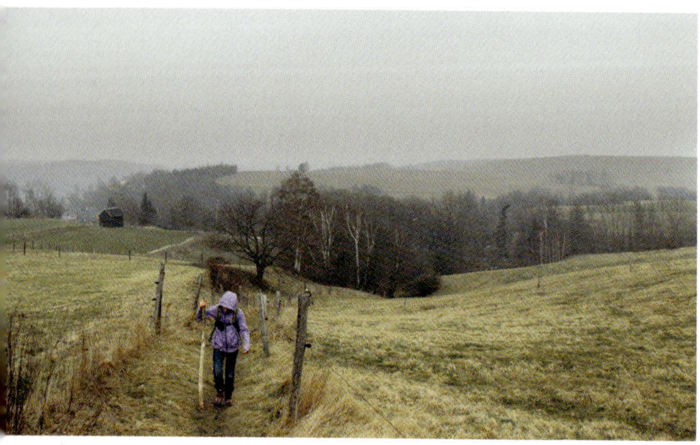

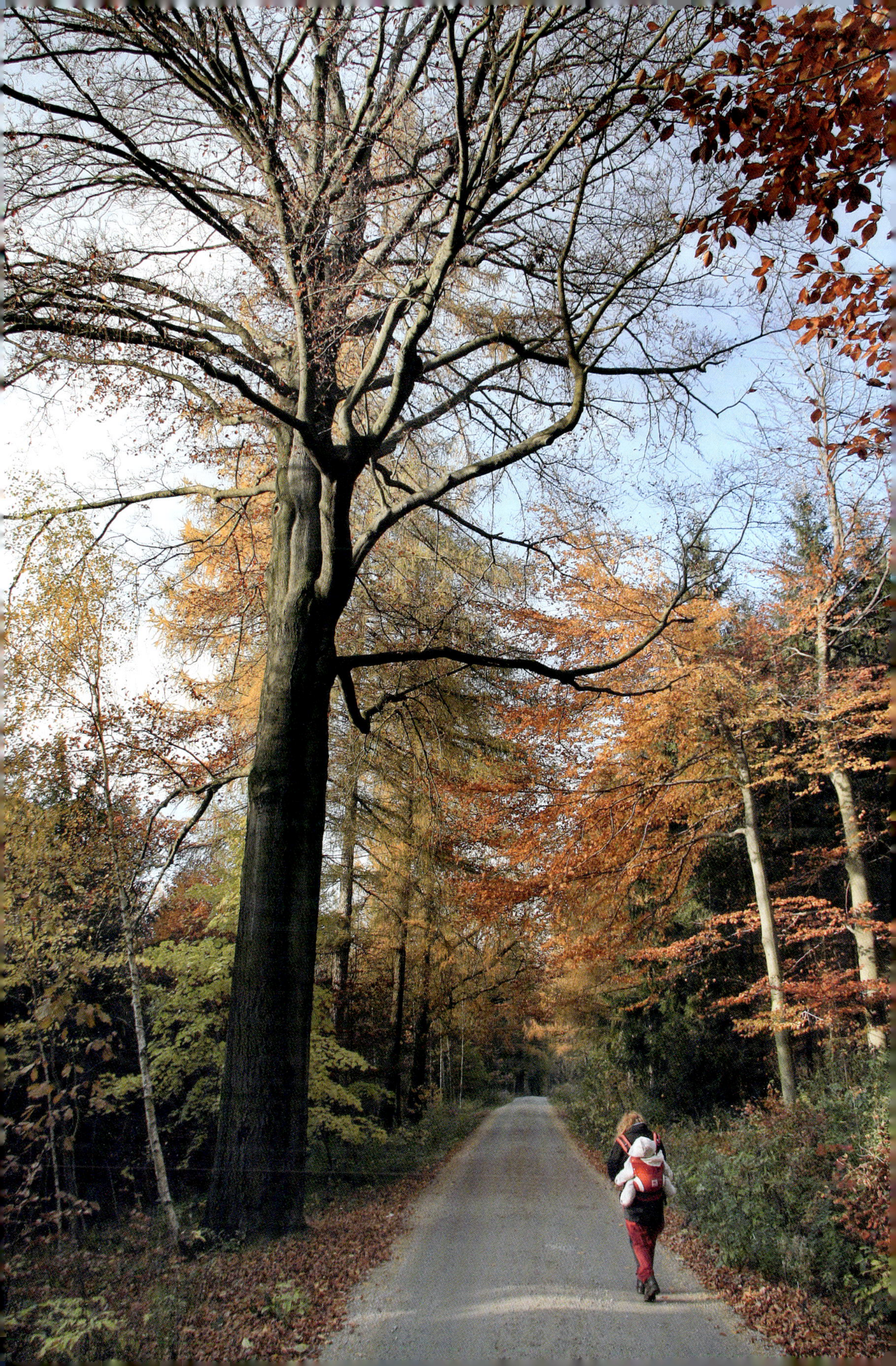

10

Um den Galgenberg

Spaziergang bei Hohnstein

Leicht | 5 km | ↗ 65 m ↘ 65 m | 1,5 Std.

Tourencharakter:
Leichte Tour, am Hang auf schmalem Pfad entlang, zuerst leichter Anstieg und später kurzer, steiler Weg bergauf. Ansonsten ein sehr moderater Weg

Ausgangs- und Endpunkt:
Hohnstein, Platz vor der Burg, 295 m

Höchster Punkt:
Beim Galgenberg, 360 m

Anfahrt:
Ab Pirna mit den Buslinien 237 oder 236 (Richtung Sebnitz), Ausstieg am Markt in Hohnstein. Mit dem Pkw Anfahrt von Pirna über Lohmen nach Hohnstein, von Bad Schandau über Porschdorf nach Hohnstein

Einkehr:
Verschiedene Gasthäuser in Hohnstein

Nicht nur der Märchenerzähler Hans Christian Andersen (1805–1875) reiste durch die Sächsische Schweiz. Der Fremdenweg führte damals über Hohnstein tiefer ins Elbsandsteingebirge. Die Stadt mit der Burg empfanden die vorbeiziehenden Künstler als überaus malerisch und hinterließen zahlreiche Werke: Zeichnungen, Stiche, Radierungen und Gemälde.

Verschlafene Gassen von Hohnstein Die Wanderung beginnt vor der Burg Hohnstein am Marktplatz, wo wir auch parken können. Zunächst links an einem Teeladen vorbei, folgen wir dann den schmalen Gassen,

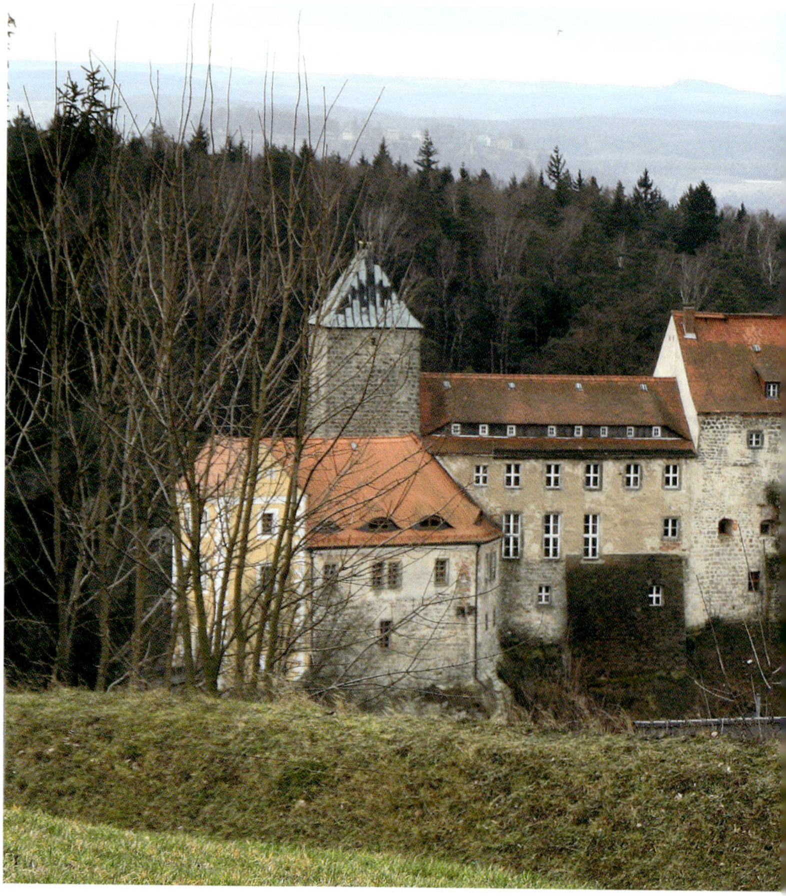

Burg Hohnstein

die mit einem gelben Strich gekennzeichnet sind. Links die klassische Szenerie: Burg mit Kirche. Letztere wurde von George Bähr – Baumeister der Frauenkirche in Dresden – entworfen.

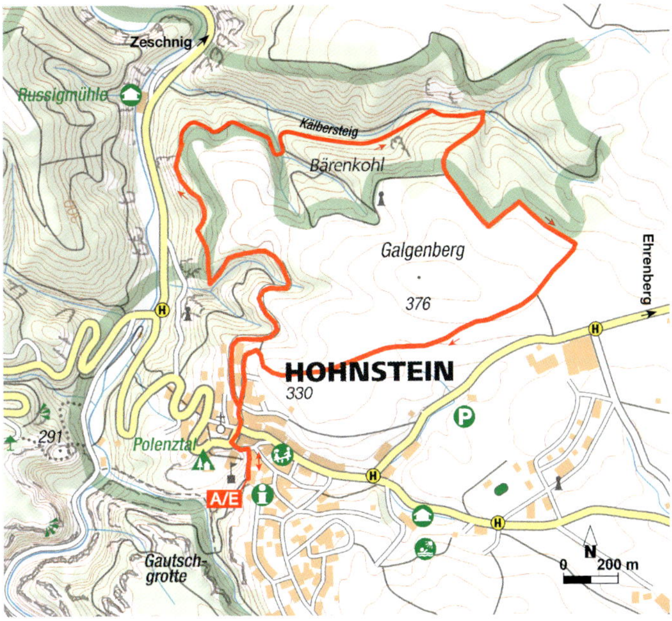

Kälbersteig im Nationalpark Der Weg führt in den Wald hinein, wir gehen weiter bis zur Nationalpark-Infotafel und biegen nach links auf den Kälbersteig ab (gelber Strich). Der Weg schlängelt sich am Hang entlang und nach ungefähr 20 Minuten fließen in einer Spitzkehre zwei Rinnsale zusammen, Trampelpfade bergan sind erkennbar. Wir bleiben jedoch auf dem

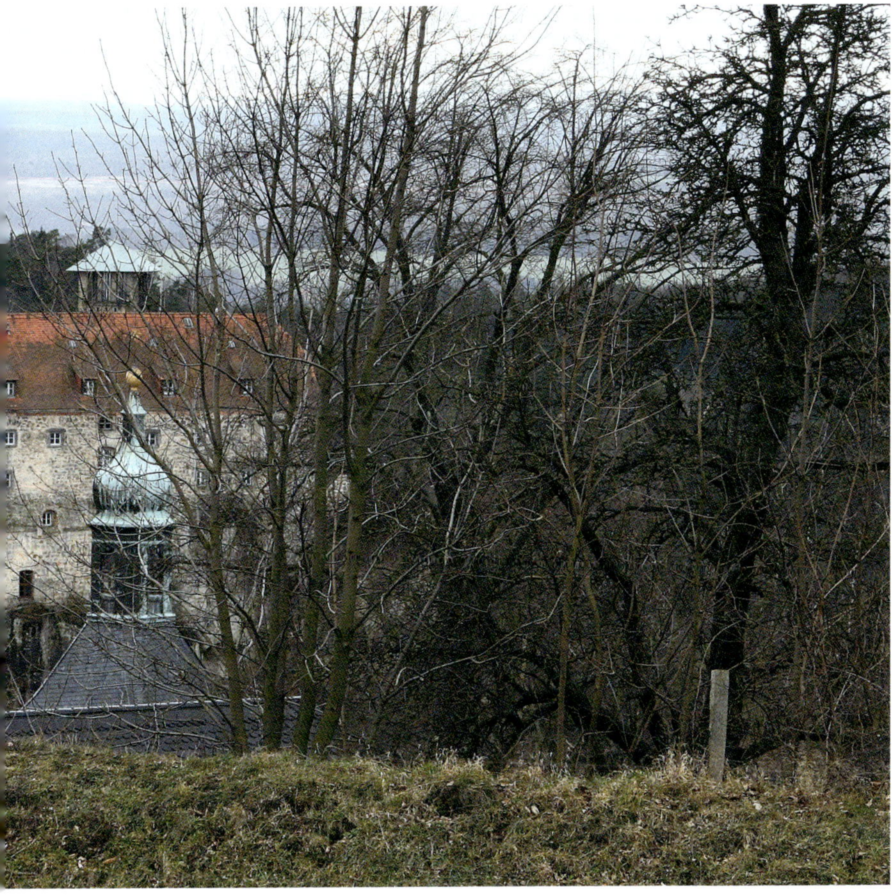

Tipp:

Die Burg Hohnstein hoch über dem Polenztal hat eine bewegte Geschichte. Heute ist sie eine Ferienstätte. Ein Besuch lohnt sich.

gelb markierten Weg bis zum Bach in der Senke, der dort scharf links abbiegt und dem Bächlein abwärtsfolgt. An dieser Stelle verlassen wir den markierten Wanderweg, um stattdessen den Bach talaufwärts entlangzuwandern (keine Markierung). Im reizvollen, menschenleeren Tal leistet uns das Rauschen des Wassers Gesellschaft. Einen unscheinbaren Abzweig nach rechts, gerade am Hang verlaufend, ignorieren wir. Erst an der nächsten Weggabelung biegen wir steil in einer Rechtskurve ab. Der Weg führt nun ein kurzes, aber anstrengendes Stück nach oben, anschließend moderater bis zum Waldrand. Ab hier ist der grüne Punkt unsere Markierung. Am Waldrand stehen ein Hochstand und eine Bank, an der wir links vorbei müssen. Ein Stück dem Wald- bzw. Feldrand folgend, gelangen wir schließlich an eine Wegkreuzung, an der wir rechts den Feldweg einschlagen (grüner Punkt).

Rechte Seite: Plätschern am Pfad

Kirchsteig und Galgenberg Auf dem Kirchsteig genannten Feldweg umwandern wir den rechterhand aufsteigenden Galgenberg, einen Hügel, 376 Meter hoch. Ein Weg führt dort nicht hinauf, er ist mit einem Feld überzogen. Vom Kirchsteig aus ergeben sich allerdings lohnenswerte Perspektiven auf die Sächsische Schweiz und man fragt sich, wo eigentlich die Stadt Hohnstein liegt, weil sie von hier aus noch nicht zu sehen ist. Wir kommen bald an einem Gartengelände vorbei, der Feldweg verwandelt sich kurz in einen Hohlweg. Alte Obstbäume säumen den Weg. Und nun – ganz überraschend – ist links der Blick auf die Burganlage frei und schon nach wenigen Minuten kommen wir wieder mitten in Hohnstein an. Ein Abstecher in die Burg rundet die Wanderung ab.

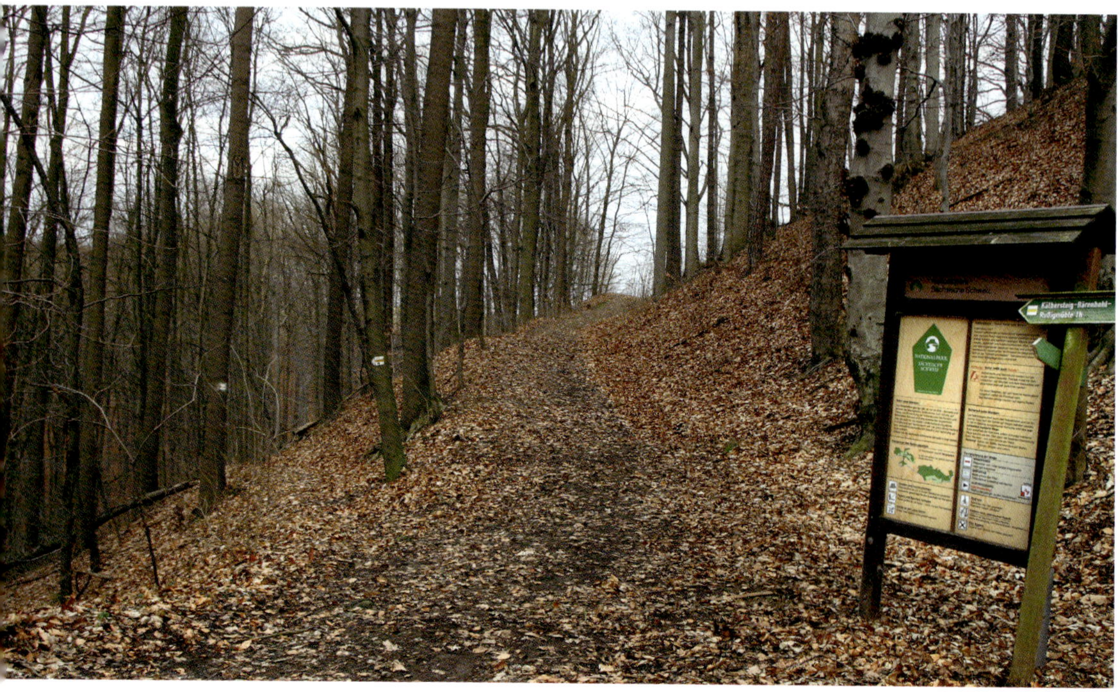

Schautafel mit Informationen zum Nationalpark

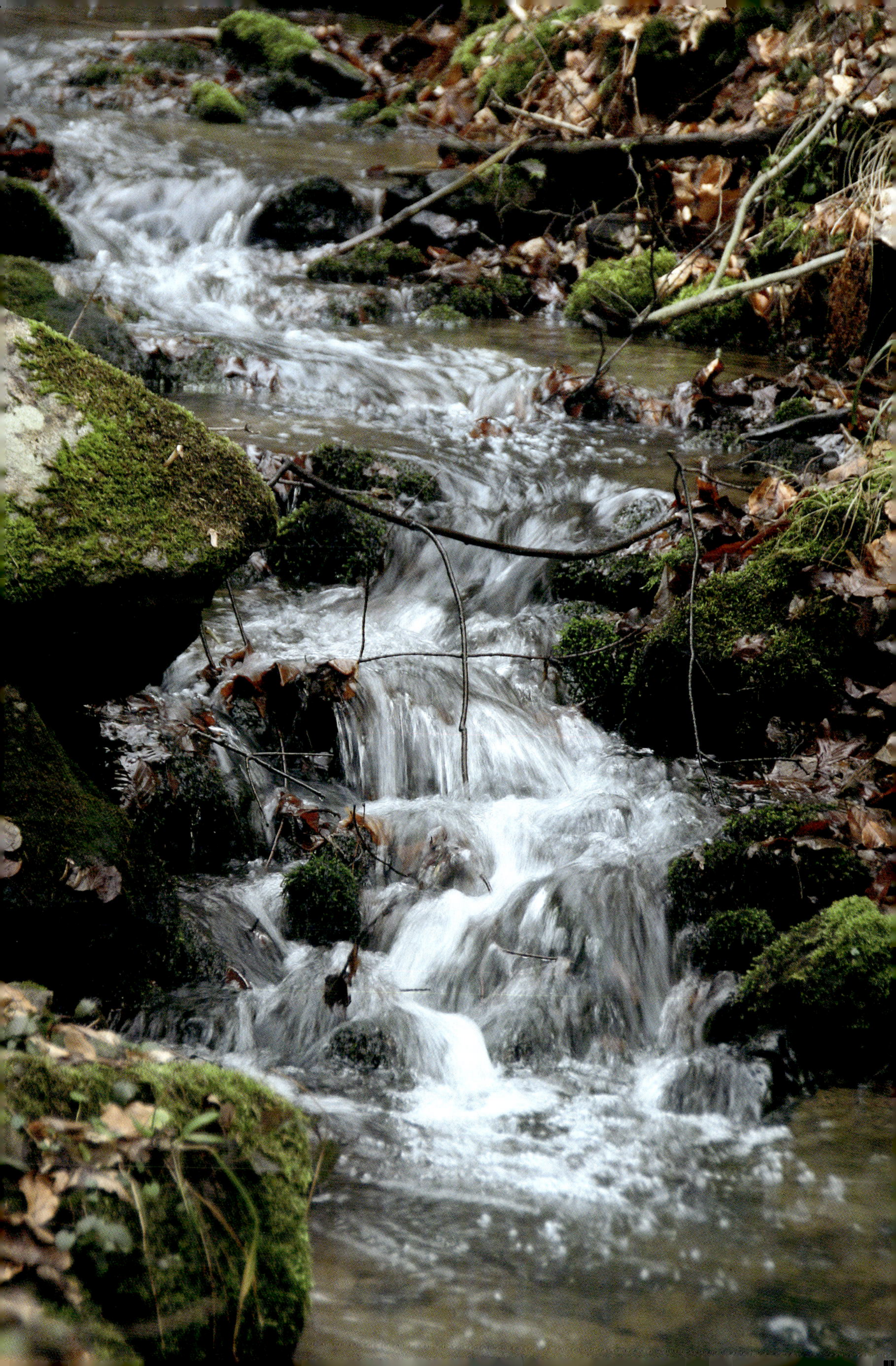

11 Polenztal

Das Reich der Wasseramsel

Mittel · 16 km · ↗ 32 m ↘ 235 m · 5 Std.

Tourencharakter:
Recht lange Talwanderung. Auch bei Hitze gut geeignet, da es im Tal kühl bleibt. Vorsicht bei Schnee und Eis. Einzig merklicher Anstieg, recht steil aus dem Polenztal über den Bergrücken und wieder moderat zur Elbe hinunter

Ausgangspunkt:
Haltepunkt Langenwolmsdorf, 327 m

Endpunkt:
Rathen, 124 m

Höchster Punkt:
Tal-Tour; Bergrücken Ziegenrücken vom Polenztal ins Elbtal, 222 m

Anfahrt:
Mit der RB 71 ab Pirna oder Bad Schandau, in Langenwolmsdorf aussteigen.
Anfahrt mit Pkw nicht zu empfehlen

Einkehr:
Verschiedene Gasthäuser im Polenztal (z.B. Bockmühle, Russigmühle oder Polenztalschänke) oder in Rathen

Rechte Seite: Versteckte Markierung

Als einziger Singvogel ist die Wasseramsel in der Lage, in Fließgewässern zu tauchen: Ein braunes Kerlchen mit weißem Brustfleck, das von Stein zu Stein hüpft, abtaucht, unter Wasser mit leicht gespreizten Flügeln bachaufwärts läuft und nach Beute sucht. Mit etwas Geduld und Glück ist dieser besondere Vogel im canyonartigen Polenztal zu beobachten.

Im Tal der Mühlen Wir gehen am Haltepunkt Stolpen-Langenwolmsdorf der Bahnstrecke Pirna–Neustadt los. Am Straßenrand entlang halten wir uns in Richtung Neustadt, kommen an einen Bahnübergang und biegen in die Straße rechts Richtung Polenz ein. An den ersten Häusern vorbei, folgen wir weiter der Straße bis zur kleinen Kreuzung ins Tal, die zweite Straße zweigen wir nach rechts ab. Sie führt auf eine Brücke über die Polenz (Markierung roter Punkt), der Ort und der Bach tragen den gleichen

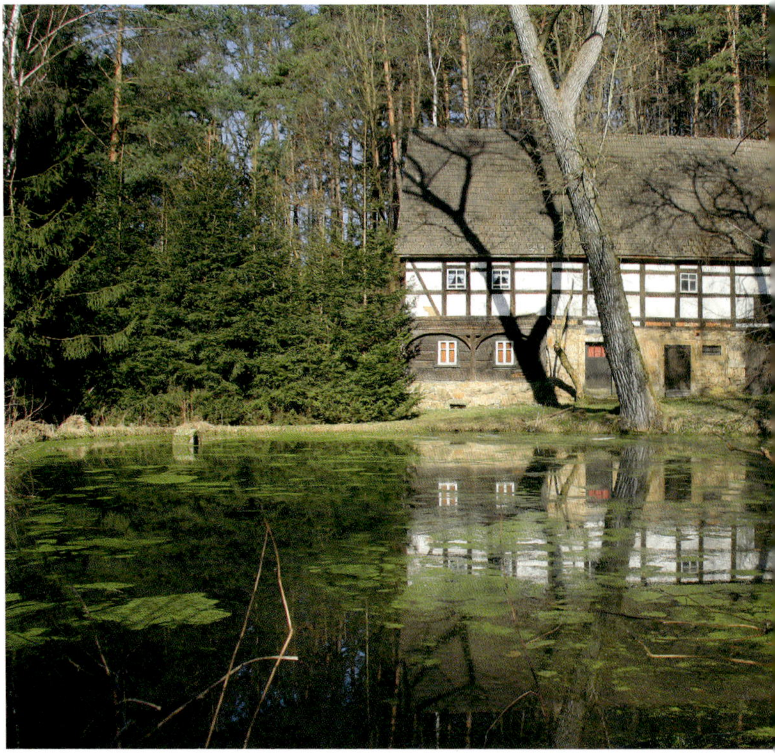

Kleinod mit Teich

Namen. Nach der Brücke rechts weiter entlang der mäandernden, wasserreichen Polenz durch das Tal. Im naturnahen Tal, das stellenweise auch sehr eng wird, sind typische Bestandteile eines Auenwalds, sogenannter Erlen-Eschen-Bruchwald, zu finden.

Entlang unserer Wanderung kommen wir an zahlreichen Mühlen vorbei – von der Waldmühle über die Knochenmühle bis zur Bockmühle. An der Bockmühle erreichen wir eine schmale Straße, dort müssen wir rechts abbiegen. Auf einen kleinen Abstecher – von hier nach links etwas bergan – sollte man nicht verzichten, denn ein wahres Kleinod gilt es zu entdecken: wunderschön anzusehen, das letzte Haus links an der Straße mit Teich. Vom Abstecher zurück, gelangen wir auf der Straße kurz hinter einer Brücke zum Wanderweg, der links abzweigt.

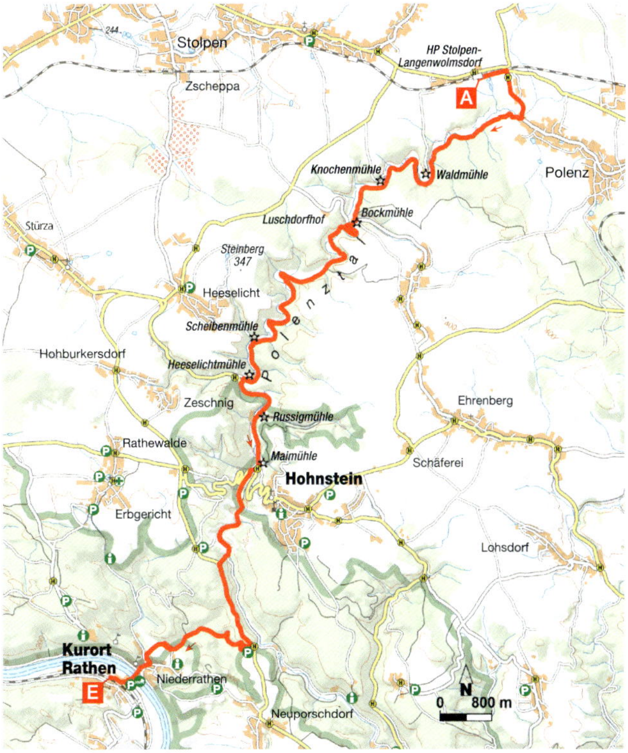

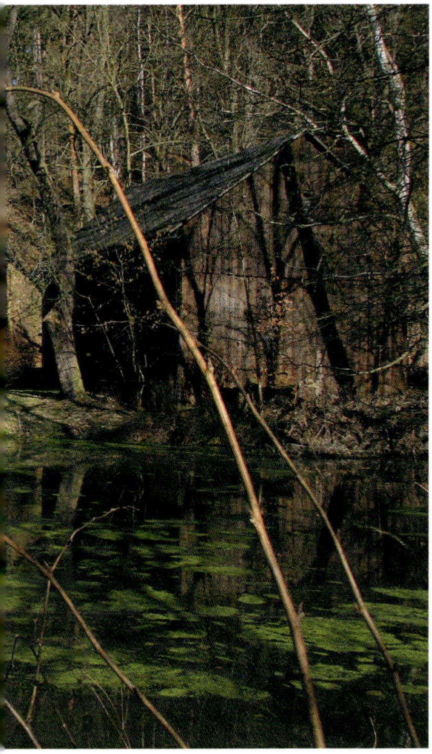

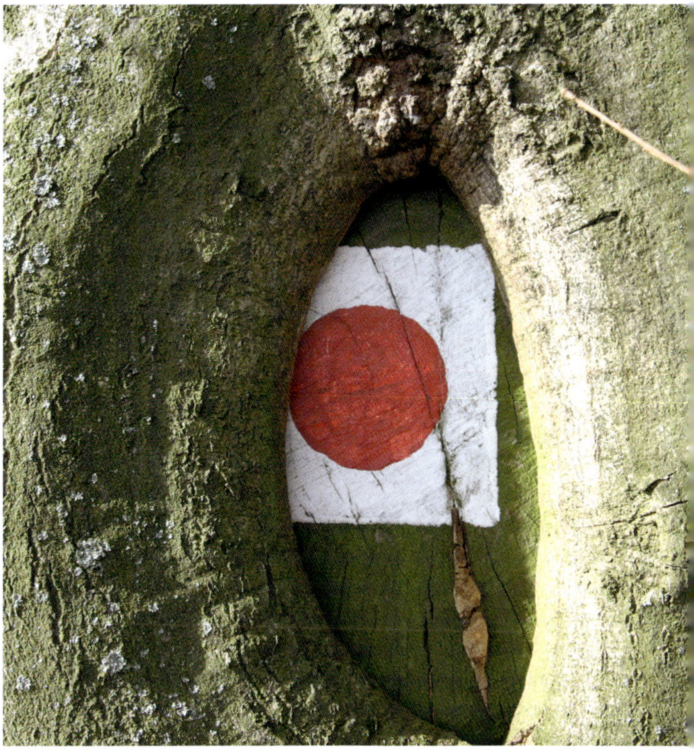

Märzenbecherwiese Wir folgen der Ausschilderung links Richtung Märzenbecherwiese. Im Frühjahr stehen die Wiesen in voller Blüte. Der Märzenbecher, eine Frühlings-Knotenblume, ist charakteristisch für Auen- und Laubmischwälder. Die Märzenbecherwiesen im Polenztal sind das größte Gebiet in Sachsen, in dem diese Art wild vorkommt. Wandern wir genau zur Blütezeit, müssen wir am Wochenende, zumindest im Bereich der Bockmühle, mit zahlreichen anderen Naturliebhabern

Honigsteine bei Rathen

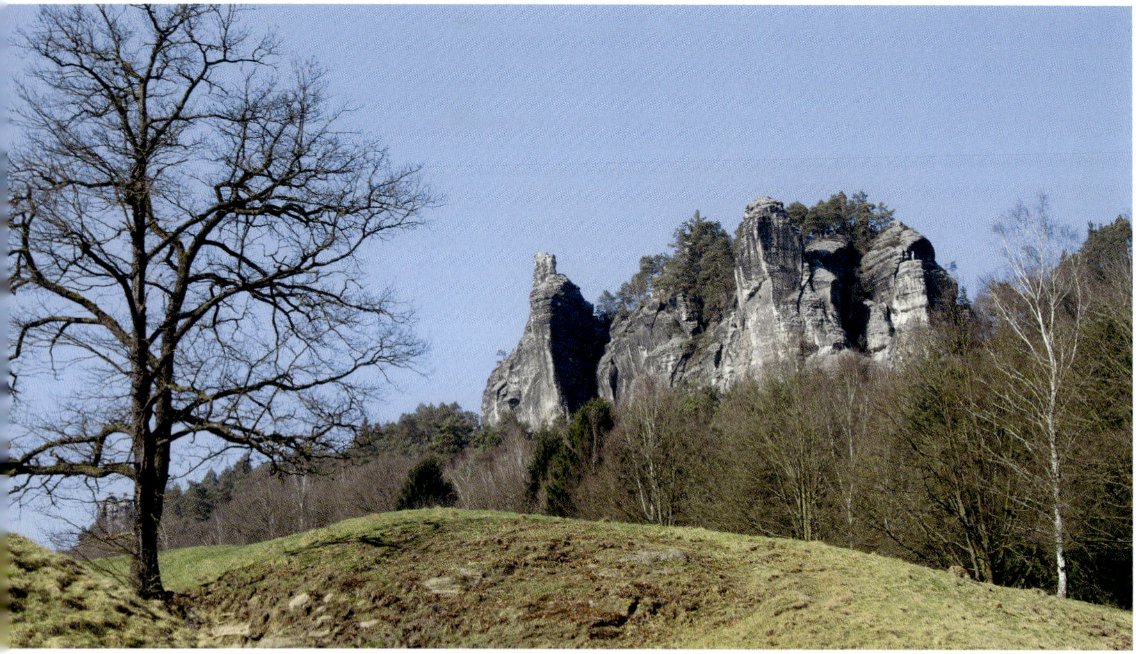

rechnen. Wir gehen jetzt am gurgelnden Bach, teils auch am Hang entlang, weiter bis zur Heeselichtmühle. Hier kommen wir auf die Talstraße (ehemalige Rennstrecke). Ein Teil der Straße wurde zum Fußweg umgewandelt. Wir kommen an der Russigmühle vorbei, gelangen an eine Kreuzung, an der es links bergauf nach Hohnstein geht und rechts, ebenfalls nach oben, über eine Brücke Richtung »Hocksteinschänke«.

Lausitzer Überschiebung Weiter dem roten Punkt nach geht es über diese Brücke, kurz danach links auf der engen Straße neben dem Bach weiter bis zur Gaststätte Zum Polenztal. Unterhalb des Hocksteins quert die Polenz die sogenannte Lausitzer Überschiebung, eine tektonische Plattenverschiebung des Lausitzer Granit über die Sandsteinschichten des Elbsandsteingebirges. An dieser Stelle wechselt auch die Form des Tales von der granittypischen V-Form zu einem canyonartigen U mit hohen, nahezu senkrechten Sandsteinwänden.

Das Revier der Wasseramsel Nach der Gaststätte folgen wir weiterhin dem Weg. Dieser Abschnitt des Polenztals, der schon 1940 unter Naturschutz gestellt wurde, ist Teil des 1990 gegründeten Nationalparks Sächsische Schweiz. Auf dem nächsten Abschnitt unserer Wanderung werden wir mit ein wenig Glück einen seltenen, geschützten Bewohner des Tals beobachten können – die Wasseramsel. Dieser fast amselgroße Sperlingsvogel fliegt dicht übers Wasser und bleibt auf Steinen im und am Wasser wippend sitzen. Gut zu erkennen ist er an seinem weißen Brustfleck auf braunem Gefieder. Die Wasseramsel lebt an klaren Gebirgsbächen und kann als einziger Singvogel schwimmen und tauchen. Ihr zuzusehen ist eine wahre

Buchenfarn

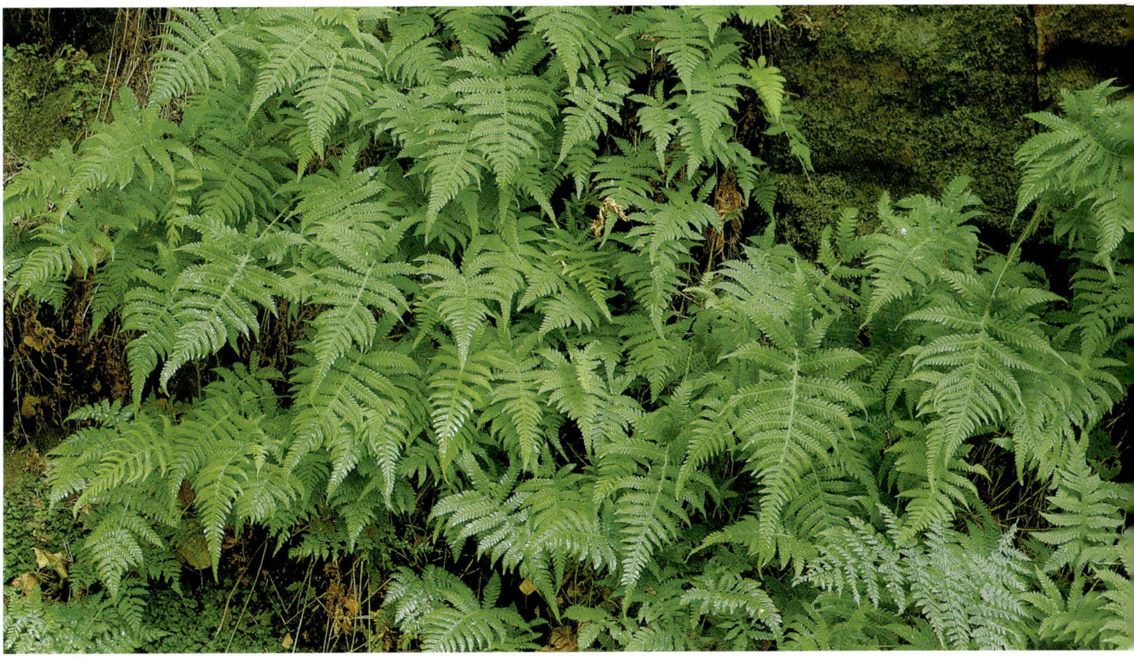

Freude. Aber nicht nur die Wasseramsel hat hier ihren Lebensraum. Mit noch mehr Glück und Geduld lassen sich Eisvogel oder Schwarzstorch entdecken. Der Rabe hingegen ist regelmäßig zu hören und auch der Uhu, die größte Eule Europas, ist hier zu Hause. Zudem finden sich hier noch Vorkommen des seltenen Straußenfarns und alte Bestände der bei uns geschützten Weißtanne. Auf unserem Weg sollten wir ab und zu innehalten, nach oben blicken und die steilen, imposanten Felswände bewundern.

Rathen an der Elbe Wir verlassen das Tal auf dem nächsten, nach rechts bergan führenden Weg. Wir gehen die Stufen hinauf und gelangen an eine Straße, den sogenannten Ziegenrücken, die wir überqueren. Uns rechts haltend, wandern wir den Füllhölzelweg hinunter nach Rathen (Markierung roter Strich). In Rathen kommen wir am Haus des Gastes vorbei, wenden uns nach rechts und gehen durch den Ort hinunter zur Elbe. An den Häusern entlang des Weges werden wir immer wieder auf die Hochwasserstände von 2002 und 2013 aufmerksam gemacht. Die historische Gierseilfähre bringt uns leise, ohne störendes Motorengeräusch, da sie ausschließlich die Strömung des Flusses nutzt, über die Elbe. Rechts vom Fähranleger liegt auch schon der Bahnhof von Rathen.

12

Arnstein und Kleinstein

Raubschlösser und Höhlen

Mittel | 8 km | ↗ 91 m ↘ 91 m | 3,5 Std.

Tourencharakter:
Steiler Anstieg über Steiganlagen, Trittsicherheit und Schwindelfreiheit erforderlich. Ebenso steiler Abstieg, danach moderat, später noch einmal ein steiler Abstieg. Bei Schnee und Eisglätte ungeeignet und gefährlich

Ausgangs- und Endpunkt:
Haltestelle Buschmühle im Kirnitzschtal, 236 m

Höchster Punkt:
Arnstein, 327 m

Anfahrt:
Mit der Buslinie 241 von Pirna oder Bad Schandau Richtung Hinterhermsdorf, Ausstieg an der Haltestelle Buschmühle.
Mit dem Pkw nach Bad Schandau und im Ort über den Markt, an der Kirche vorbei (Achtung: enge Straße). Kurz darauf nach links abbiegen Richtung Kirnitzschtal/Hinterhermsdorf, dieser Straße folgen bis zur Buschmühle. Hier nur wenige Parkmöglichkeiten, besser auf den Parkplatz zuvor an der Neumannmühle ausweichen. Vorsicht bei der Anfahrt mit dem Auto. Im Kirnitzschtal verkehrt die historische Straßenbahn. Da es nur einen Schienenstrang gibt und zudem die Sicht durch die zahlreichen Kurven stark eingeschränkt ist, kommt es vor, dass einem die Straßenbahn auf der falschen Seite entgegenkommt.

Einkehr:
Unterwegs keine; auf dem Rückweg die »Buschmühle« und verschiedene Gasthäuser im Kirnitzschtal

Eine mittelalterliche Wehranlage stand auf dem Arnstein, hölzern und relativ klein zwar, aber ein gefährliches Raubritternest, von dem aus Handelswege überfallen und Dörfer geplündert wurden. Heute ist das Ottendorfer Raubschloss, auch bekannt als Felsenburg Arnstein, einer der faszinierendsten Felsen der Sächsischen Schweiz.

Felsenburg Arnstein Wir starten an der Bushaltestelle Buschmühle im Kirnitzschtal oder am Parkplatz Neumannmühle. An der Kreuzung links geht es steil hinauf zum Arnstein, als Markierung dienen ein gelber Strich und ein gelber Punkt. Ein schmaler Pfad führt über Stufen zur ehemaligen Felsenburg. Auf einer Geländeterrasse stand die Unterburg. Die alten Strichlöcher, gedacht für die massigen Aufleger eines schweren Tores, sind gut zu erkennen. Darunter sind eine Burg und ein lateinisches Kreuz in die Felswand gemeißelt. Weitere Stufen führen hinauf zur Oberburg. Die originale Treppe lässt sich noch in der Wand parallel zum heutigen Aufstieg erkennen, deren Stufen sich in einen künstlich erweiterten Spalt zwängen. Wir schlüpfen hindurch, sehen einen kleinen Pfeil an der Fels-

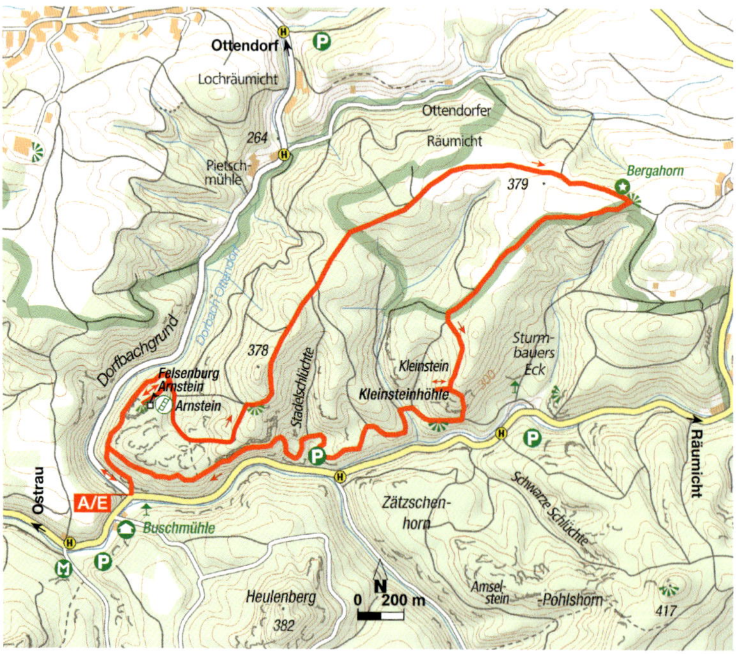

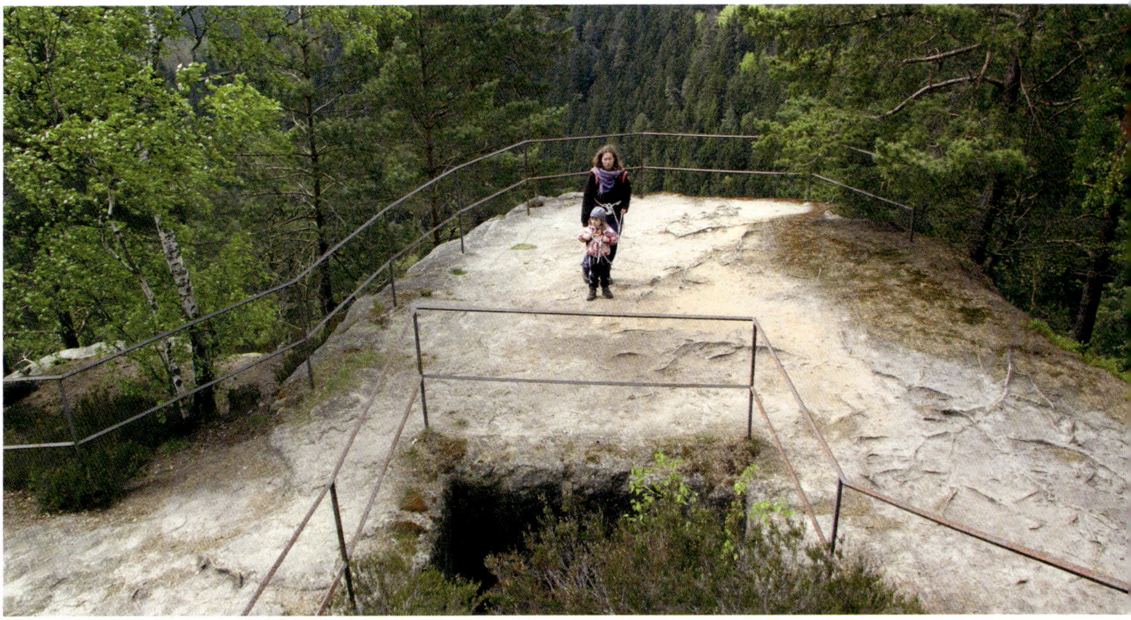

wand und folgen ihm in die Arnsteinhöhle. Dort können wir vor den Eisentreppen ein in den Fels gezeichnetes Gesicht mit großen Ohren erkennen. Oben fallen Strichpfalze (Ausmeißelungen im Stein), ein viereckiger, in den Fels gehauener Grundriss und die tiefe, 4,5 Meter in den Fels geschlagene Zisterne auf. An der Nordwestseite des Gipfels bemerken wir eine weitere Felszeichnung: Der Krummstab deutet auf einen Bischof oder Hirten hin. Auch am Fundament des ehemaligen Wehrturms finden wir Felszeichnungen – hier die Gestalt eines Kriegers mit Schwert. Die einstige Burganlage wurde erstmals 1436 urkundlich erwähnt und schon um 1452 zerstört.
Nach dem Abstieg halten wir uns rechts und wandern weiter dem gelben Strich nach. An einer Weggabelung nach einigen Kurven zweigt links der Weg mit dem gelben Punkt ab. Wir folgen ihm allerdings nicht, sondern wandern rechts bergan auf dem Pfad Hohes Gewände (gelber Strich). Nachdem wir den Wald verlassen haben, kommen wir auf eine Wiese mit Blick auf den Ort Saupsdorf.

Zisterne der einstigen Burg

»Schreckgesicht« des Arnsteins

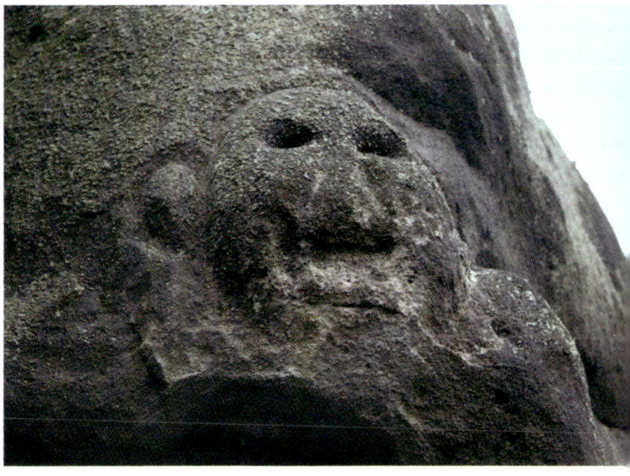

Kleinstein Am Naturdenkmal Bergahorn biegen wir rechts ab Richtung Kleinstein (jetzt dem roten Strich folgend) direkt zu den Kleinsteinaussichten. Die geben den Blick frei hinüber zu den Affensteinen, dem Kleinen und dem Großen Winterberg. Auf Holz- und Steinstufen geht es nun bergab. Die Kleinsteinhöhle, ein riesiges Felsentor, taucht rechterhand auf. Über steile Stufen geht es abwärts bis zu einem breiten Weg. Hier biegen wir rechts ab und wandern auf gleicher Höhe, bis wir wieder zum Abzweig gelangen, der unsere Runde abschließt und steil hinunter in Richtung Buschmühle, unserem Ausgangspunkt, führt.

13

Großer Teichstein

Im Reich der Moose und Flechten

Anspruchsvoll | 11 km | ↗ 177 m ↘ 185 m | 4 Std

Tourencharakter:
Zum Teil steile Steiganlagen, zwischendurch moderate Strecken. Trittsicherheit und Schwindelfreiheit erforderlich. Bei Schnee und Eisglätte ungeeignet

Ausgangspunkt:
Buschmühle im Kirnitzschtal, 236 m

Endpunkt:
Neumannmühle im Kirnitzschtal, 228 m

Höchster Punkt:
Teichstein, 413 m

Anfahrt:
Mit der Buslinie 241 von Pirna oder Bad Schandau Richtung Hinterhermsdorf, Ausstieg an der Haltestelle Buschmühle, zurück mit der gleichen Buslinie.
Mit dem Pkw nach Bad Schandau und im Ort über den Markt, an der Kirche vorbei (Achtung: enge Straße). Kurz darauf nach links abbiegen Richtung Kirnitzschtal/Hinterhermsdorf, dieser Straße folgen bis zur Buschmühle. Hier nur wenige Parkmöglichkeiten, besser auf den Parkplatz zuvor an der Neumannmühle ausweichen. Vorsicht bei der Anfahrt mit dem Auto. Im Kirnitzschtal verkehrt die historische Straßenbahn. Da es nur einen Schienenstrang gibt und zudem die Sicht durch die zahlreichen Kurven stark eingeschränkt ist, kommt es vor, dass einem die Straßenbahn auf der falschen Seite entgegenkommt.

Einkehr:
Zeughaus, auf der Rückfahrt verschiedene Gaststätten im Kirnitzschtal

Moose und Flechten – grün, schwefelgelb und weißgrau – umklammern uralte Bäume und Felsen und zaubern eine verwunschene Landschaft. 452 Moos- und 367 Flechtenarten sind in der Sächsischen Schweiz nachgewiesen worden. Darunter die gelbe Schwefelflechte, die fast unwirklich, wie von Menschenhand gemalt, leuchtet.

Die Buschmühle Unsere Wanderung beginnt an der Buschmühle, im an Mühlen reichen Kirnitzschtal. Lange wurden mehr als 16 davon auch betrieben. Die Buschmühle ist 17 Kilometer von Bad Schandau entfernt und taleinwärts nach unzähligen Kehren zu erreichen.
Wir überqueren den Hof mit Mühlrad, an Terrasse und Eingang zur Schänke vorbei und gehen auf die altehrwürdigen Sandsteinquader zu. Alles andere als brandneu ist der Weg, der uns steil nach oben bringt, hinaus aus dem Kirnitzschtal in den Wald. Ein Weg, gepflastert in der guten alten Zeit und bei schlechtem Wetter ziemlich rutschig. Nach ungefähr 500 Metern erreichen wir eine Kreuzung von Forstwegen. Wir nehmen links den breiteren Weg, der mit dem fast poetischen Namen »Flügel

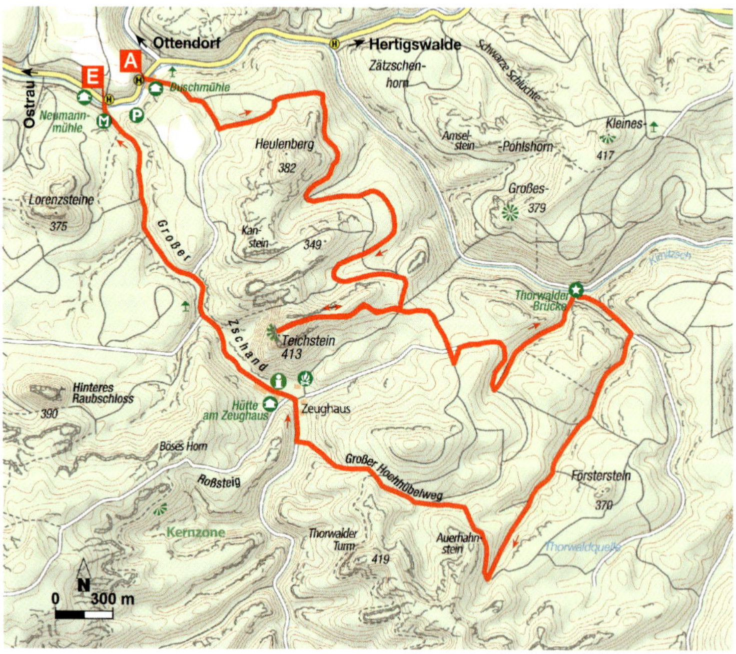

E« bezeichnet ist. In einem großen Bogen umrunden wir den Heulenberg, queren die Finsteren Schlüchte und wandern am Neunstelligen Hübel vorbei. Nur auf der Karte sind die Hügel an den Höhenlinien zu erkennen. Die Feuchtigkeit steigt aus dem Boden und umhüllt die Vegetation mit leichtem Dunst. Uralte Bäume werden von dicken Moospolstern ummantelt, Flechten hängen federleicht von den Ästen herab und besetzen jede freie Ritze in der Rinde. Baumpilze überall. Egal, ob der Stamm noch steht oder als Totholz auf dem Waldboden liegt, der Pilz hat immer die gleiche Ausrichtung. Die Schirmunterseite mit den Sporen muss auf jeden Fall vor Regen geschützt sein. Fällt ein abgestorbener Baum um, drehen sich die Pilzkappen in die richtige Richtung. Der seltene Schwarzspecht hat in manche Stämme auffallend längliche Löcher gehämmert. Sein hiebfester Schnabel macht es möglich.

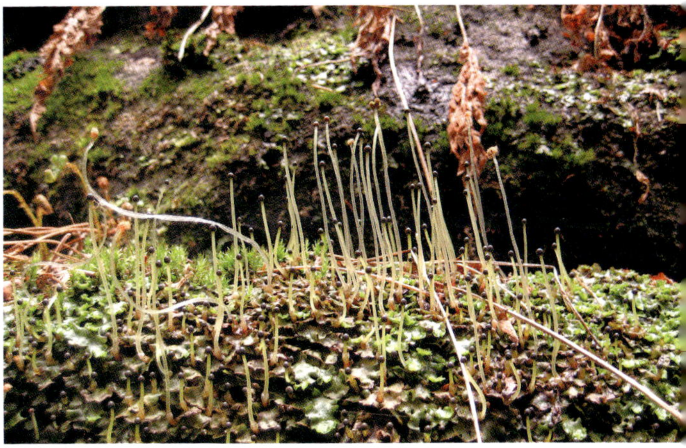

Moosbewuchs

Der Schäferstein taucht nach mehreren Kurven auf der linken Seite auf. Wie löchrige Käsewürfel sind die Vorblöcke im Wald verstreut.

Teichstein mit Tiefblick Der Steig zum Teichstein rechts ist ausgeschildert und bringt uns in 20 Minuten auf den Gipfel des Großen Teichsteins (412,5 m). Der Aufstieg ist steil und teilweise mit Steighilfen gesichert, Trittsicherheit und Vorsicht bei eisigem oder nassem Wetter sind unbedingt nötig. Der Steig führt über das Riff, links und rechts Felsen. In nördlicher Richtung können wir direkt in die Wände des Kansteins blicken, nach Süden ins Tal des Großen Zschand, Herzstück des Nationalparks Sächsische Schweiz. Der Wind pfeift uns um die Ohren und wir steigen auf demselben Weg wieder ab, zurück bis zur Kreuzung.

Von hier ein kleines Stück weiter den Flügel-E-Weg, aber dann sofort links bis zur nächsten Kreuzung. Wir haben den Saupsdorfer Weg mit einem blauen Strich als Markierung erreicht. Diesem folgen wir nach links bequem abwärts in Richtung Thorwalder Brücke. Tief unten fließt die Kirnitzsch. Fast im Tal angelangt, wenden wir uns am Abzweig nach rechts.

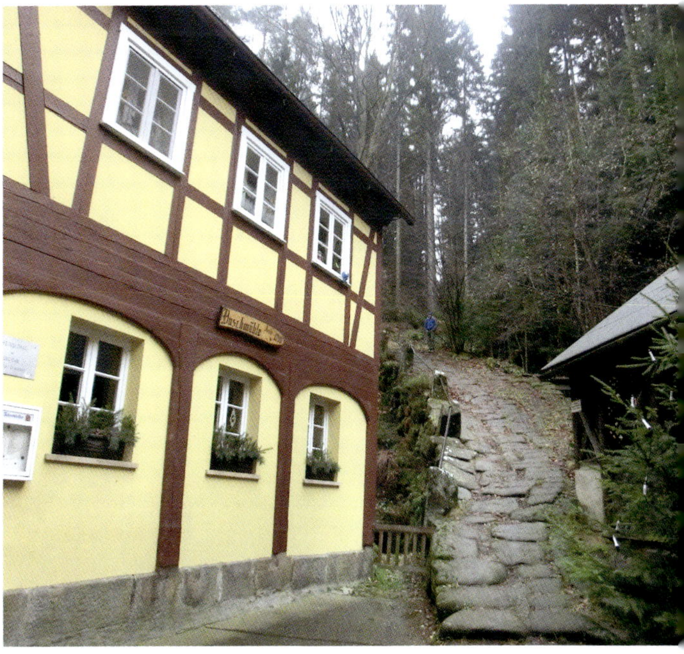

Wegbeginn an der Buschmühle

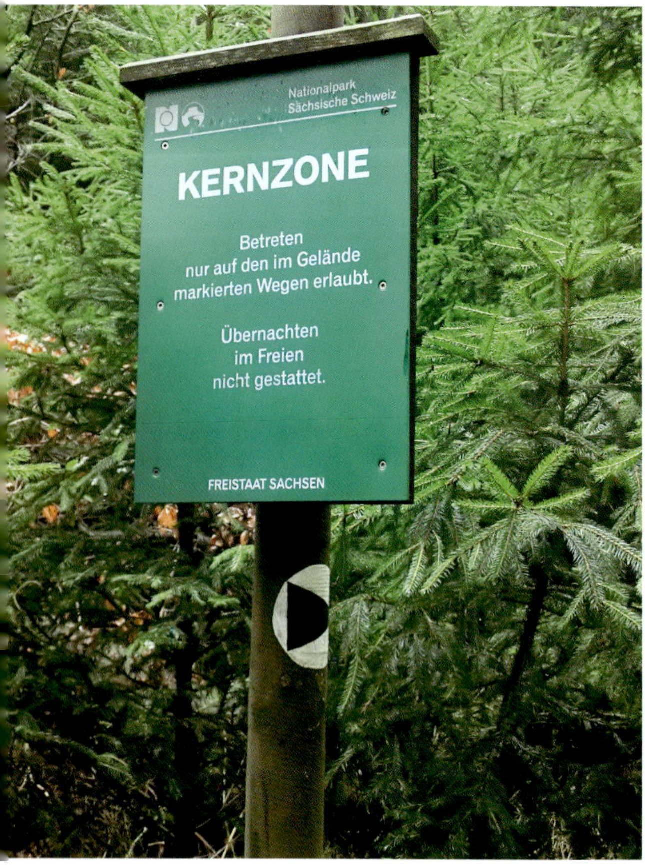

Bitte nur auf markierten Wegen gehen …

Mäuschenstille Einsamkeit – der Thorwald Nach kurzer Zeit zweigen wir erneut rechts ab und gelangen auf den Vorderen Thorwaldweg, der, stetig ansteigend in einem feuchten, grünen Grund, sehr abgeschieden verläuft. Wir verlassen das Tal und wandern rechts bergan. Mehrere Wege treffen in spitzem Winkel aufeinander. Wir stehen am Rand der Kernzone des Nationalparks Sächsische Schweiz: »Natur Natur sein lassen« ist nicht nur hier die Devise, sondern Motto vieler Nationalparks. Natur ist dynamisch, ein ständiger Kreislauf von Werden und Vergehen. Auf umgestürzten, vermodernden Baumriesen gedeihen Pilze, Moose und Flechten. Insekten verschwinden blitzschnell unter Borkenresten. Der ungestörte Lauf der Dinge soll geschützt bleiben, das Erleben natürlicher Prozesse ist für rücksichtsvolle Besucher inklusive. Voraussetzung dafür ist: keine Störung durch den Wanderer. Die Kernzone betreten wir deshalb nicht.

Wir nehmen den Pfad nach rechts, parallel zum Hang. Es ist der Große Hochhübelweg, der sich um die gleichnamige Kuppe windet (Markierung grüner Strich). Geradeaus weiter erreichen wir schließlich den breiten Forstweg. Nach rechts geht es zum »Alten Zeughaus« – seit 1648 als Gasthaus verbürgt. In Zeughäusern der Städte und Burgen wurden ursprünglich Waffen und Kriegsgerät aufbewahrt. Hier, abseits der Zivilisation, diente das Gebäude zunächst Jagdzwecken. Neben dem Ausflugslokal hat der Nationalpark seine Informationsstelle »Zeughaus« in der ehemaligen Revierförsterei eingerichtet.

Jetzt wenden wir uns nach links, auf dem breiten Fahrweg den Großen Zschand entlang Richtung Kirnitzschtal (gelb-roter Strich).

Kellerklima mit Vegetationsumkehr Feuchte Kühle wie aus einem Felsenkeller schlägt uns entgegen. Moose, Flechten und Farne beherrschen den tiefen Grund mit seinen senkrecht aufragenden Wänden. Ein krasser Gegensatz zum trocken-warmen Klima auf den sonnenexponierten Gipfeln und Riffen. Hier können wir ein seltenes Phänomen hautnah erleben: Das Kellerklima hat zur Folge, dass sich die Vegetationsstufen umkehren. Normalerweise sinkt die Temperatur mit zunehmender Höhe. In den Schluchten

Tipp:

Am Ende der Tour befindet sich das Technische Denkmal Neumannmühle links am Wegesrand. Voranmeldungen erwünscht.

des Elbsandsteingebirges fällt sie hingegen, je weiter man nach unten kommt. Als Folge davon gedeihen hier Pflanzen, die eigentlich in Mitteleuropa in sehr viel höheren Lagen vorkommen oder sogar Relikte aus der letzten Eiszeit darstellen, die anderswo längst ausgestorben sind. Wir finden zum Beispiel das Zweiblütige Veilchen, oft auch als Gelbes Veilchen bezeichnet, oder den Rippenfarn, das Silberblatt (Mondviole) und das Waldgeißblatt.
Durch den nassgrünen Grund erreichen wir bald die Neumannmühle im Kirnitzschtal. Die im 14. Jahrhundert erbaute Mühle besitzt fast noch ihr historisches Aussehen. Die Mühle war eine Schneidemühle, die 600 Jahre lang, genauer bis 1955, als Sägewerk diente. Heute dreht sich das Mühlrad zu Museumszwecken wieder. Die Mühle ist als technisches Denkmal von Mitte April bis Ende Oktober zu besichtigen.
Hier besteht Anschluss an den öffentlichen Nahverkehr, die Fahrt mit der historischen Kirnitzschtalbahn ist ein Erlebnis. Auf der Straße rechts geht es zurück zum Ausgangspunkt Buschmühle.

Tourvariante nach dem Teichstein Den sehr steilen Dreisteigensteig direkt in Kirnitzschtal absteigen, der Markierung M für Malerweg sowie dem grünen Strich nach. Im Kirnitzschtal dann rechts bis zur Thorwalder Brücke. Über die Brücke nach rechts dann geradeaus, zweiter Abzweig erneut nach rechts auf den Vorderen Thorwaldweg. Von hier aus dann genauso weiter wie oben beschrieben.

Totholz

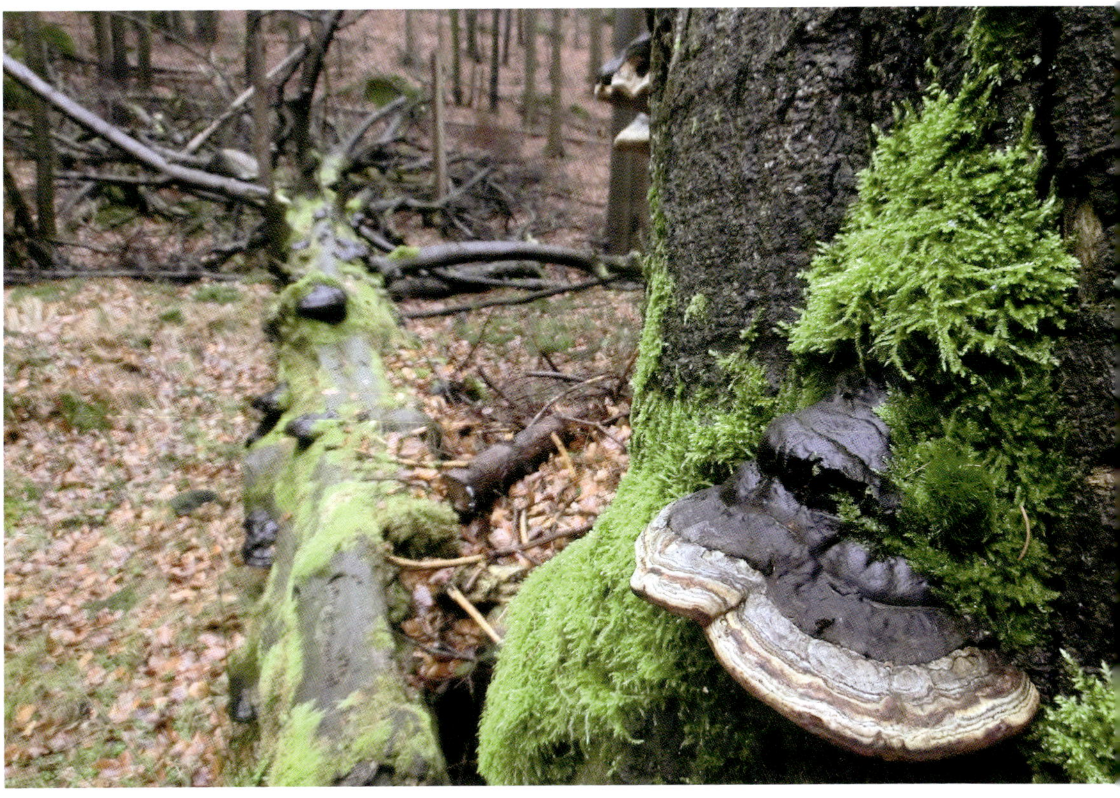

14

Thorwalder Wände

Im Herzen des Nationalparks

Anspruchsvoll | 16 km | ↗ 156 m ↘ 156 m | 6 Std.

Tourencharakter:
Lange Tour, bei der aber kein Gipfel bestiegen wird. Sie führt zunächst nach oben und überwindet einen Kamm, um ins benachbarte Tal zu gelangen. Trittsicherheit erforderlich. Bei Schnee und Eisglätte ist Vorsicht geboten.

Ausgangs- und Endpunkt:
Bushaltestelle Zum Thorwald im Kirnitzschtal, 244 m

Höchster Punkt:
Thorwalder Wände, 400 m

Anfahrt:
Mit der Buslinie 241 von Pirna oder Bad Schandau Richtung Hinterhermsdorf, Ausstieg an der Haltestelle Zum Thorwald, zurück mit der gleichen Buslinie.
Mit dem Pkw nach Bad Schandau und im Ort über den Markt, an der Kirche vorbei. Auf der jetzt recht engen Straße weiter und kurz darauf nach links abbiegen Richtung Kirnitzschtal/Hinterhermsdorf, dieser Straße folgen bis zum kleinen Parkplatz Thorwald direkt bei der Bushaltestelle. Vorsicht bei der Anfahrt mit dem Auto. Im Kirnitzschtal verkehrt die historische Straßenbahn. Da es nur einen Schienenstrang gibt und zudem die Sicht durch die zahlreichen Kurven stark eingeschränkt ist, kommt es vor, dass einem die Straßenbahn auf der falschen Seite entgegenkommt.

Einkehr:
Zeughaus, auf der Rückfahrt verschiedene Gaststätten im Kirnitzschtal

Gegensätzlicher könnten die Bedingungen nicht sein: Kellerklima und Höhenstufen-Inversion, Relikte aus der Eiszeit wie das Zweiblütige Veilchen. Das andere Extrem sind trockene, der Sonne gnadenlos ausgesetzte Felsbereiche. Der Wechsel von Formen, Böden und Wasserverfügbarkeit auf engstem Raum ist der Schlüssel für Artenvielfalt.

Das Tal der Kirnitzsch An der Bushaltestelle Zum Thorwald nach der Buschmühle im Kirnitzschtal beginnt unsere Wanderung. In südlicher Richtung rechts nehmen wir den Weg mit der Markierung grüner Strich. Der Weg ist breit und komfortabel – er gehört zur Radwanderroute im Nationalpark Sächsische Schweiz und darf mit dem Fahrrad befahren werden.
Es geht hinein in ein wunderschönes, naturnahes Tal. Das leise, aber beständige Rauschen der Kirnitzsch begleitet uns auf dem Weg. Dürre Blät-

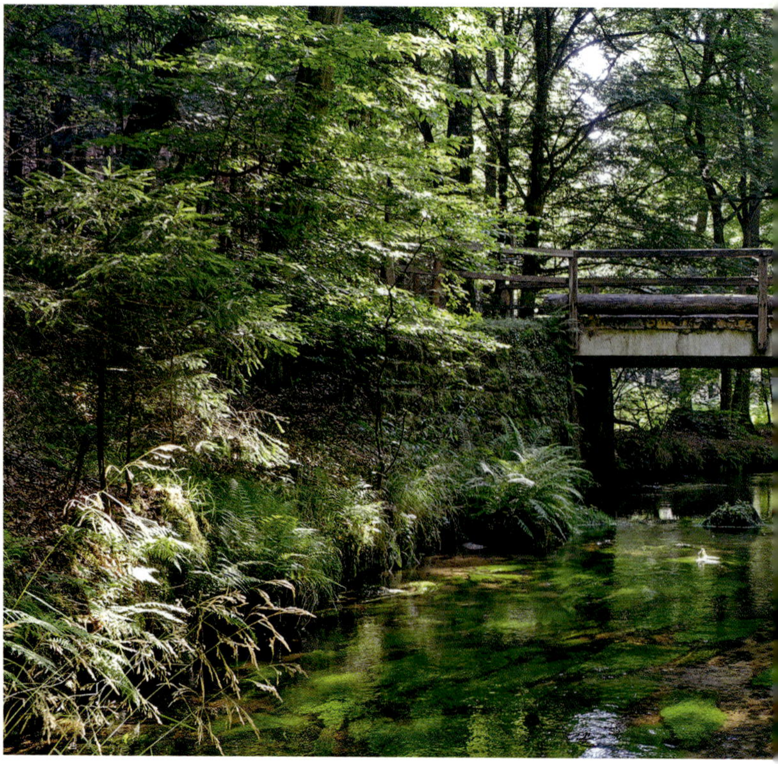

An der Stimmersdorfer Brücke

ter fallen über Moospolster und schweben die Felswand hinab. Rechts strömt kristallklares Wasser, Baumwurzeln krallen sich an Felsen und schwefelgelbe Flechten leuchten links an den Wänden. In leichten Serpentinen schlängelt sich der Bach unterhalb des Wanderweges. Aus dem stillen Dahinfließen wird ein Plätschern, ein lautes Rauschen, wenn die Wassermassen Felsen überwindend nach unten fallen. Dann ganz plötzlich Stille, als ob nichts gewesen wäre, nur der Wind in den Baumkronen ist hörbar. Steine, Felsen, Stämme und Äste sind unter dichten Moospostern verborgen. Beim genauen Hinschauen erkennen wir: Moos ist nicht gleich Moos. 425 verschiedene Arten wurden in der Sächsischen Schweiz nachgewiesen. Tote Stämme, vom Specht zerhackt, ragen aus dem Wald. Eine Wasseramsel fliegt von Stein zu Stein – unverwechselbar mit ihrem weißen Brustfleck.

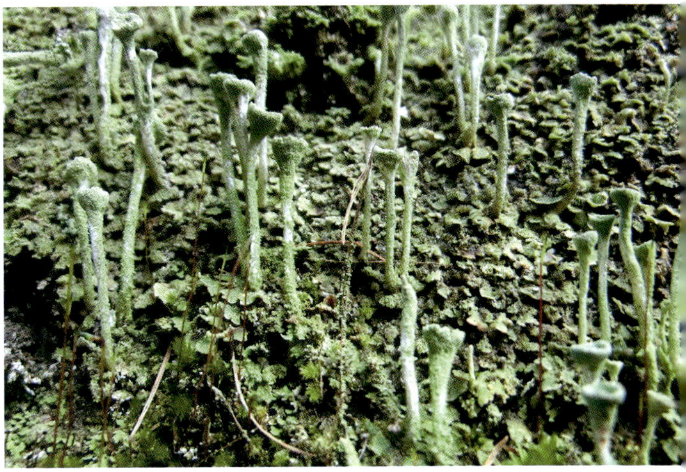

Flechtenlandschaft

Der Weg steigt gemächlich an. Wir wandern vorbei an der Thorwalder Brücke und der Niederen Schleuse. Zum zweiten Mal wird die Kirnitzsch hier angestaut. Die Wasserpforte und das kleine Wehr in der Mitte sind noch funktionstüchtig.

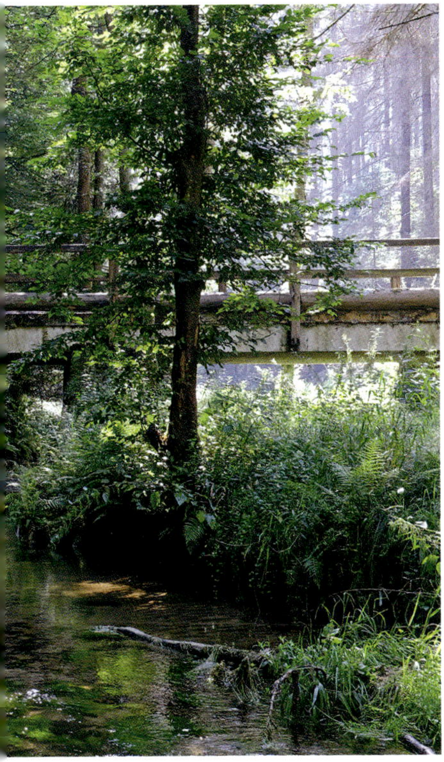

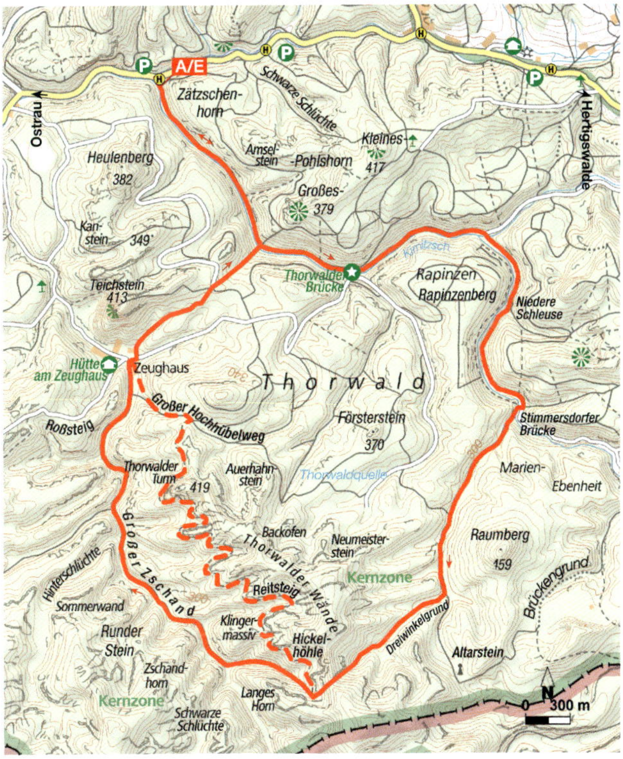

Tipp:

Besuch der Nationalpark-Infostelle am Zeughaus: Sie ist von April bis Oktober geöffnet und bietet unter anderem viele Informationen zur historischen Jagdnutzung mit Erklärungen zur Auerhuhn-, Luchs-, Wolfs- und Hirschjagd. Flora und Fauna des Großen und Kleinen Zschands werden ebenfalls beschrieben.

Infotafeln weisen auf die einst große Bedeutung der Holzflößerei hin. Nach etwa einer Stunde Gehzeit haben wir die Stimmersdorfer Brücke erreicht, überqueren sie und verlassen das Kirnitzschtal. Ein Schild weist nach rechts: Stimmersdorfer Steig, Hickelhöhle, Zeughaus – rote Markierung. Noch eine Stunde von hier bis zur Höhle.

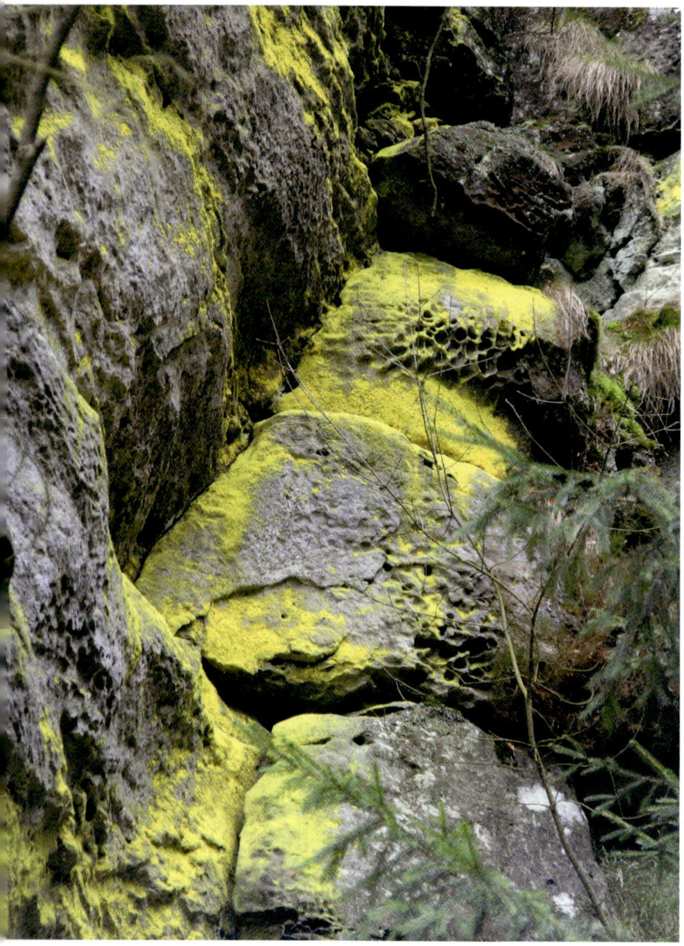

Schwefelflechte

Zauberhafte Natur, tiefe Einsamkeit

Ansteigend öffnet sich ein Tal. Nach kurzer Gehzeit nehmen wir den rechten Abzweig in den Dreiwinkelgrund, ein Schild weist zur Hickelhöhle. Im Treppengrund ist es dann mit dem leichten Anstieg vorbei. Stufen bringen den Besucher schnell, aber schweißtreibend in höhere Lagen, vorbei an abgestorbenen Baumskeletten mit Spechtlöchern und unter der markanten Felsnase hindurch. Scharf bläst der Wind über den Kamm und der Pfad bringt uns wieder steil bergab. Schon bald stehen wir vor der Hickelhöhle. Der vermeintliche Eingang zur Unterwelt entpuppt sich als gigantisches Felsdach. Entstanden ist die Höhle durch Erosion, Unterhöhlung und Wegspülen des Sandes.

Talabwärts wandern wir weiter durch die Hickelschlüchte und den Großen Zschand (oder auf der weiter unten beschriebenen Tourvariante) zum Zeughaus – einem Gasthaus, das es sage und schreibe seit 1648 gibt. Ursprünglich diente es, seiner Bestimmung gemäß, der Aufbewahrung von Gerätschaften und Waffen zur Jagd – daher der Name. Die daneben untergebrachte Nationalpark-Infostelle Zeughaus lädt zu einem Besuch ein. Am Zeughaus halten wir uns rechts, nehmen aber nicht den ersten Weg rechts, sondern den zweiten mit der Bezeichnung »Flügel E«. An einer Wegegabelung folgen wir der Ausschilderung »M« für Malerweg sowie dem grünen Strich und nehmen den steilen Abstieg Dreisteigensteig hinunter ins Kirnitzschtal. Im Tal angelangt wandern wir nach links zurück zum Ausgangspunkt.

Bei der Anfahrt mit Öffentlichen Verkehrsmitteln können Sie die anschließend geschilderte, schöne Route als Rückweg ab dem Zeughaus wählen, die vor allem in den heißen Sommermonaten besonders zu empfehlen ist: Am Zeughaus geht es nach links, durch die feuchte, düstere Schlucht des Großen Zschands. Im Kirnitzschtal endet unsere Wanderung an der aus dem 14. Jahrhundert stammenden Neumannmühle. Heute ist dieses technische Denkmal restauriert und ein Museum ist darin untergebracht. Auf der anderen Straßenseite liegt die Berghütte und Gaststätte Neumannmühle direkt unter der Felswand. Von hier besteht Anschluss an die öffentlichen Verkehrsmittel oder wir kehren rechts an der Straße die Kirnitzsch entlang zum Ausgangspunkt zurück.

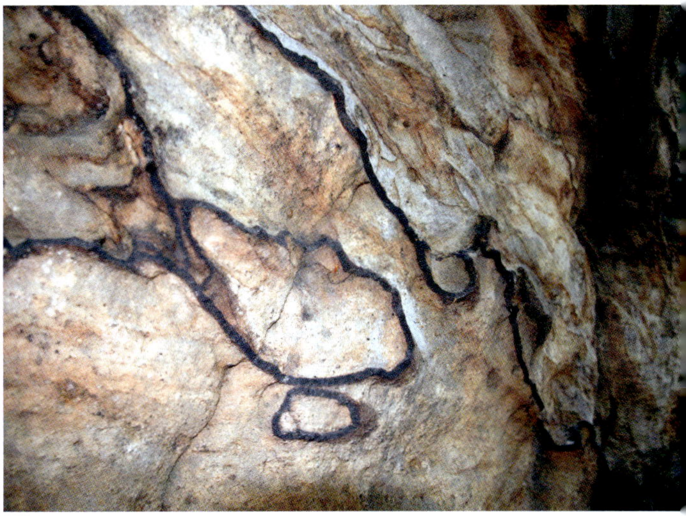

Brauneisenverwitterung

Variante ab der Hickelhöhle Ein reizvoller, allerdings längerer Weg zum Zeughaus ist der Reitsteig, welcher sich am Fuße der Wand entlangschlängelt. Der grünen Markierung folgen wir bis zum Großen Hochhübelweg (blauer Strich). Hier wenden wir uns nach links und erreichen schon bald den Forstweg, der direkt zum Zeughaus führt.

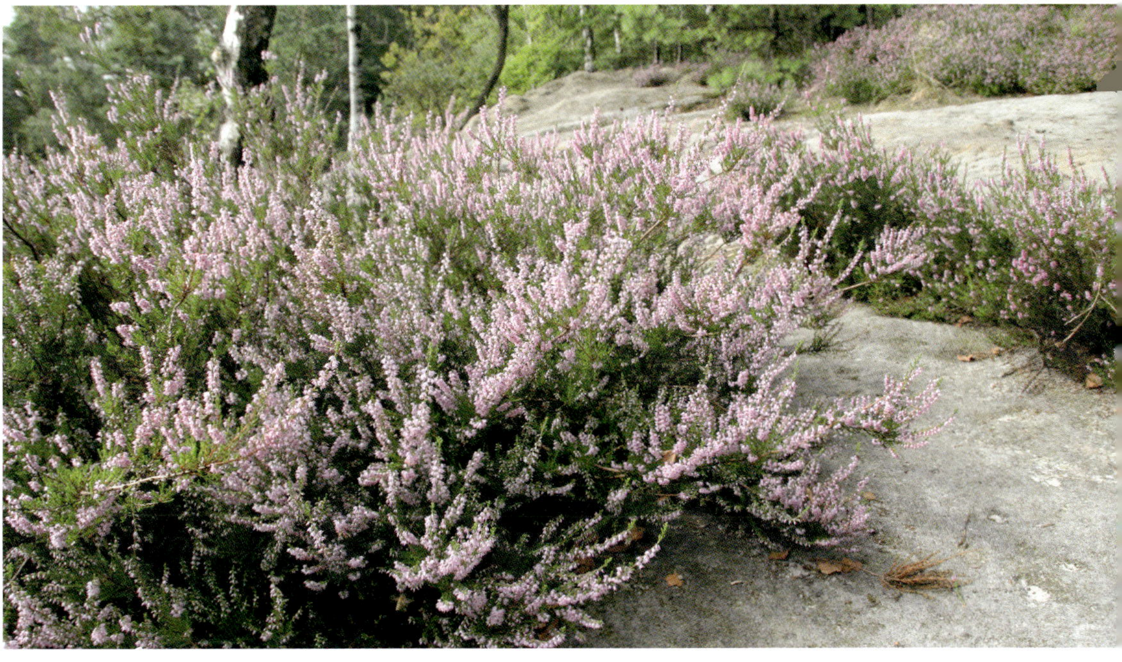

Typischer Riffbewuchs: Heidekraut

15

Goßdorfer Raubschloss

Ehemalige Burganlage im Schwarzbachtal

Mittel | 13 km | ↗ 126 m ↘ 126 m | 4 Std.

Tourencharakter:
Tour führt ins Tal, kurzer steiler Aufstieg zur Ruine und moderater Anstieg zum Ausgangspunkt

Ausgangs- und Endpunkt:
Lohsdorf am Landgasthof Zum Schwarzbachtal, 280 m

Höchster Punkt:
Wanderung führt vom höher gelegenen Ausgangspunkt ins Tal, 154 m

Anfahrt:
Ab Pirna mit den Buslinien 237 oder 236 Richtung Sebnitz, Ausstieg in Lohsdorf am Ehemaligen Bahnhof. Mit dem Pkw über Hohnstein nach Ehrenberg und weiter Richtung Sebnitz fahren, von Sebnitz dann über Ulbersdorf nach Lohsdorf. Dort in Richtung Hohnstein halten

Einkehr:
Keine unterwegs, Gaststätte in Lohsdorf

Rechte Seite
Oben: Buschwindröschen
Unten: Früherer Standort des Raubschlosses

Spuren alter Felsenburgen sind im Elbsandsteingebirge häufig anzutreffen. Ihre Errichtung waren Meisterleistungen der Baukunst: Auf meist frei stehenden und schwer zugänglichen Felsen wurde die Burganlage aus Holz gezimmert. Was bleibt, sind die Geschichten von gefährlichen Raubrittern, die in engen Schluchten ihr Unwesen trieben.

Kohlichtgraben Wir starten in Lohsdorf am Landgasthof Zum Schwarzbachtal und gehen die Niederdorfstraße durch den Ort, vorerst der Markierung mit dem gelben Strich folgend. An einer Kreu-

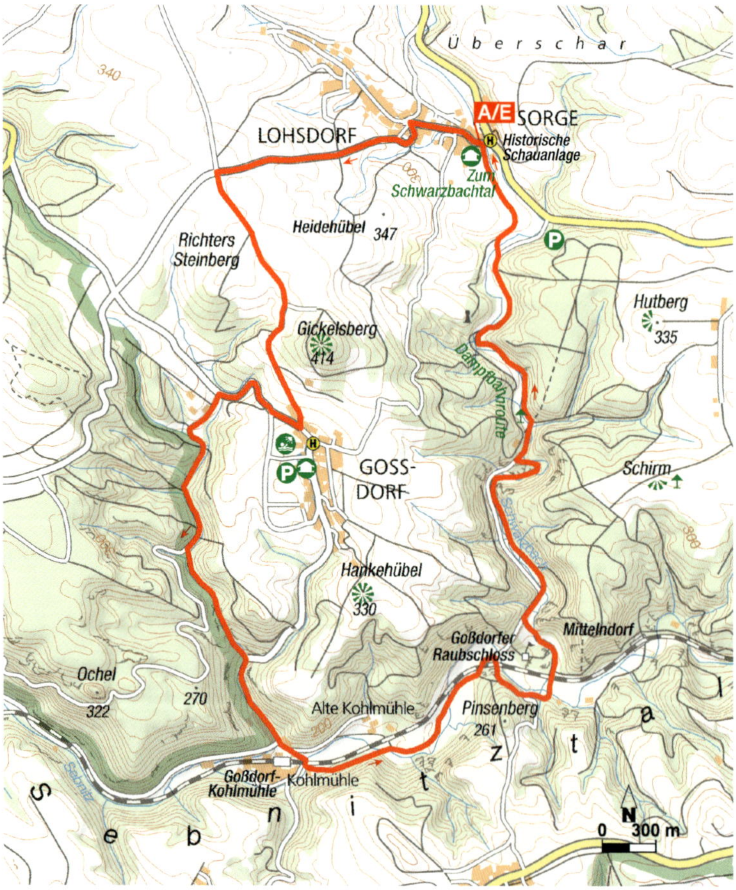

zung verlässt die Straße links den Ort, wir gehen auf ihr, die nun Querweg heißt, weiter, allerdings ohne Markierung bis zur nächsten größeren Kreuzung und biegen dort nach links Richtung Gickelsberg ab. Den Gickelsberg lassen wir links liegen und gelangen zum Ortseingang von Gossdorf. An der Straße angekommen, wandern wir rechts ins Tal hinunter, bis links ein Weg, mit gelbem Strich bezeichnet (Kohlichtgraben), abzweigt. Wir folgen diesem Weg und spazieren durch ein ruhiges Tal. Später mündet unser Wanderweg in eine kleine Straße (jetzt auch mit der Kennzeichnung roter Punkt), welche uns hinunter nach Kohlmühle bringt.

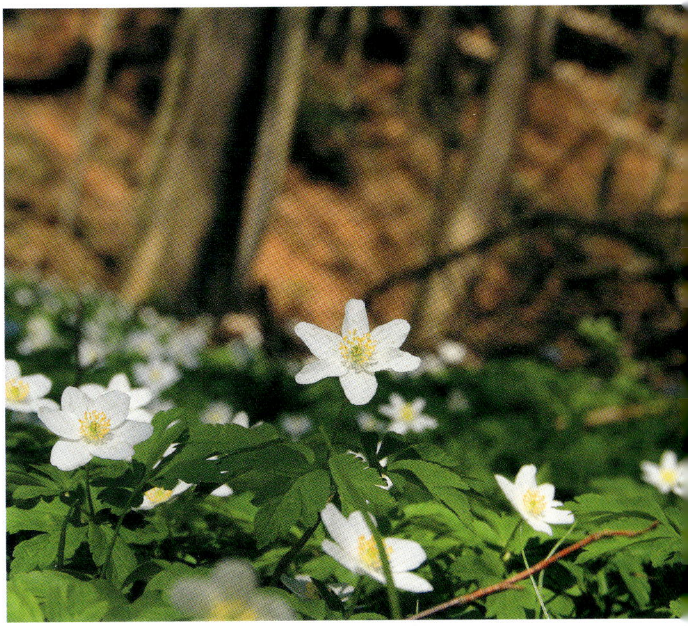

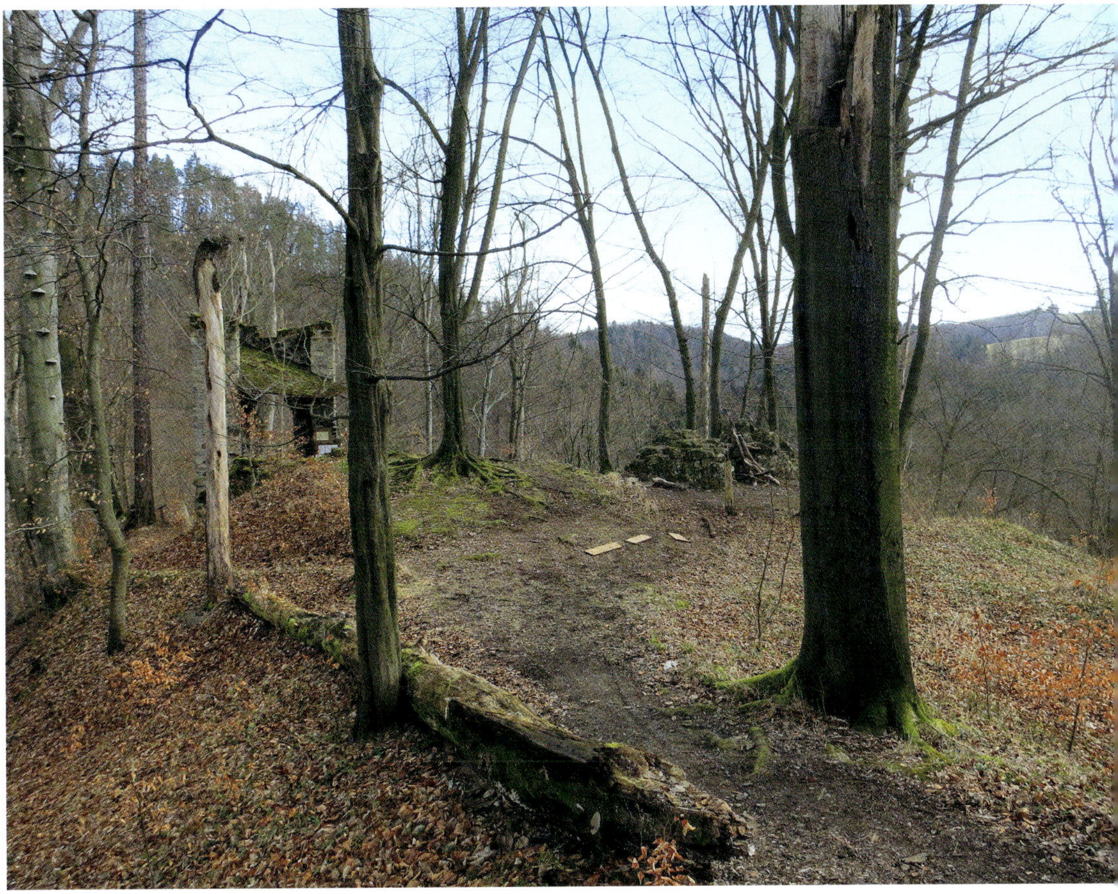

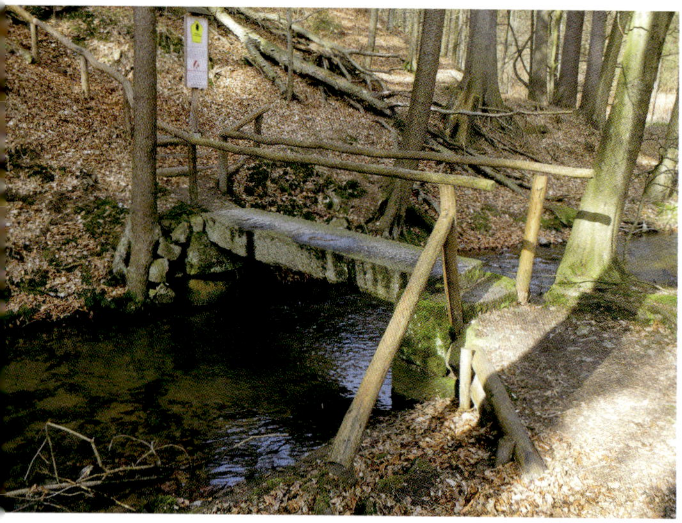

Sebnitztal und Raubschloss In Kohlmühle halten wir uns an die Markierung gelber Strich. Im Ort geht es links das Sebnitztal hinauf, erst entlang der Bahnlinie, dann über eine Wiese. Der hier typische Erlen-Bruchwald säumt die Uferbereiche. Wir queren den Bach, gehen ein Stück unterhalb des Bahndamms entlang, über die Bahngleise, um sie kurz danach zu unterqueren, und gelangen schließlich zur Kreuzung an der ehemaligen Buttermilchmühle. Hier verlässt unser Weg das Sebnitztal nach links ins Schwarzbachtal (weiterhin mit der Markierung gelber Strich

Im Sebnitztal

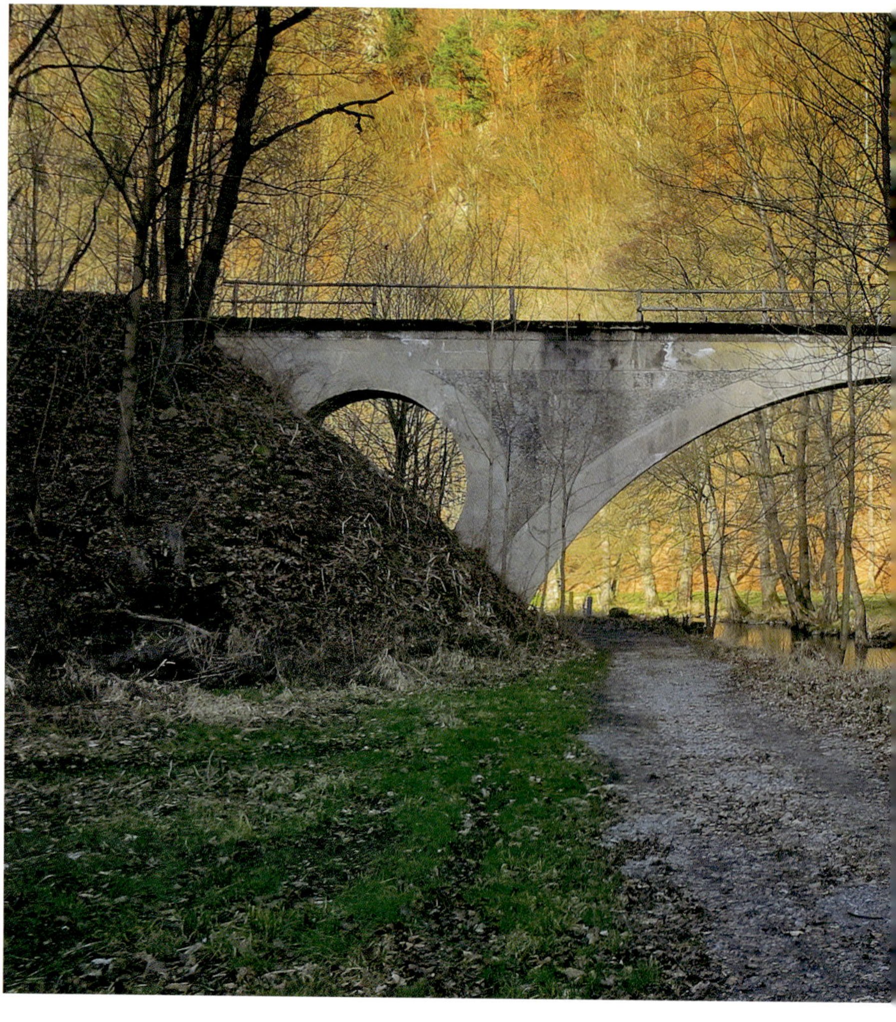

Brücke über den Schwarzbach

versehen). Nach wenigen Metern kommen wir links zum Abzweig Goßdorfer Raubschloss. Steil bergan führt der Weg zu einer spätromantischen, künstlichen Ruine, die anstelle der ehemaligen Burg Schwarzberg um 1858 gebaut wurde. Die einstige Burg, erstmals 1372 erwähnt, soll bereits vor 1451 wieder verfallen gewesen sein.

Der Ort ist auch botanisch recht interessant, hier blühen im Frühjahr Frühlingsplatterbse, Leberblümchen und Waldmeister. Auf gleichem Weg zurück ins Tal; dort wenden wir uns nach links und schlendern durch das beschauliche Schwarzbachtal bergan. An einigen Stellen sehen wir die Reste der ehemaligen Bahnanlage. Auf den feuchten Talwiesen blühen im Frühjahr Himmelschlüssel und Sumpfdotterblumen.

Im oberen Bereich des Tales, kurz nachdem der Weg mit dem blauen Strich von rechts auf unseren stößt, überqueren wir an einer Brücke den Bach und halten uns weiter links. Der breite Talweg geht geradeaus weiter. Wir bleiben der gelben Markierung treu, die uns zurück nach Lohsdorf zum Ausgangspunkt lotst.

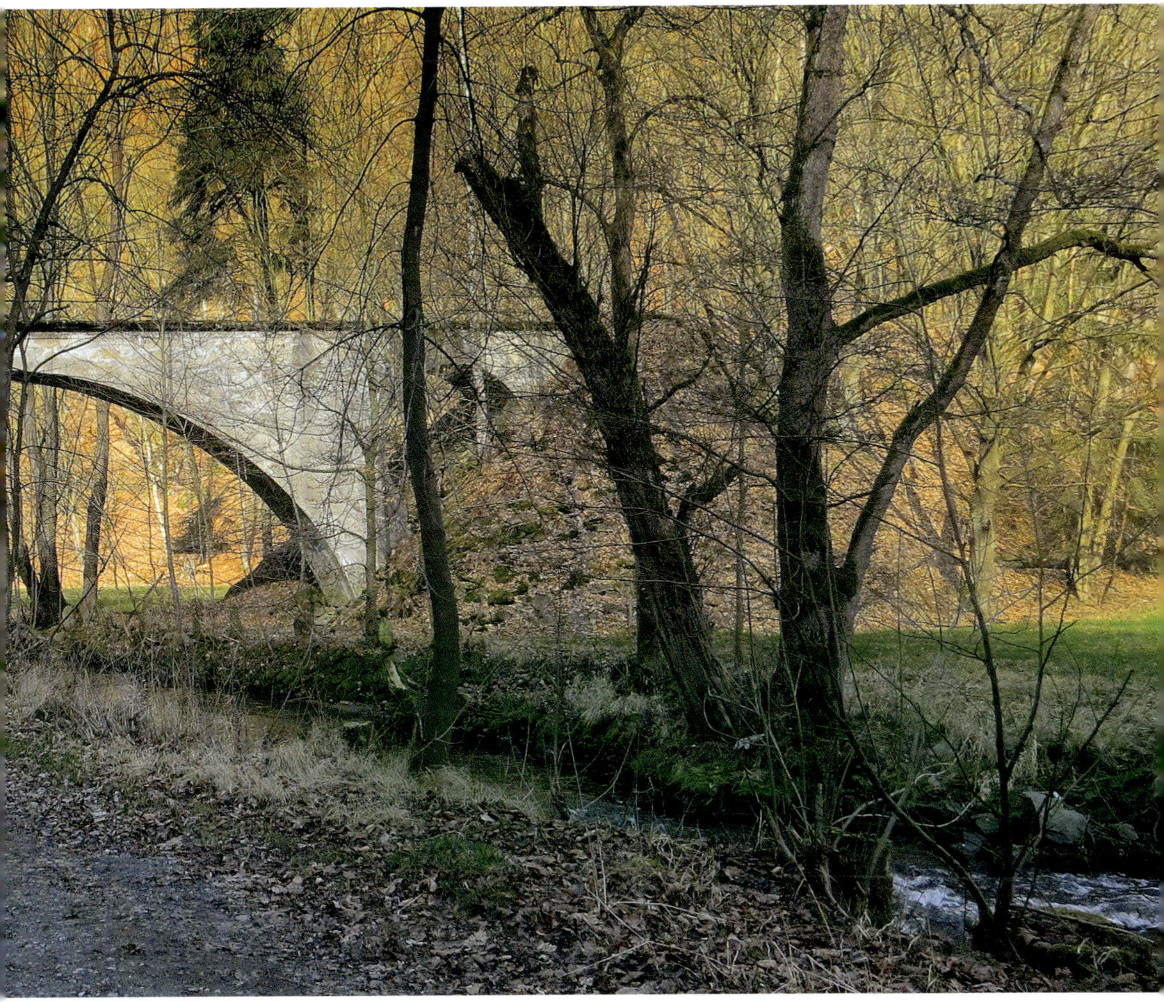

16

Schwarzbachtal

Auf der Trasse der ehemaligen Schmalspurbahn

Mittel | 10 km | ↗ 126 m ↘ 126 m | 3,5 Std.

Tourencharakter:
Gemächliche Tour im Tal leicht bergab, mit zwei straffen Anstiegen unterwegs

Ausgangs- und Endpunkt:
Am ehemaligen Bahnhof der Schmalspurbahn am Ortsausgang von Lohsdorf, 280 m

Höchster Punkt:
Wanderung führt vom höher gelegenen Ausgangspunkt ins Tal, 154 m

Anfahrt:
Ab Pirna mit den Buslinien 237 oder 236 Richtung Sebnitz, Ausstieg in Lohsdorf am Ehemaligen Bahnhof. Mit dem Pkw über Hohnstein nach Ehrenberg und weiter Richtung Sebnitz fahren, von Sebnitz dann über Ulbersdorf nach Lohsdorf. Dort in Richtung Hohnstein halten

Einkehr:
Unterwegs keine, Gaststätte in Lohsdorf

Rechte Seite: Moose und Flechten

Ab 1897 fuhr im Schwarzbachtal eine Schmalspurbahn mit 75 Zentimetern Spurbreite. Das Gelände erforderte Einschnitte, Dämme, viele Brücken und sogar zwei Tunnel – die einzigen Schmalspurbahntunnel in Sachsen. Der letzte planmäßige Zug fuhr am 27. Mai 1951. Noch heute sind Trasse, Tunnel, Brücken und Durchlässe gut erhalten.

Nostalgie inbegriffen Am ehemaligen Bahnhof der Schmalspurbahn am Ortsausgang von Lohsdorf beginnt die Wanderung. Wir folgen dem Schwarzbach in das enge, sympathische Granittal (Markierung gelber Strich, blauer Punkt). Die Brücken der aufgelassenen Strecke – so betagt wie die knorrigen, mit Flechten und Moosen überzogenen Bäume – umweht ein Hauch von Nostalgie. Der Bach plätschert heiter durch das friedliche Tal und es ist nur schwer vorstellbar, dass hier von 1897 bis

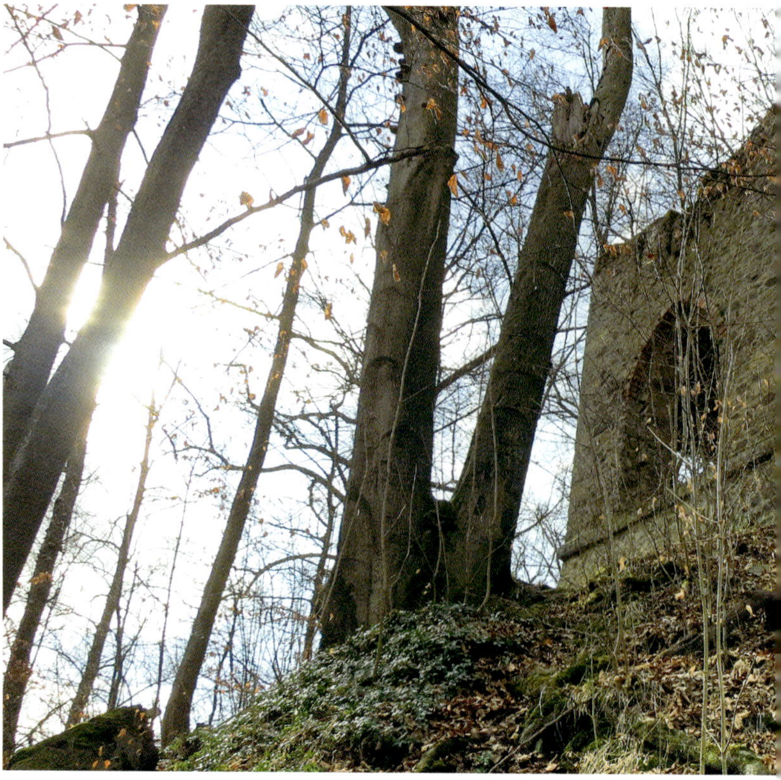

Künstliche Ruine

1951 laut dampfend die Lok auf ihrem Weg nach Hohnstein durchgetuckert ist. Heute sind die Schienen abgebaut; Tunnel und Brücken haben ausgedient. Vom offiziellen Wanderweg werden sie umrundet, können aber trotzdem begangen und besichtigt werden. Sachte bergab führt uns der bequeme Wanderweg durch lichte Laubwälder, die die steilen Hänge des Tals schmücken.

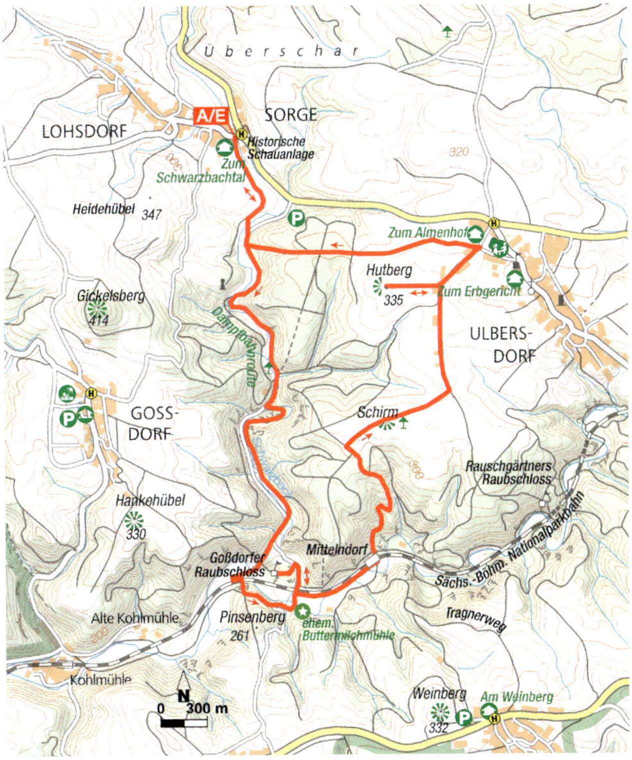

Goßdorfer Raubschloss Nach dem zweiten Tunnel überqueren wir eine schmale Brücke und gelangen zur Strecke der Sächsischen Semmeringbahn, auf der regelmäßig Züge verkehren. Wir wenden uns nach rechts zum Fluss, gehen unter beiden Brücken hindurch und gelangen, dem roten Strich folgend, wieder zum Bahndamm. Nach wenigen Minuten erreichen wir den Abzweig, der uns zum ehemaligen Goßdorfer

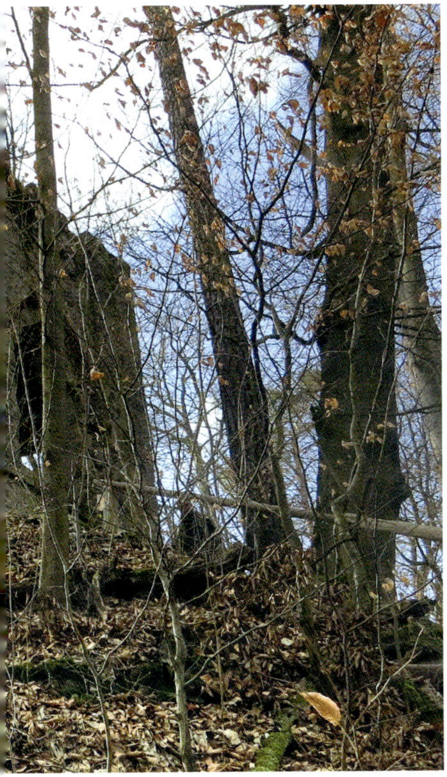

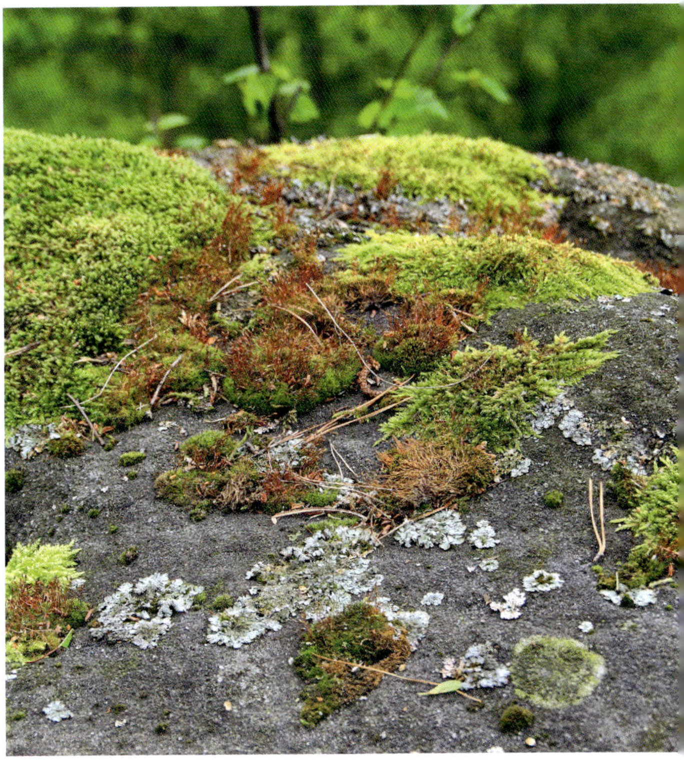

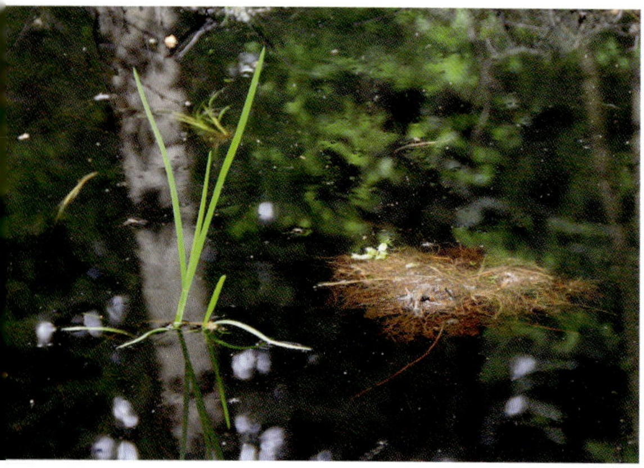

Spiegelung im Wasser

Raubschloss leitet. Links führt eine Holztreppe den Steilhang hinauf. Die Ruine wurde nachträglich auf den spärlichen Mauerresten errichtet, in Erinnerung an die 1372 erstmals urkundlich erwähnte, tatsächlich aber viel ältere Burg. Sie gehörte dem böhmischen Adelsgeschlecht der Berken von der Duba und diente dem Schutz der im Tal verlaufenden Handelsroute.

Zum Hutberg Wir gehen durch den Tunnel unter dem Bahndamm hindurch und sofort rechts direkt an der Trasse entlang, immer dem roten Strich nach. Nach wenigen Minuten unterqueren wir links erneut die Gleise und wandern den Hohlweg durch den Wald bergauf (jetzt grüner Strich). Es wird flacher und wir gehen rechts zwischen den Feldern zum windgeschützten Aussichtspunkt. Sein Name könnte nicht treffender sein: »Schöner Blick« über die Landschaft. Auf freiem Feld ziehen wir weiter und halten uns links, an einzelnen Häusern vorbei. Am ersten Abzweig rechts, mit der blauen Markierung, gehen wir vorbei und nehmen den nächsten kleineren Pfad, der auf die Kuppe, den Hutberg, führt. Wieder zurück auf der Straße, von der wir gekommen sind, wenden wir uns nach links, um nach wenigen Minuten abermals links auf den Langen Weg abzubiegen (wiederum blaue Markierung). Er bringt uns zurück ins Schwarzbachtal und zu unserem Startpunkt.

Rechte Seite: Tunnel der ehemaligen Schmalspurbahn

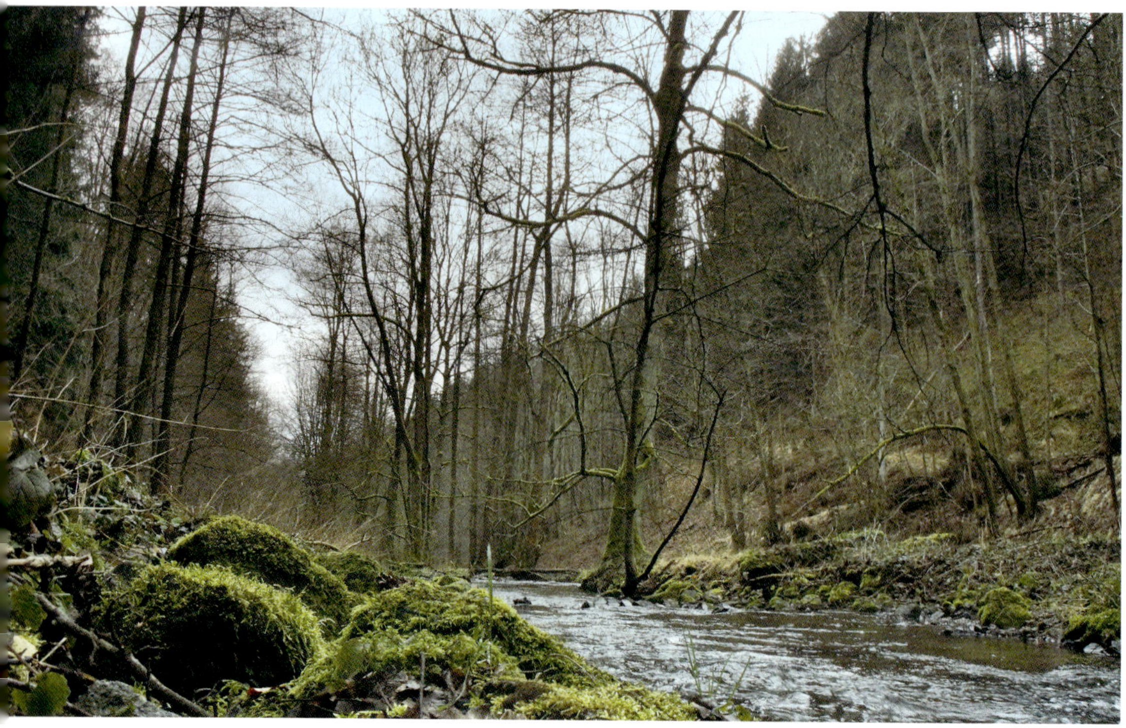

Das Schwarzbachtal

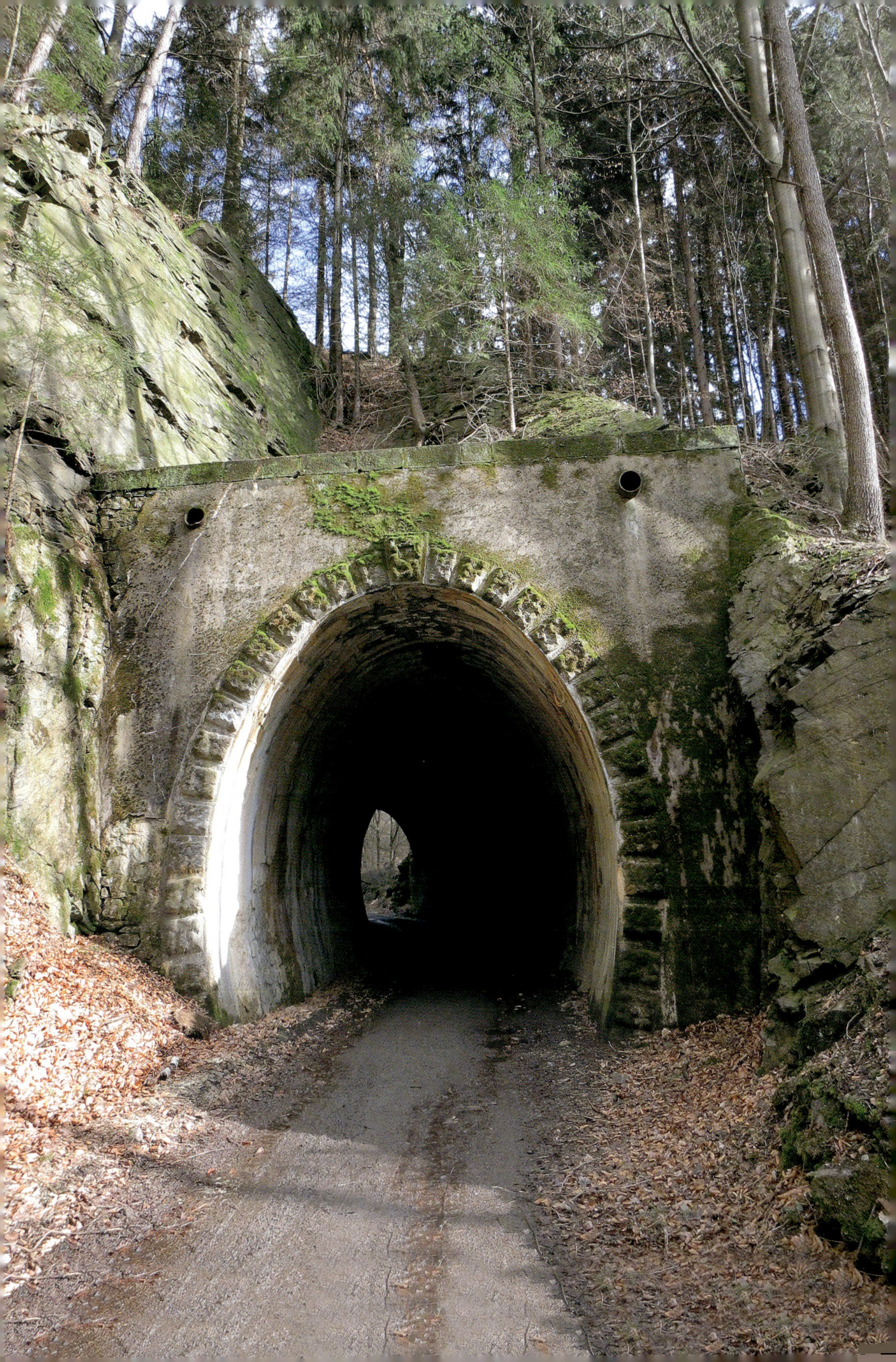

17

Sebnitztal

Harter Granit trifft weichen Sandstein

Mittel | 15 km | ↘ 290 m | 5 Std.

Tourencharakter:
Talwanderung, recht lange Tour, erst über Höhen und dann ins Tal absteigend und dieses entlangwandernd.

Ausgangspunkt:
Krumhermsdorf, Bahnhof 419 m

Endpunkt:
Haltepunkt Kohlmühle Sebnitztal, 130 m bzw. Porschdorf (Variante)

Anfahrt:
Mit der RB 71 bis Haltestelle Krumhermsdorf. Bei einer Wanderung bis nach Porschdorf, Tiefer Grund, kann auch die Bahn von dort Richtung Bad Schandau genutzt werden.

Einkehr:
Gaststätte in Ulbersdorf, sonst keine weitere am Weg

Rechte Seite:
Blüten der gemeinen Pestwurz

Diese Route quert die Lausitzer Überschiebung, eine Störungslinie, die die Grenze zum Lausitzer Bergland markiert. Einst drückte das Lausitzer Massiv seitlich auf den Sandstein, Klüfte entstanden, Verwitterung und Erosion begannen ihr zerstörerisches Werk. Das Ergebnis sind bizarrste Felsformationen und der typische Quadersandstein.

Krumhermsdorf und alte Geleitstraße Wir starten am Haltepunkt Krumhermsdorf und gehen Richtung Ortsanfang auf dem Wanderweg mit der Markierung grüner Strich. Noch bevor wir in den Ort gelangen, biegen wir links ab und gelangen an Häusern vorbei zu einer Straßenkreuzung, die wir überqueren. Über Wiesen und Felder, an kleinen Feldgehölzen vorbei, führt uns der Weg immer etwas bergab die Alte Geleitstraße entlang. Unterwegs kommen wir an verschiedenen Wegkreuzungen vorbei.

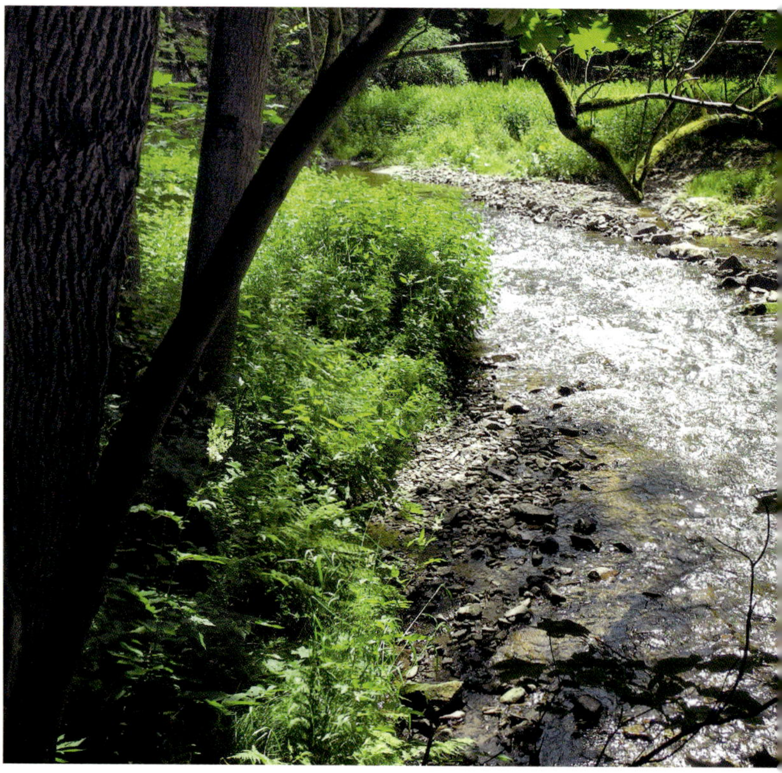

Im Tal der Sebnitz

Immer bergab In der Ferne sehen wir bereits die Häuser von Ulbersdorf. Am Ende der Geleitstraße gelangen wir am Ortseingang von Ulbersdorf auf die Hauptstraße. Auf der gegenüberliegenden Seite nehmen wir den rechten Weg und wandern an Häusern vorbei über Felder und Wiesen (grüner Strich). Zwischendurch ist auch der blaue Strich zu unserer Markierung hinzugekommen. Am vierten nach rechts abzweigenden Weg, Ausschilderung zum Schirm/Mittelndorf, verlassen wir die grüne Markierung und gehen geradeaus weiter, nun ausschließlich dem blauen Strich folgend. Wir gelangen in den Wald und der Weg führt in großem Bogen hinunter ins Tal der Sebnitz. Im Tal angekommen, halten wir uns rechts (roter und blauer Punkt) Richtung Haltepunkt Mittelndorf, Kohlmühle. Der rote Punkt markiert den Sebnitztalweg.

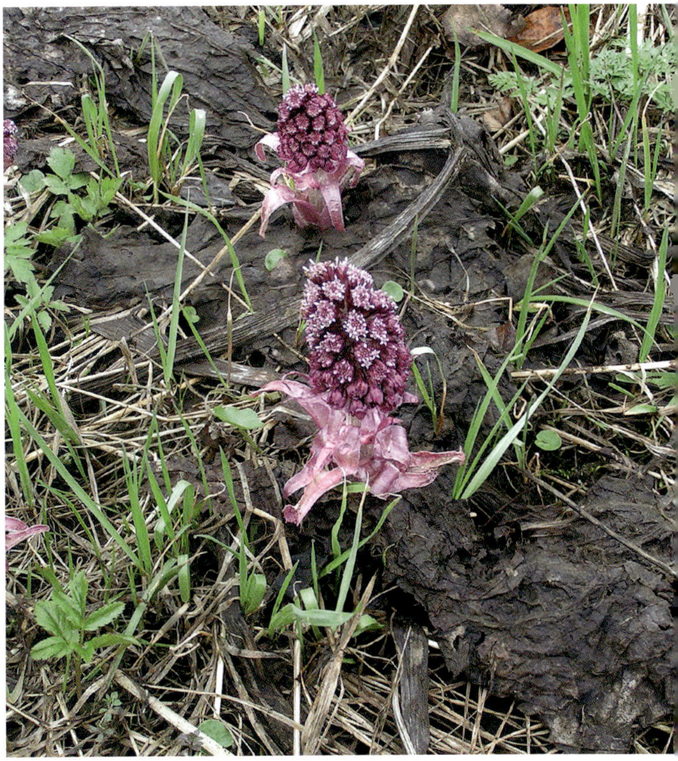

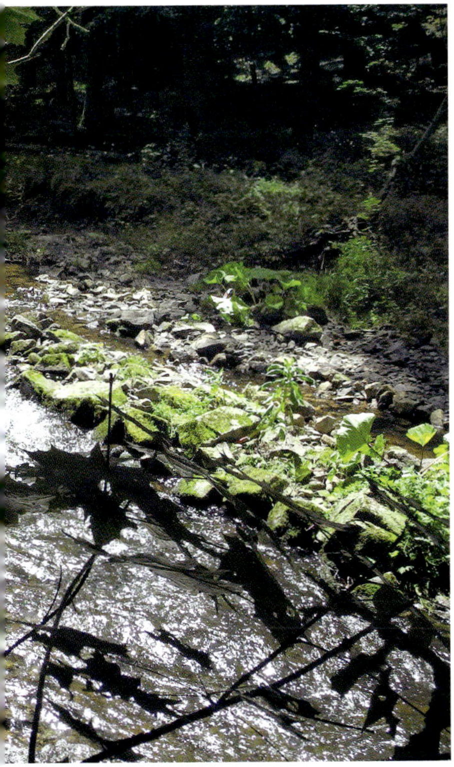

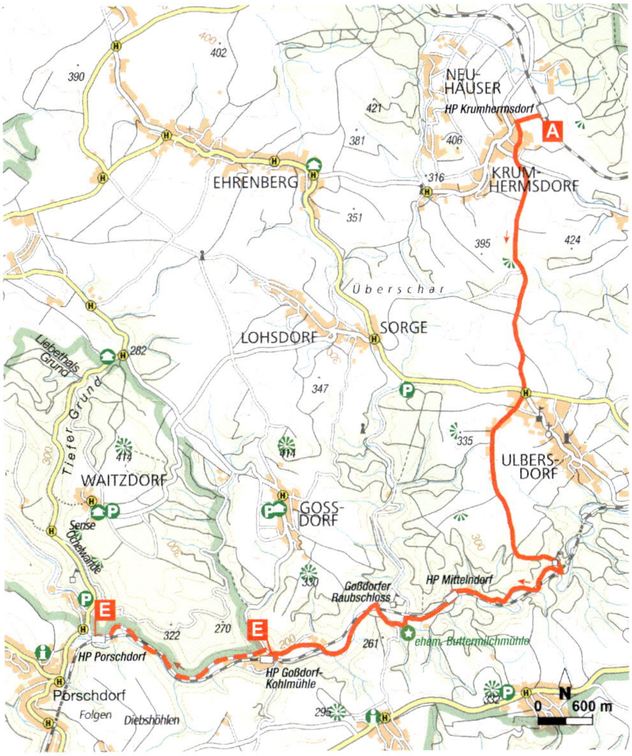

Tipp:

Die Strecke kann abgekürzt werden, wenn wir als Startpunkt den Haltepunkt Ulbersdorf wählen und von dort der Markierung mit dem roten und blauen Punkt talabwärts folgen. Ab dem Zusammentreffen mit dem blauen Strich geht es weiter wie im Text beschrieben. Die Strecke ist dann eher leicht und nur 8 km lang. Man sollte für diese Wegstrecke 3,5 bis 4 Std. einplanen.

Durchs Tal fährt die sächsische Semmeringbahn, auch Sächsisch-Böhmische Nationalparkbahn genannt. Vor unübersichtlichen Stellen und Übergängen tutet die Bahn und die Wanderer sind gewarnt.

Schönes Tal der Sebnitz Nun beginnt der nächste Abschnitt unserer Tour, der uns entlang des Bergbaches, mehrere Brücken überquerend, durch das Tal der Sebnitz führen wird. Die Sebnitz gehört aufgrund ihrer guten Wasserqualität zu einem überaus artenreichen Gewässer. Hier leben unter anderem Lachs, Bachforelle, Bachneunauge, aber auch Wasseramsel, Gebirgsstelze und der seltene Eisvogel sind dort zu finden. Der Fischotter ist ein eher

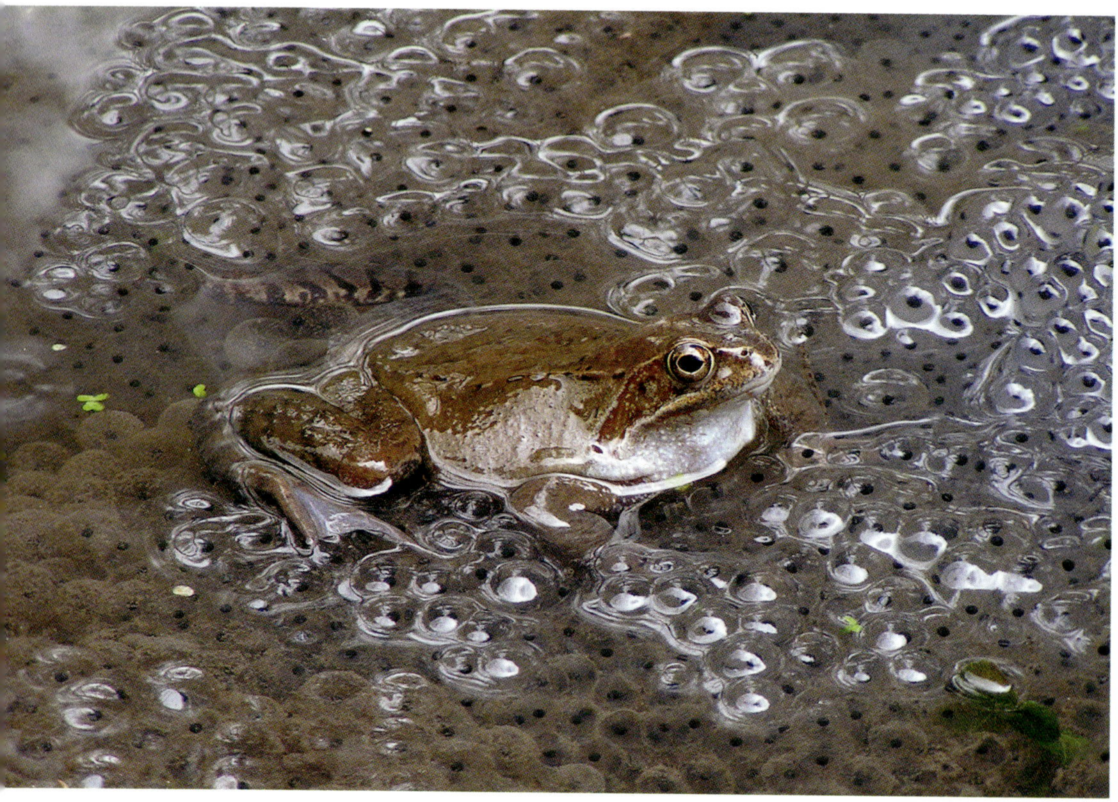

Frosch mit Laich

heimlicher Bewohner. Die Felsen in diesem Naturraum, den wir gerade durchwandern und der zum Lausitzer Bergland gehört, bestehen aus Granodiorit. Erst weiter abwärts werden wir in das eigentliche Elbsandsteingebirge hinüberwandern. Vorerst kommen wir auf unserem Weg an der ehemaligen Sputhmühle vorbei, in der einst Holzschliff hergestellt wurde und aus der die ersten Bierdeckel der Welt kamen. Heute sind nur noch Reste der Grundmauern, Kellerlöcher und der alte Mühlgraben erhalten. Unweit der Sputhmühle erreichen wir den Haltepunkt Mittelndorf. Wir wandern weiter talabwärts und der Weg führt uns an der einst idyllisch gelegenen Buttermilchmühle vorbei. Ihren Namen bekam sie, weil die Helfer bei der Heuernte auf der nahen Buttermilchwiese in der Mühle mit Buttermilch verköstigt wurden. 1985 brannte sie leider nach einem Blitzeinschlag ab. Nachdem wir an einem Bahnwärterhäuschen die Gleise überschritten haben, beginnt nach einer Wiese und einer Brücke die letzte Etappe unserer Route. Der Weg führt uns noch einmal am für das Tal so typischen Erlen-Eschbruchwald vorbei, über eine Wiese, auf der im Frühjahr überall die roten Blütenstände der Gemeinen Pestwurz zu bewundern sind. Nachdem wir die Gleise noch einmal überquert haben und schon die Häuser von Kohlmühle sehen, geraten wir fast unbemerkt ins Sandsteingebiet. Hier verläuft auch die Lausitzer Überschiebung. Im Ort ragt der hohe Schornstein einer Fabrik auf, die bis vor kurzem Linoleum produzierte. Wir halten uns Richtung Haltepunkt Kohlmühle und beenden unsere Tour mit einer Fahrt der Nationalparkbahn.

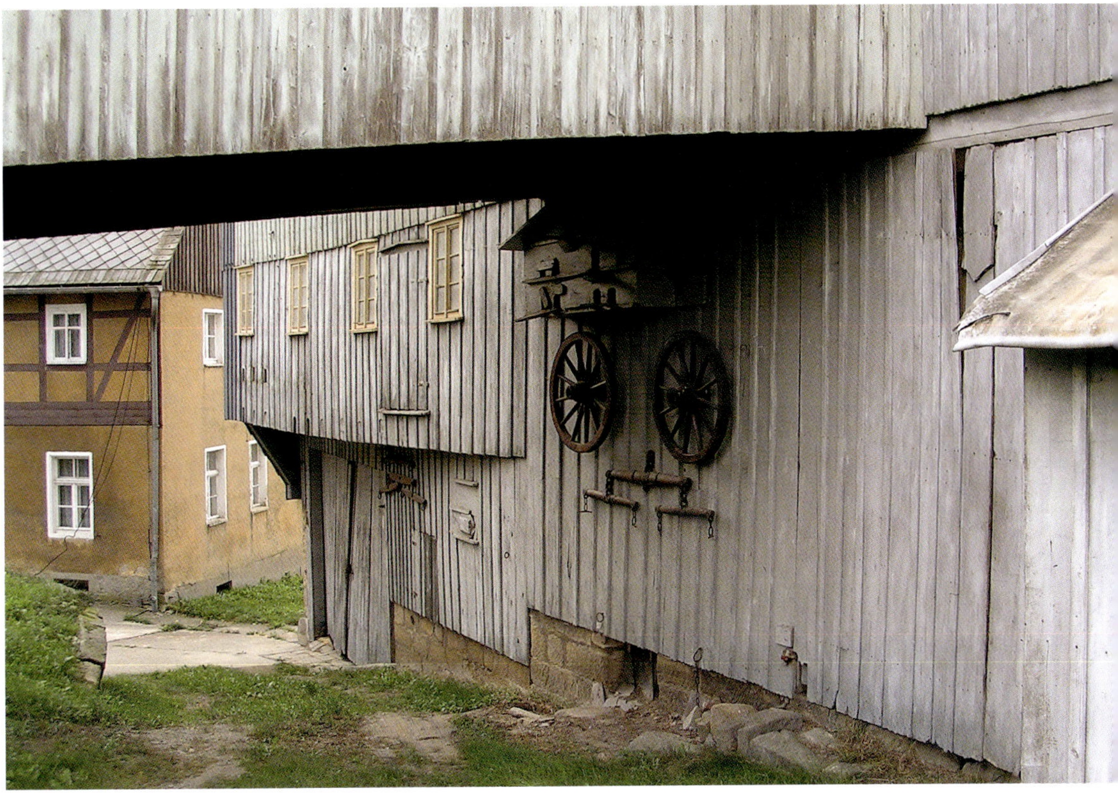

Bäuerliche Idylle

Wer noch ein Stück weiter gehen möchte, bleibt auf der Markierung roter Punkt und folgt dieser weiter im Tal entlang bis zum Haltepunkt Porschdorf. Der Weg ist eine schmale, asphaltierte Straße, die aber so gut wie nicht befahren ist. Gehen wir noch einige Meter weiter, fließen Sebnitz und Polenz zusammen, werden zum Lachsbach und am Eingang des Tiefen Grundes in Porschdorf haben wir Anschluss an den Bahnverkehr.

18

Weifberg

Grenzenloser Naturgenuss

Leicht | 12 km | ↗ 256 m ↘ 256 m | 4 Std.

Tourencharakter:
Leichte Tour mit sachtem Anstieg, die Besteigung des Aussichtsturms ist naturgemäß mit zahlreichen Treppenstufen verbunden. Danach mäßige Höhenunterschiede auf der beschaulichen Tour entlang eines Bachlaufes. Im zweiten Drittel moderater Anstieg auf dem Schulbuschweg

Ausgangs- und Endpunkt:
Hinterhermsdorf, Parkplatz unweit des Gasthofes und Hotels Erbgericht, 365 m

Höchster Punkt:
Weifberg, 478 m und Schulbuschweg, 423 m

Anfahrt:
Mit der Buslinie 241 von Pirna oder Bad Schandau nach Hinterhermsdorf, Ausstieg an der Haltestelle Erbgericht. Oder mit der Buslinie 268/269 von Sebnitz nach Hinterhermsdorf. Zurück jeweils mit den gleichen Buslinien.
Mit dem Pkw über Bad Schandau das Kirnitzschtal entlang bis Hinterhermsdorf, durch den Ort hindurch und dann links auf den Parkplatz nahe des Gasthofes und Hotels Erbgerichts. Oder von Sebnitz kommend über Saupsdorf fahren, im Ort links in Richtung Hinterhermsdorf abbiegen

Einkehr:
Unterwegs keine, verschiedene Gaststätten in Hinterhermsdorf

Der aus Böhmen heraufziehende Nebel lichtet sich kurz und gibt den Blick frei auf eine Landschaft wie aus fernen Zeiten. Der Aussichtsturm auf dem Weifberg vibriert und der Wind erzeugt unwirklich klingende Töne. Schnell steigen wir ab, wandern weiter in die Wälder nach Tschechien und treffen keine Menschenseele mehr.

Hintere Sächsische Schweiz In Hinterhermsdorf auf dem Parkplatz unweit des Gasthofes und Hotels Erbgericht beginnt die Wanderung. Wir gehen in nördlicher Richtung auf der Nixdorfer Straße (blauer Strich und gelber Punkt). Der Aussichtsturm des Weifberges ist schon von weitem sichtbar. Wir folgen der Ausschilderung hangaufwärts in den Wald und erreichen in Kürze den Turm. Der Blick auf die Gegend ist bezaubernd schön. Die Sonne bricht sporadisch durch den weißen Nebel und taucht die Hügel in ein unwirkliches Licht.

Grenzgang: die tschechischen Wälder Vom Turm wieder unten, steigen wir links (roter Strich) den Weifberg auf der anderen Seite hinab. Wir kommen zum Weg mit dem blauen Strich und wandern nach rechts, Richtung

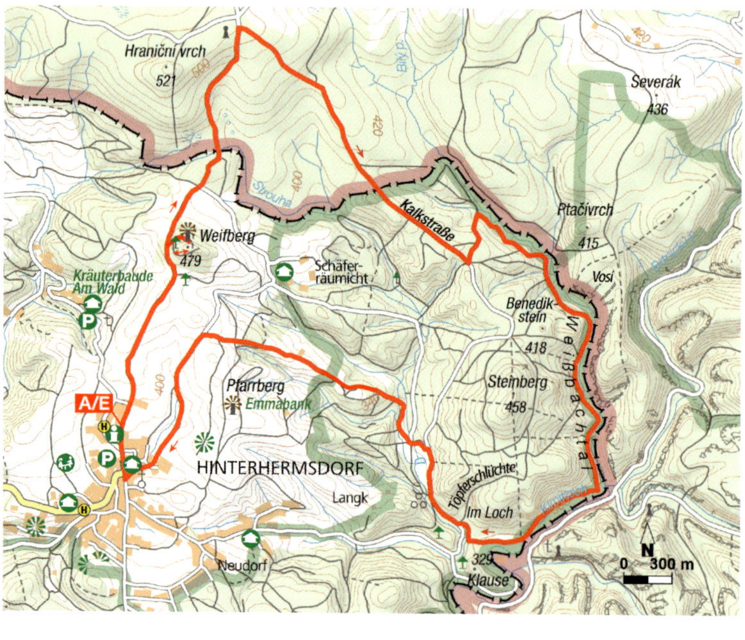

Rechte Seite: Flechtenbart

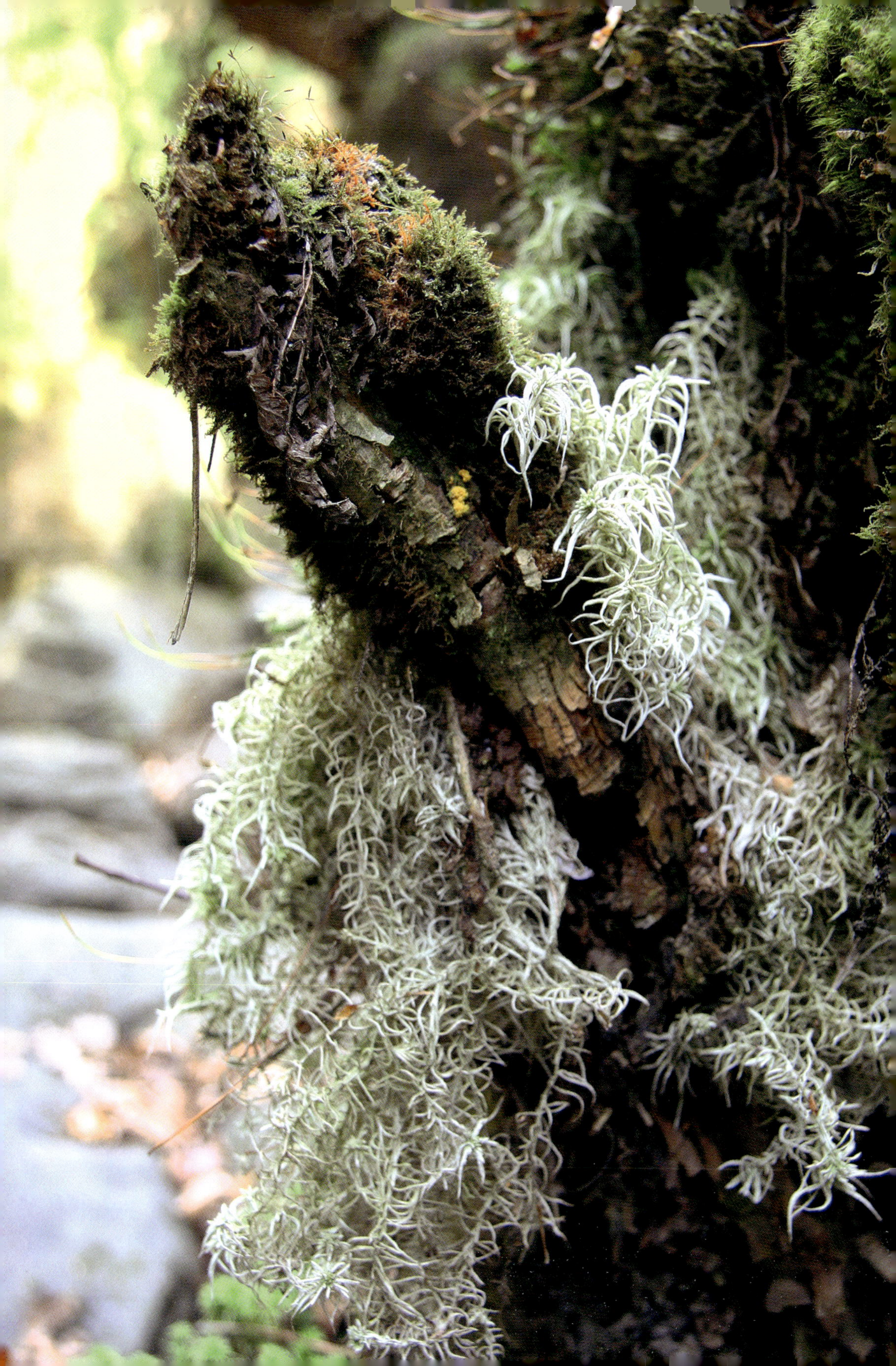

Grenzübergang. Vorbei an zwei Infotafeln sehen wir zwei rot-weiße Pfeiler – die Grenze zu Tschechien. Wir gehen auf dem breiten Forstweg weiter bis zu einer größeren Weggabelung: daneben ein gelbes Haus. An dieser Kreuzung nehmen wir den Weg nach rechts und bleiben auf diesem Hauptweg (Kalkstraße/Vápenná cesta), der

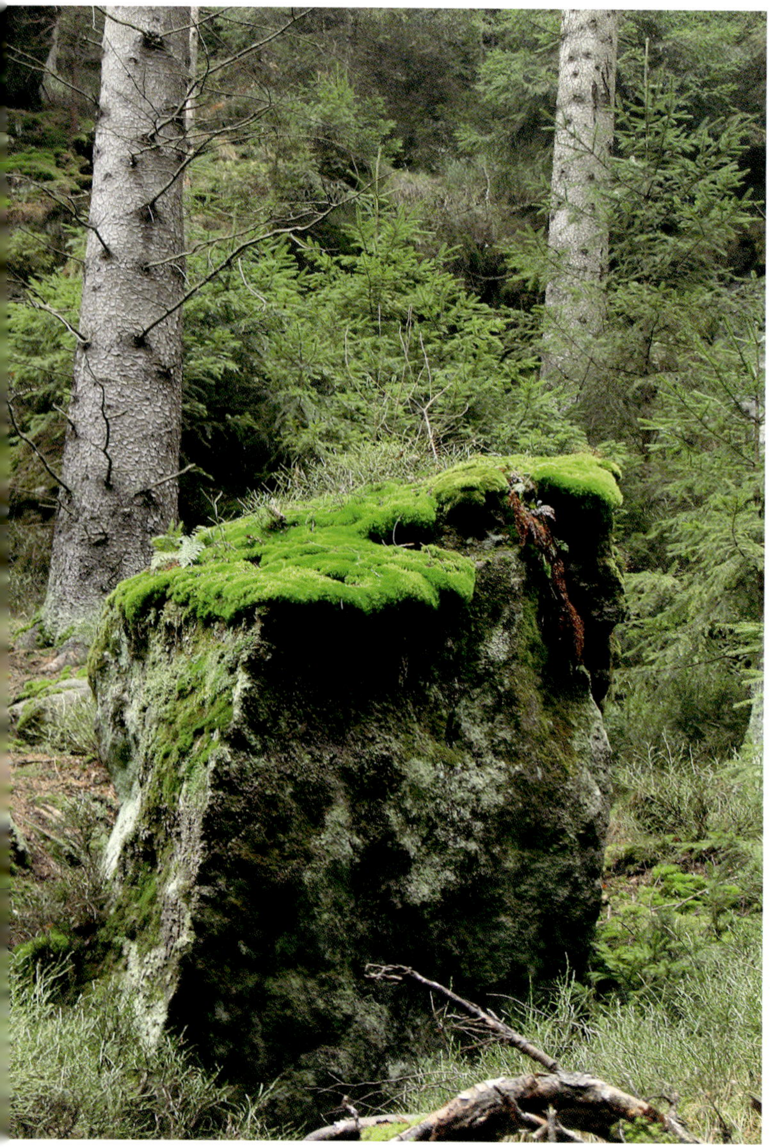

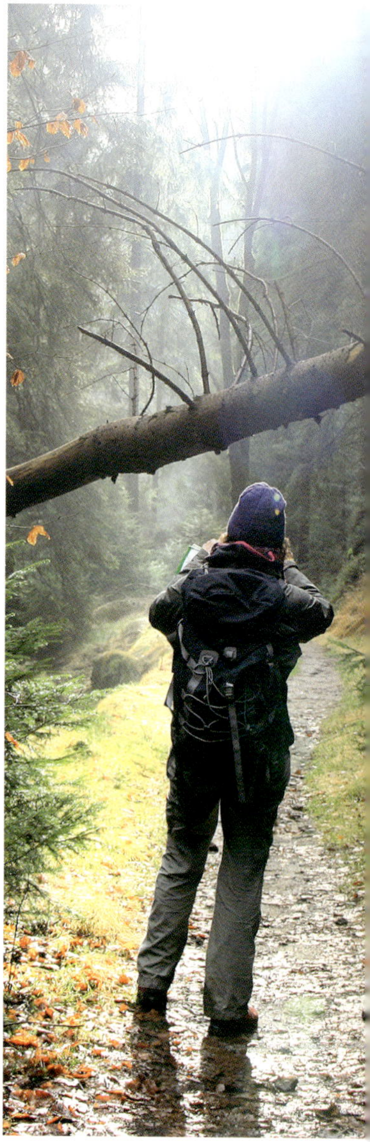

Links: Mooshaube
Mitte: Gegenlicht

vorerst leicht abwärtsführt. An einer weiteren, platzartigen Wegkreuzung gehen wir den schmalen Weg geradeaus weiter über eine kleine Brücke mit rot-weißem Geländer. Leicht ansteigend, erreichen wir bald eine unscheinbare Grenzmarkierung und überschreiten erneut die Grenze. Der Weg, immer noch die Kalkstraße, wird zu einem schnurgeraden Forstweg. An der nächsten größeren Kreuzung stoßen wir auf die Markierung gelber Strich und verlassen hier die Kalkstraße links hinunter ins Weißbachtal.

Zauberhaftes Weißbachtal Der Wanderweg schlängelt sich neben dem mäandrierenden Bach entlang, am anderen Ufer verläuft die Grenze zu Tschechien. Vorbei an Felsen, Flechten, Moosen und dichtem Grün wandern wir weiter, kommen an Gehöften vorbei und schließlich zu einer Kreuzung, an der wir rechts gehen (roter

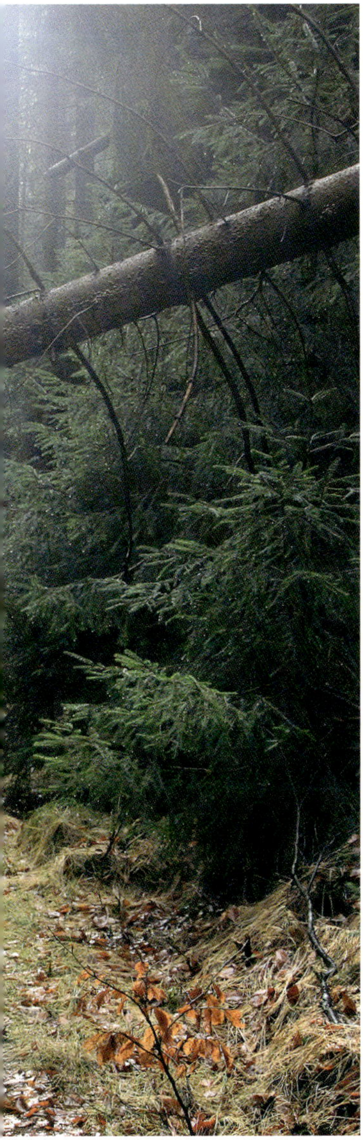

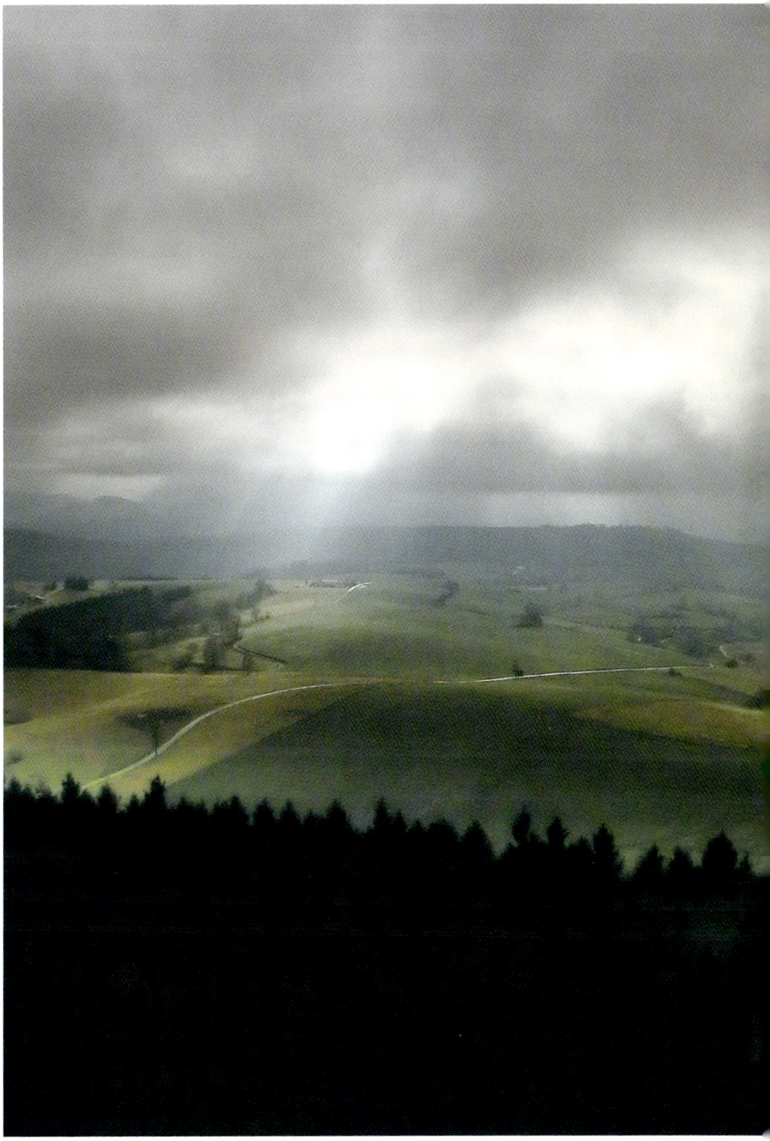

Strich). Den breiten Forstweg geht es leicht bergan, am Abzweig Obermühle jedoch zunächst vorbei. Die Mühle samt Teichen sehen wir später links unten am Hang liegen. Nach der Mühle biegen wir links in den Schulbuschweg ein, überqueren den Heidelbach und steigen bergan durch Wald und über Wiesen, den Weifberg immer im Blick. Wenn der Weg, der mit einem gelben Strich gekennzeichnet ist, unseren kreuzt, halten wir uns links Richtung Hinterhermsdorf.

Schaurig-schöne Stimmung, vom Weifberg aus gesehen

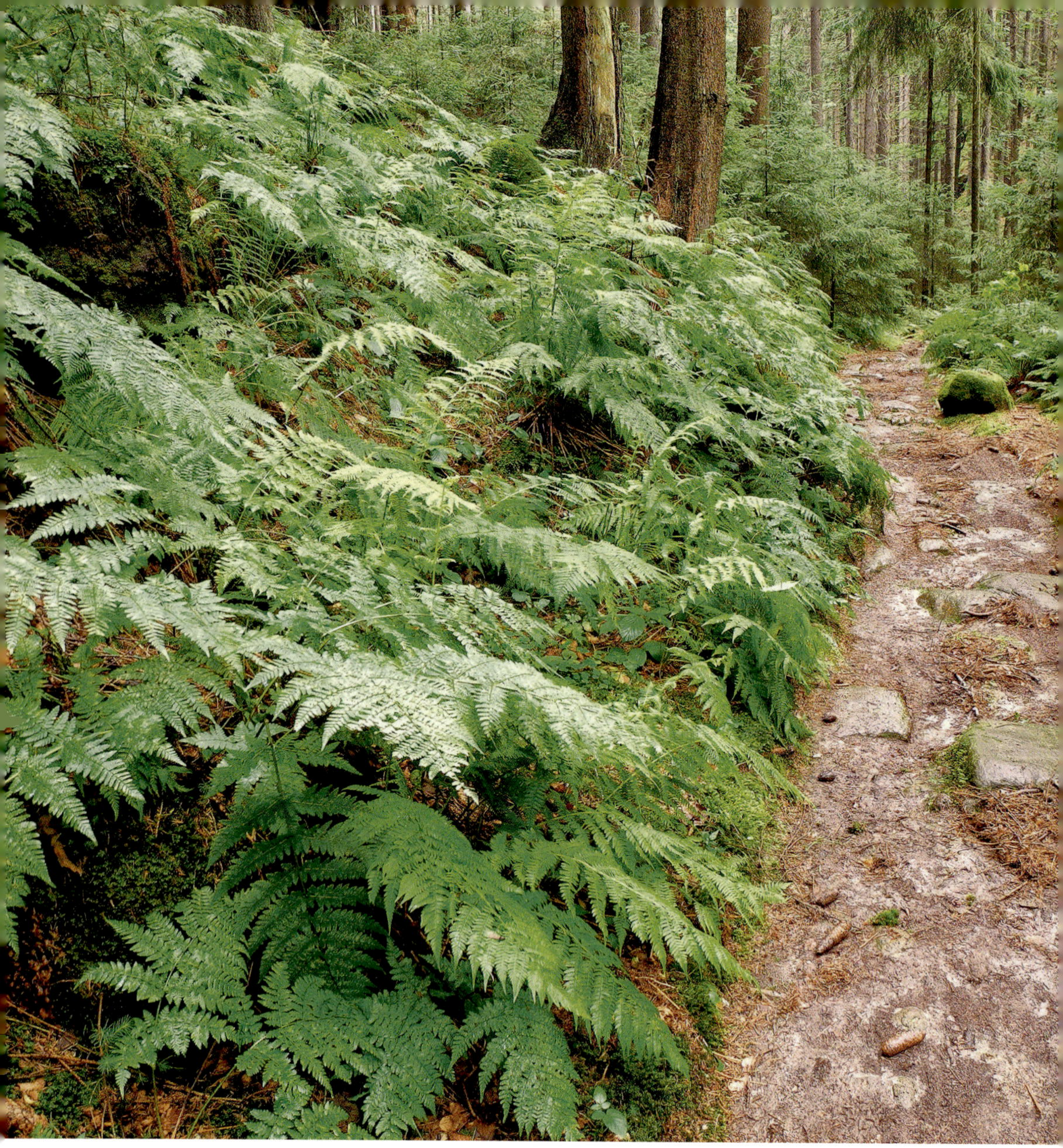

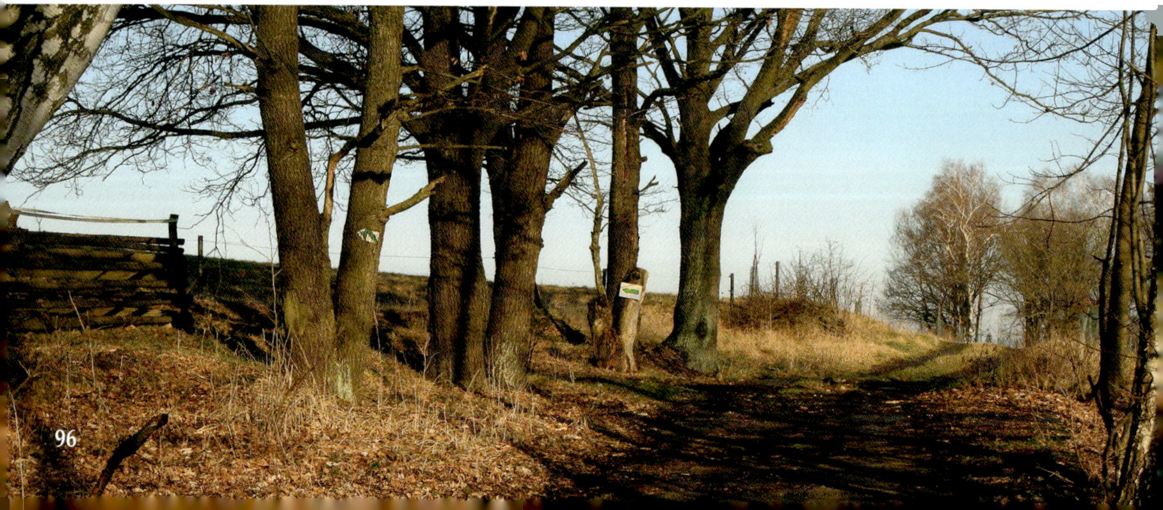

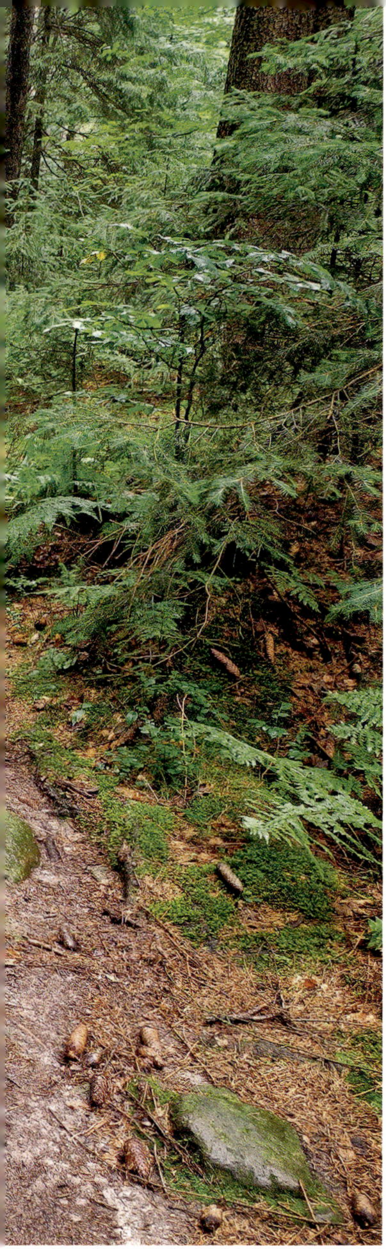

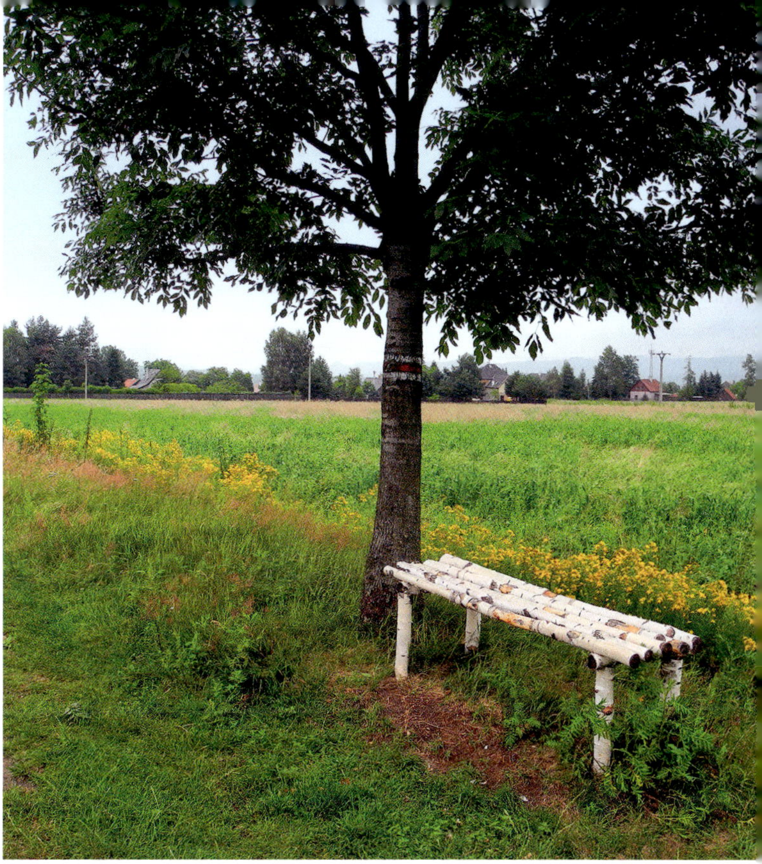

Böhmische Schweiz

Üppige Vegetation
in Dürrkamnitztal (o. li.).
Rastplatz auf dem Weg
nach Arnoltice(o. re.).
Kreusels Eiche(u. re.).
Entspannter Wegabschnitt
in der Böhmischen Schweiz
(u. li.).

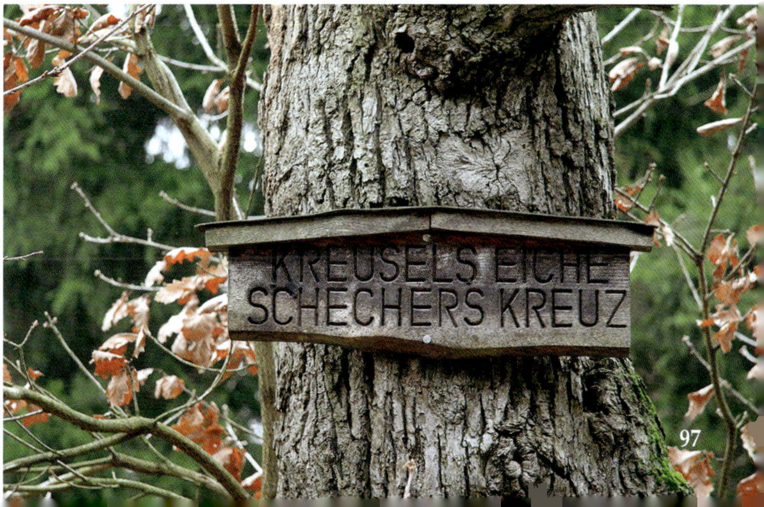

19

Grundmühle und Hutberg

Die tschechische Seite des Elbsandsteingebirges

Mittel | 10 km | ↗ 170 m ↘ 170 m | 4,5 Std.

Tourencharakter:
Zu Beginn auf annähernd gleicher Höhe bleibend, später Abstieg ins Tal und wieder hinauf, durch reizvolle Ortschaft und gegen Ende der Tour nochmals Anstieg auf den Hutberg

Ausgangs- und Endpunkt:
Rosendorf, Parkplatz am Ortsausgang, 330 m

Höchster Punkt:
Hutberg, 402 m

Anfahrt:
Mit dem Pkw auf der B172 über Bad Schandau, Schmilka, Grenzübergang bis Hrensko, im Ort die zweite Straße nach der Brücke links abbiegen Richtung Janov bzw. Mezni Louka. Nach der nächsten Brücke sofort wieder rechts Richtung Janov fahren. Vorsicht, die Straße ist eng und unübersichtlich. Im Ort Janov nach der Kirche bergab, dann links abbiegen Richtung Ruzova, dort durch den Ort (zwei Abzweige nach rechts ignorieren) und halb links in Richtung Kamenická Strán weiterfahren. Kurz nach dem Ortsausgangsschild Ruzova ist der Parkplatz.

Einkehr:
Unterwegs keine

Luchs, Wildkatze, Schwarzstorch, Wanderfalke, Eisvogel, Feuersalamander, Schwarzspecht, Fledermäuse, Uhu und andere seltene Tierarten leben auf beiden Seiten der Grenze im Elbsandsteingebirge. Sie brauchen ungestörte Lebensräume mit Totholz, sauberen Bächen, aber auch den stetigen Wechsel zwischen Offenland und undurchdringlichen Gehölzen.

Rosendorf und Rosenberg Auf dem Parkplatz am Ortsausgang von Rosendorf beginnt unsere Wanderung. Auf einer Informationstafel finden wir einige Erklärungen zur Route. Wir werden dem Lehrpfadzeichen grüner Strich folgen und gehen zuerst in Richtung Rosenberg, der tschechischen Ausschilderung Pod Ruzovskym Vrchem 2 km nach. Wir wan-

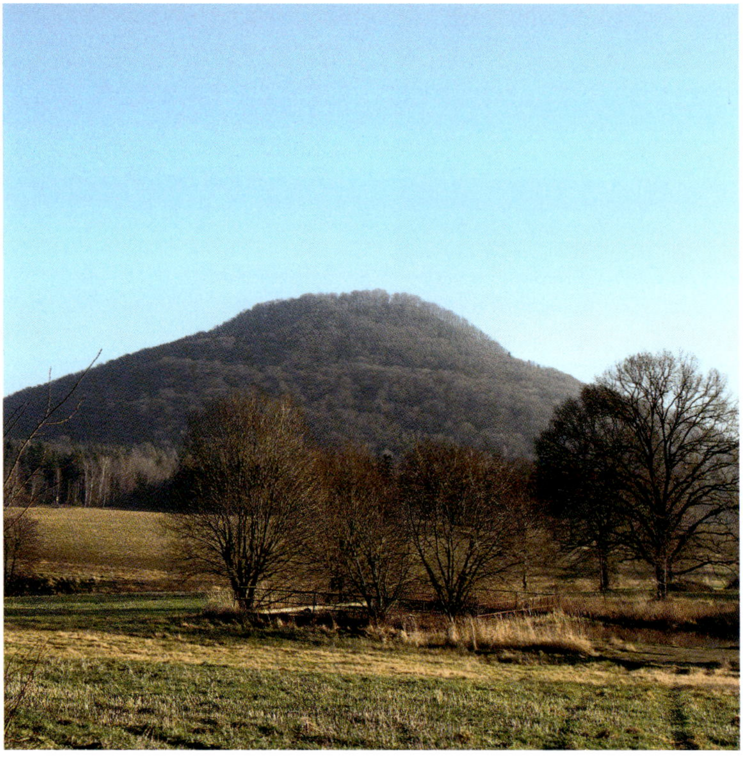

Rosenberg

dern über Felder, vor uns thront der kegelförmige, riesig wirkende Rosenberg, ein 619 Meter hoher Basaltberg. Im Wald angekommen, verlassen wir nach einer Kurve den breiten Wanderweg und gehen geradeaus der Markierung folgend. Vorbei an zwei Informationstafeln zum Naturschutz in der Böhmischen Schweiz führt ein Abzweig mit der Markierung gelber Strich zum Gipfel des Rosenbergs. Wir biegen jedoch links ab, bleiben der grünen Markierung treu und marschieren weiter durch den Wald.

An der nächsten größeren Weggabelung stößt ein mit blauem Strich markierter Weg von rechts zu uns und wir halten uns Richtung Kralovky smr, Königsfichte, und Dolsky mlyn, Grundmühle. Bald steigen wir in ein Tal ab und weiter bis zur Brücke über die Kamnitz und erblicken die Königsfichte – 200 Jahre alt und 27 Meter hoch. Die natürlichen Standorte der Fichten in diesem Gebiet befinden sich in den Tälern. Die Fichten der Hanglagen und Ebenheiten gehen meist auf Anpflanzungen vor etwa 200 Jahren zurück. Im Zuge der Industrialisierung, als man viel Holz benötigte, wurden Fichten angebaut.

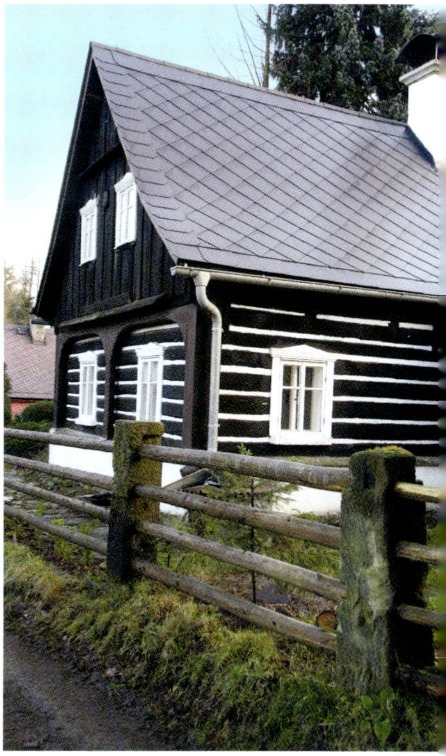

Typisches Umgebindehaus

Verwunschene Ruine an der Kamnitz Wir folgen dem Lehrpfad und der Ausschilderung Dolsky mlyn, Grundmühle, und gelangen zu den Überresten eines Gasthauses, das sicher einst ein idyl-

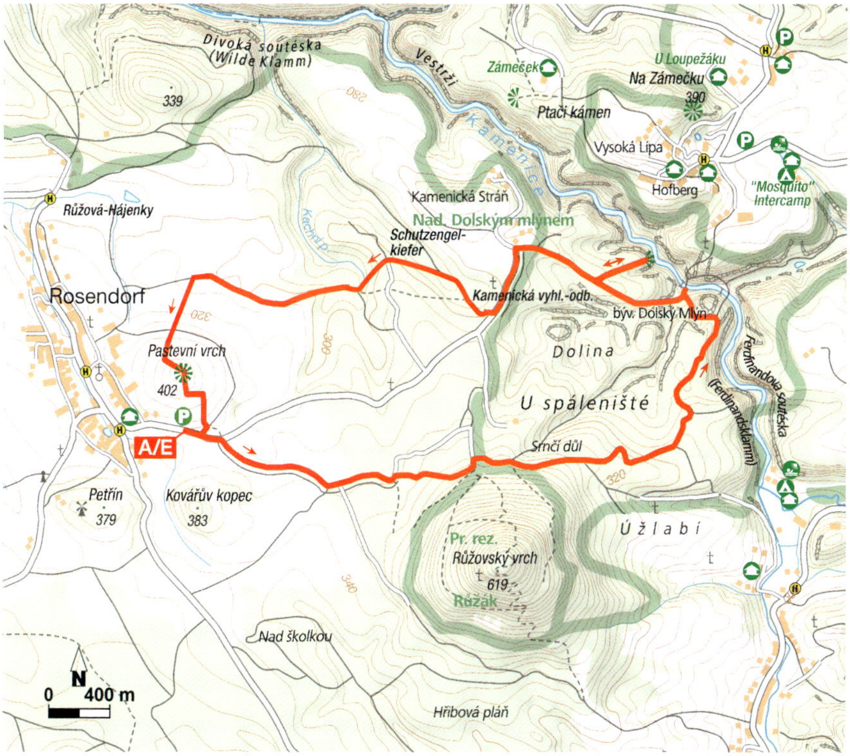

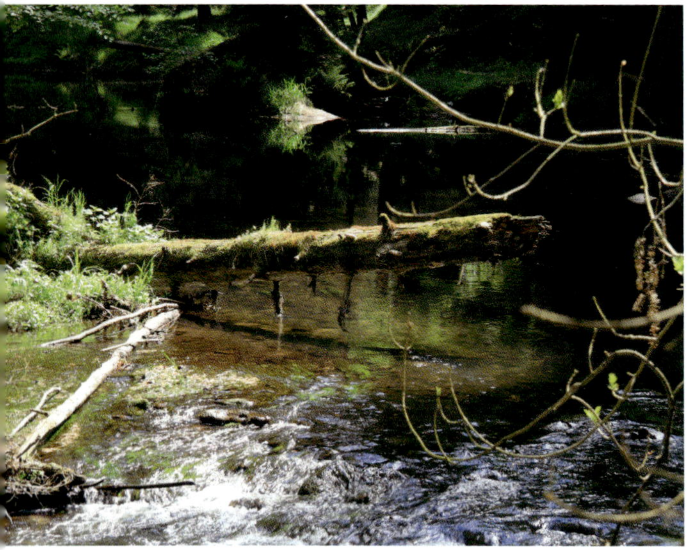

Beschauliche Kamnitz

lisch gelegenes Ziel von romantischen Kahnfahrten durch die Ferdinandklamm war. Die Kahnfahrt gibt es heute nicht mehr und von der Grundmühle sehen wir nur noch die Keller und ein paar Grundmauern. Trotzdem ist dies ein beschaulicher Ort, der dazu einlädt, am Ufer der Kamnitz zu verweilen. Mit ein wenig Glück kommt ein Eisvogel vorbeigeflogen und wir können Wasseramsel, Bachstelze oder Gebirgsstelze beobachten.

Wir verlassen nun das kühle Tal wieder und steigen, immer noch der grünen Lehrpfadmarkierung folgend, hinauf Richtung Kamenická Strán (Kamnitzleiten). An einer Waldlichtung schickt uns ein Wegweiser zum Aussichtspunkt. Diesen Abstecher sollten wir unbedingt machen. Plötzlich stehen wir auf einem Felsriff und schauen in den Abgrund, ein unerwarteter Blick ins Tal der Kamnitz. Zurück wandern wir weiter durch den Wald.

Umgebindehäuser Die Häuser von Kamenická Strán sind in Sichtweite. Beim Verlassen des Waldes weist uns rechts am Weg ein Sandsteinblock darauf hin, dass wir uns im Nationalpark Böhmische Schweiz, Nàrodny Park Céskè Svycarsko, befinden, beziehungsweise ihn gerade verlassen. Vor uns stehen die schwarz-weiß gestreiften Häuschen von Kamenická Strán, einem malerischen Dörfchen mit original erhaltenen Umgebindehäusern. Dieser besondere Haustyp vereint Elemente von Blockbau-, Fachwerk- und Massivbauweise miteinander und zeichnet sich durch die bauliche Trennung von Stubenkörper und Obergeschoss aus. Ein hölzernes Stützsystem ist um eine Blockstube, den Wohn- und Wirtschaftsbereich im Erdgeschoss, herumgeführt. Es trägt die Last des Obergeschosses und des Daches. Die Stube ist sozusagen unabhängig von den tragenden Elementen der Konstruktion, wie ein Haus im Haus. Damit sollte verhindert werden, dass sich die Schwingungen des Webstuhles in der Stube auf das gesamte Haus übertrugen. Der Wirtschaftsbereich ist in Massivbauweise gehalten, er befindet sich gegenüber der Stube und wurde als Stall oder Speicher genutzt. Einst waren die Gebäude Teile eines intakten Bauerndorfes, heute werden sie überwiegend als Wochenendhäuser genutzt.

Schutzengelkiefer und Hutberg Wir verlassen den Ort auf einer kleinen Straße. Weiter auf der grünen Lehrpfadmarkierung biegen wir nach einigen Minuten rechts in den Wald und an der nächsten Weggabelung links ab. An einer Lichtung kommen wir an der 300 Jahre alten Schutzengelkiefer, U obràzku, vorbei. Wir halten uns links und gelangen hinunter ins flache Tal. An der nächsten Weggabelung wandern wir rechts über eine Brücke den Weg bergauf, bevor wir den Wald verlassen und unser nächstes Ziel, den Hutberg, sehen. Wenn sich der Weg gabelt, halten wir uns links und gehen bis zum Fuße des Hutberges. Über einen Grasweg geht es hinauf zum Gipfel. Für den wunderschönen Blick zum Rosenberg und hinüber zu den Silberwänden, dem Großen Winterberg und Hohen Schneeberg hat sich der Anstieg allemal gelohnt – ein gelungener Abschluss der Tour. Die grüne Markierung führt uns nun wieder hinab zu unserem Ausgangpunkt, dem Parkplatz.

Mauerreste der Grundmühle

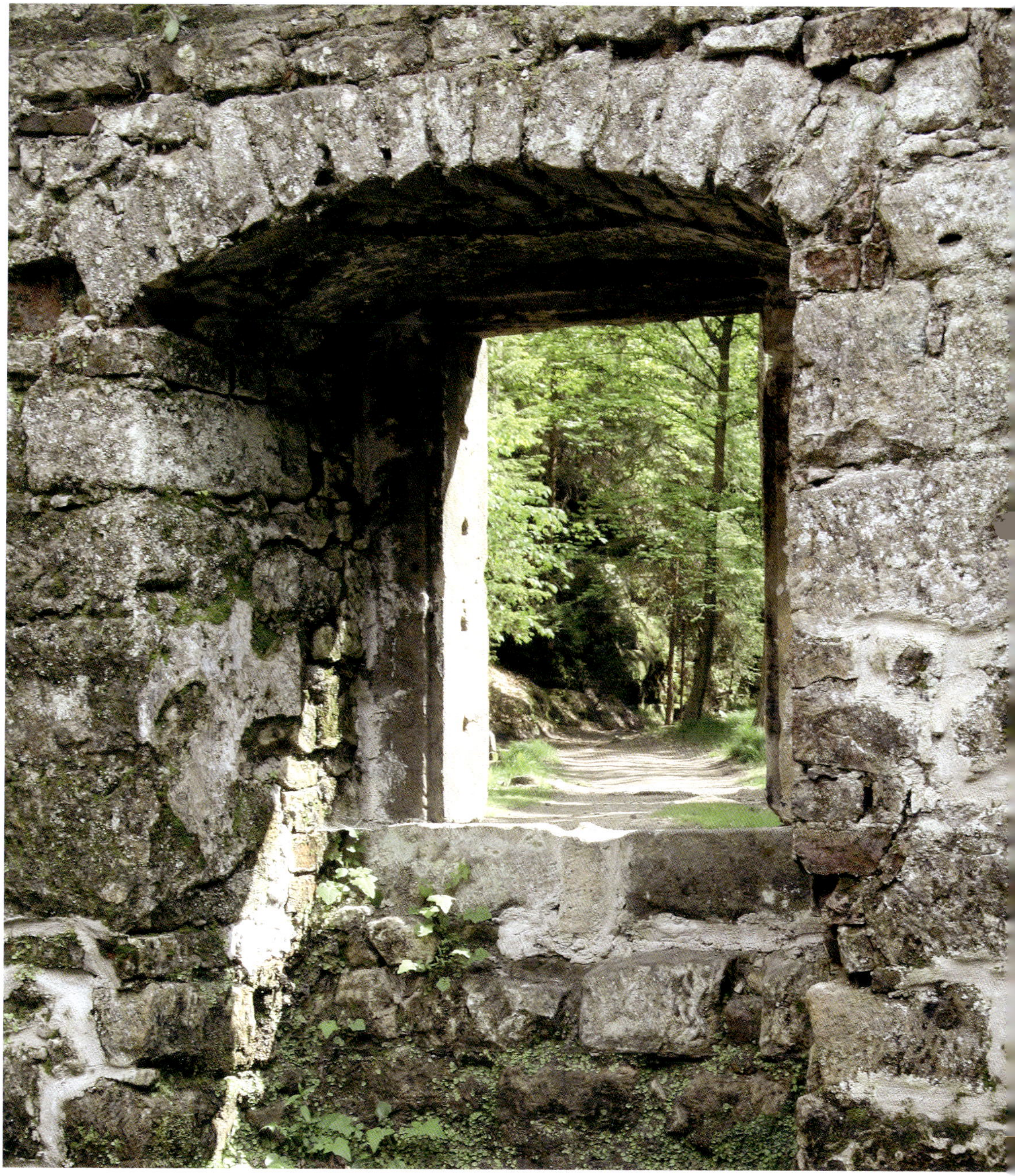

20

Belvedere und Dürrkamnitztal

Hoch über der Elbe

Mittel | 10 km | ↗ 222 m ↘ 223 m | 5 Std.

Tourencharakter:
Die Tour beginnt auf tschechischer Seite und endet auf der deutschen. Steiler, längerer Anstieg zu Beginn, später moderat und Abstieg auf zum Teil schmalem Pfad im Tal ins Elbtal. Am Ende ein Stück entlang der Straße

Ausgangspunkt:
Haltepunkt Dolni Zleb (Tschechien), 143 m

Endpunkt:
Bahnhof Schöna, 142 m

Höchster Punkt:
»Belvedere«, 160 m; Arnoltice, 365 m

Anfahrt:
Mit dem Elbe-Labe-Sprinter bis Dolni Zleb oder ab Bad Schandau bzw. Schöna mit der Regionalbahn Richtung Decin, Ausstieg in Dolni Zleb – hier bitte die Fahrpläne beachten; in Dolni Zleb mit der Fähre übersetzen. Rückfahrt ab Schöna mit der S-Bahn

Einkehr:
Gaststätte Belvedér

Die Elbe formte das Land und prägt es noch heute. Der Name Elbsandsteingebirge für die Sächsisch-Böhmische Schweiz spiegelt dies sehr gut wieder. Trotz des Stromes gilt das Gebiet als relativ wasserarm. Der poröse Sandstein saugt Wasser wie ein Schwamm auf: Fließgewässer versickern rasch und werden zu »dürren Bächen«.

Terrasse mit Grotte Wir fahren mit der Bahn, dem »Elbe-Labe-Sprinter« bis nach Dolni Zleb und mit der Fähre auf die andere Elbseite. Drüben geht es kurz bergauf, an einem Haus vorbei bis zur Straße, die wir überqueren. Rechts sehen wir den grünen Strich, die Markierung des Mühlensteiges, den wir steil in Richtung »Belvedere« hinaufwandern. Den Auf-

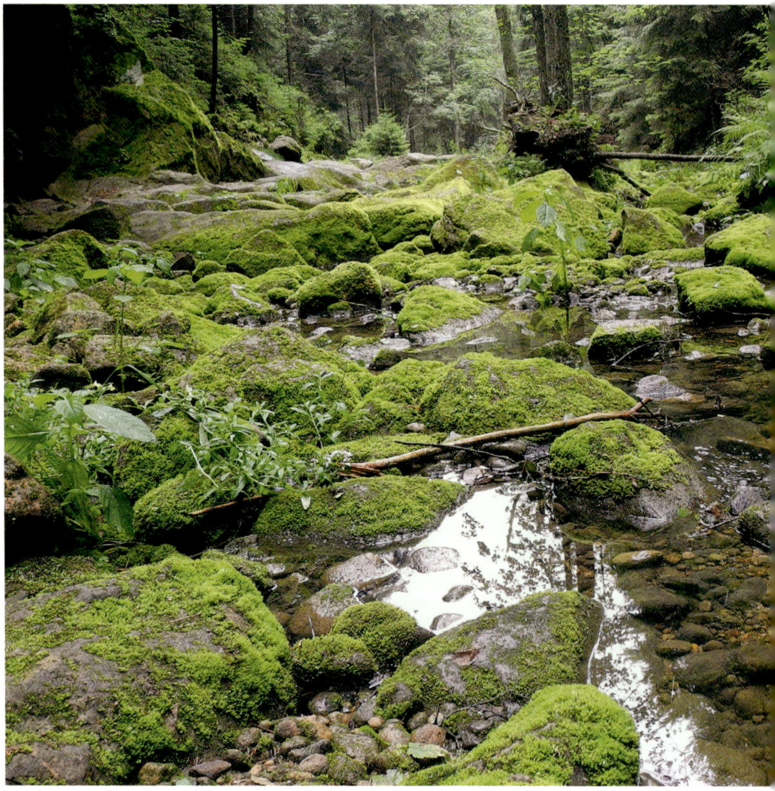

Dürrkamnitz

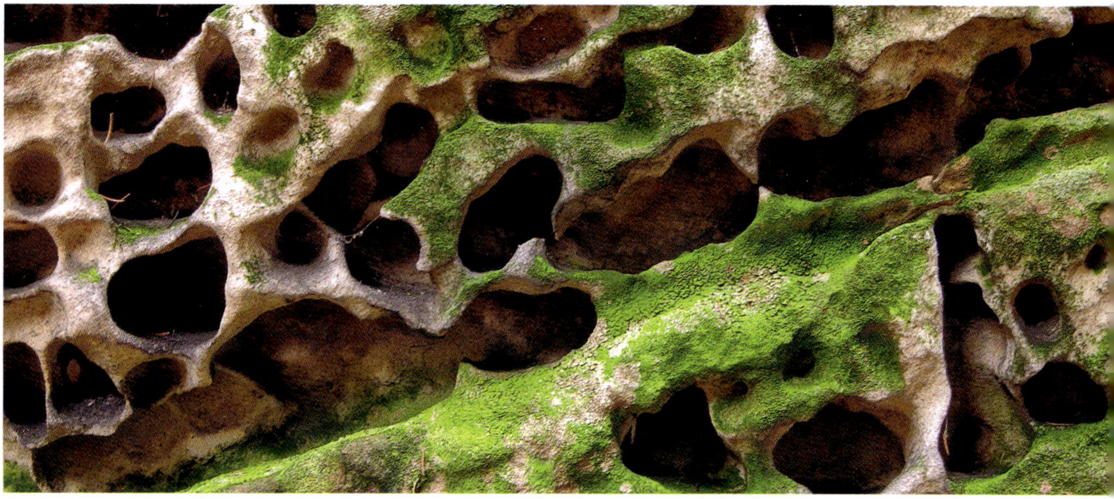

stieg geschafft, halten wir uns links oberhalb der Felswände, bis wir auf die Straße treffen. Links werden Gebäude sichtbar, wir kommen zum Belvedere. An der Gaststätte vorbei ein paar Stufen nach links und vor uns liegt der älteste Aussichtspunkt der Böhmischen Schweiz: hinein ins Elbtal nach Dolni Zleb und zu den Felswänden gegenüber. Anfang des 18. Jahrhunderts diente das Belvedere dem Adel zur Erho-

Wabenverwitterung

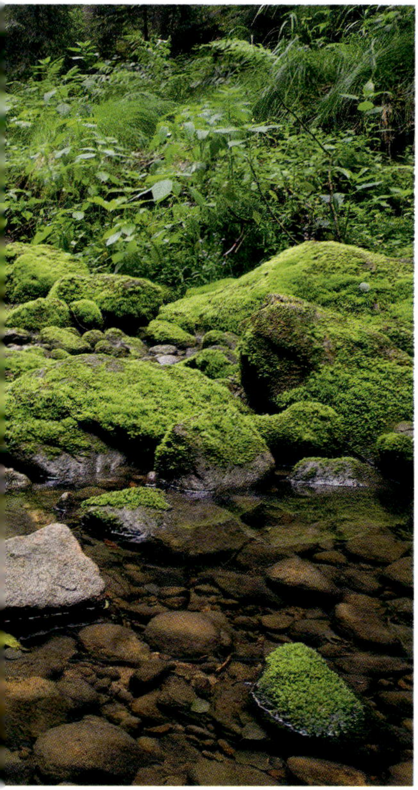

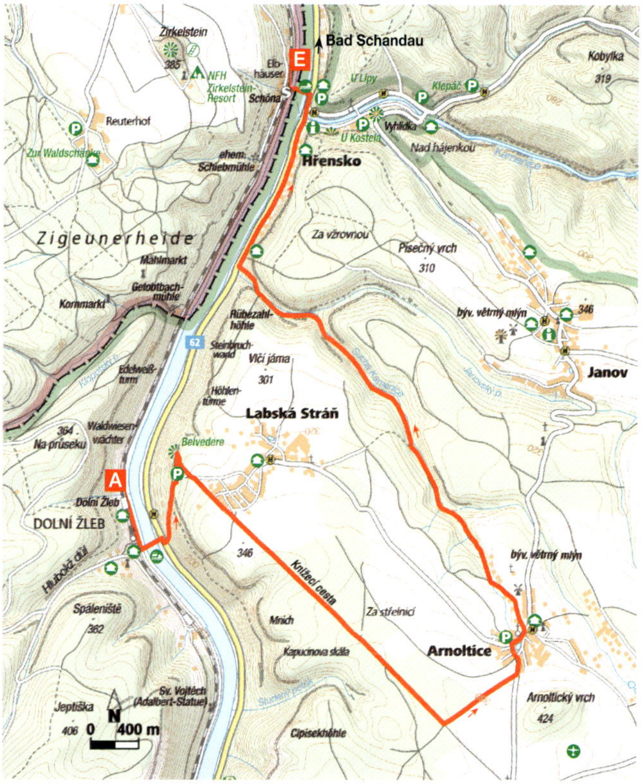

Rechte Seite: Hoch über dem Elbtal

lung und zur musikalischen Unterhaltung. Mit Kutschen kamen die Herrschaften auf dem Kutsche-Weg aus Bynovec, Binsdorf, herauf.
Vom Belvedere gehen wir die Straße ein Stück zurück, vorbei am Aufstiegsweg. Wir folgen der Markierung roter Strich, dem ehemaligen Verbindungsweg Knizenci cesta zwischen Belvedere und Schloss Bynovec. Wir wandern erst moderat ansteigend, dann eben den einst Allee genannten Weg in Richtung Arnoltice. An der Weggabelung, an welcher der rot markierte Weg rechts abbiegt, geht es weiter geradeaus und am Waldrand kommen wir schließlich an eine Kreuzung. Dort biegen wir links ab. Vor uns liegt Arnoltice und wir blicken weit hinüber bis zum Winterberg, zum Zirkelstein und zum Rosenberg.

Urige Schlucht Auf der Straße angelangt, halten wir uns links Richtung Ortsmitte. Auf dem Dorfplatz vor der Kirche halten wir uns an den blauen Strich als Markierung und folgen ihm in die Schlucht der Dürrkamnitz, Suchá Kamenice. Der schmale Weg führt uns hinab durch ein wildromantisches Tal, in dem verschiedenste Farnarten den Weg säumen. Der Dürrkamnitzbach gehört zu den Gewässern, die nur selten Wasser führen. Selbst an heißen Sommertagen ist es hier angenehm kühl, denn hier herrscht das sogenannte Kellerklima. In den tiefen, engen Schluchten des Elbsandsteingebirges ist es kühl und feucht, vergleichbar mit den Kellern alter Häuser. Ein idealer Lebensraum vor allem für Moose und Farne.
Am Ende der Schlucht gelangen wir auf die Straße. Wir halten uns rechts und gehen nach Hrensko, setzen mit der Fähre über den Fluss, überwinden damit zugleich die Staatsgrenze und gehen in Schöna zum Bahnhof.

Am Belvedere

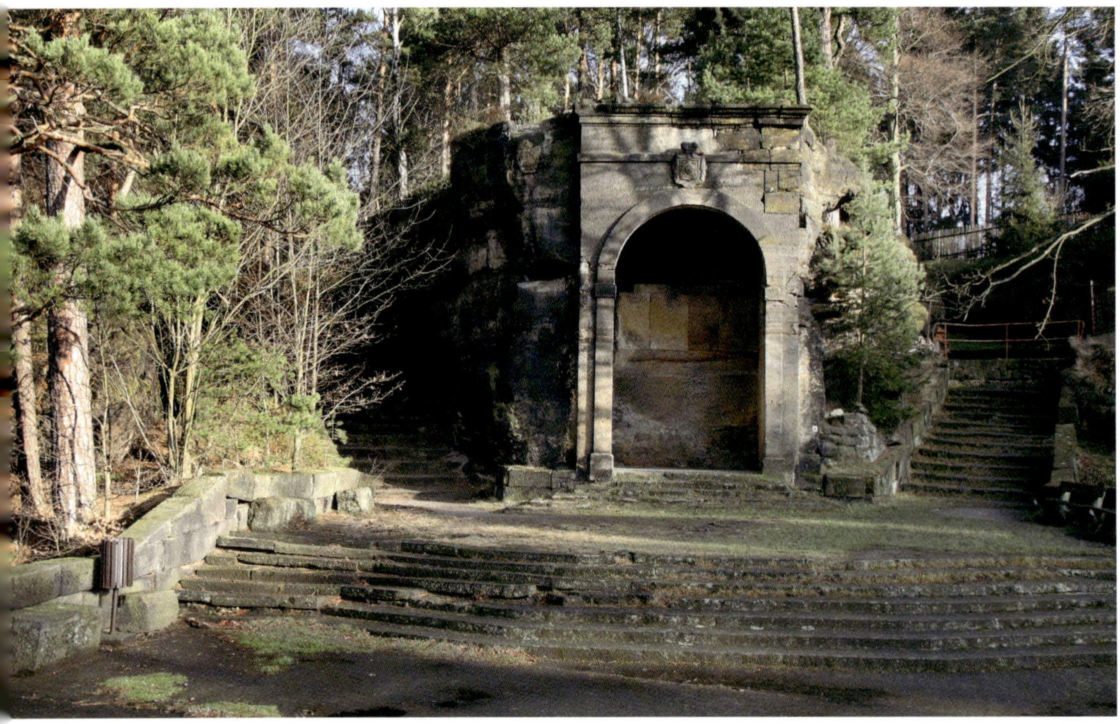

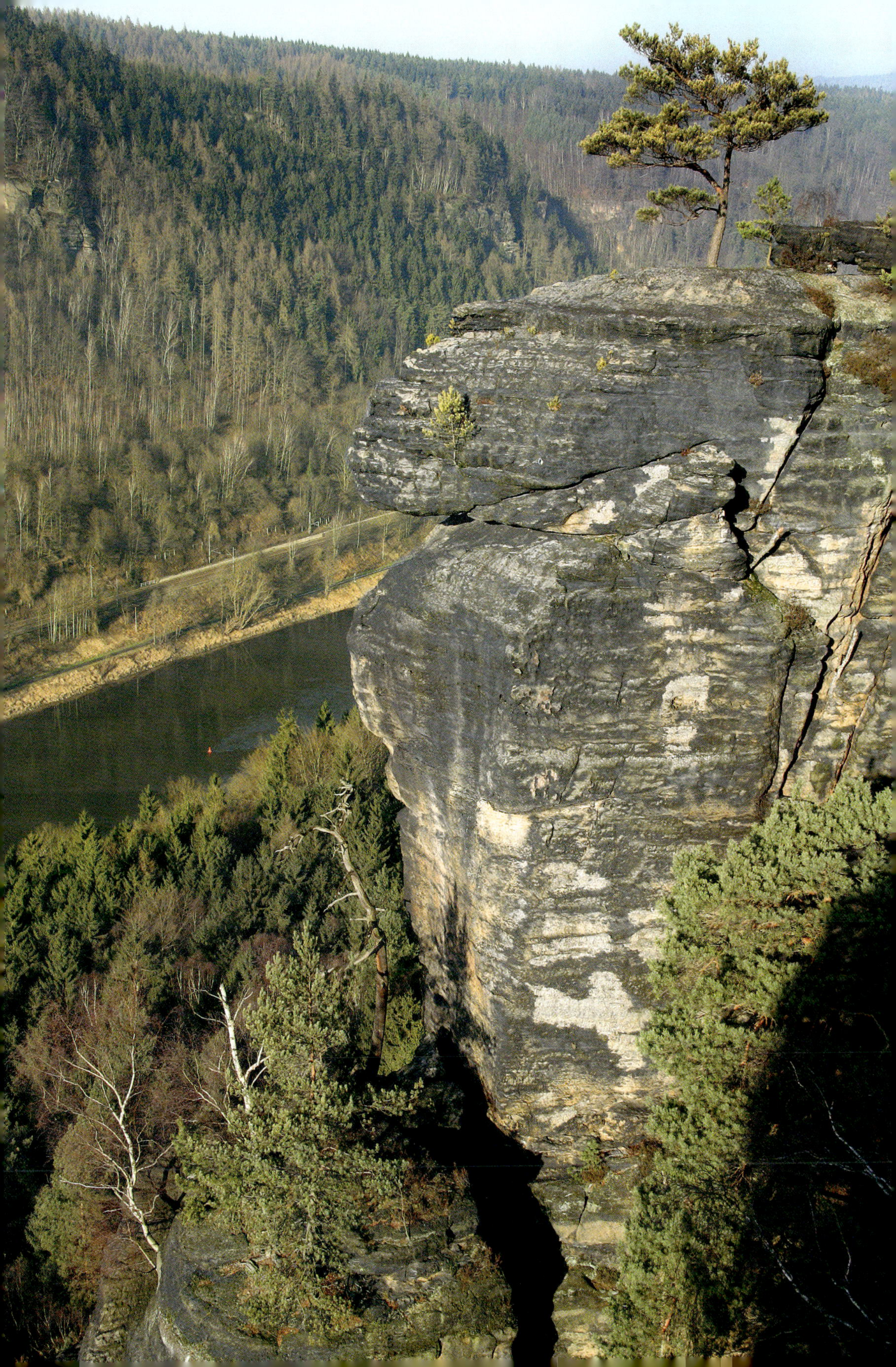

21

Böhmisches Tor

Kreusels Eiche und Schächters Grab

Mittel | 12 km | ↗ 273 m ↘ 273 m | 4 Std.

Tourencharakter:
Tour mit zum Teil steilen Anstiegen, hauptsächlich durch Wald führend. Der Weg beginnt in Tschechien und endet auf deutscher Seite, der Grenzübergang für Wanderer liegt im Wald.

Ausgangspunkt:
Haltepunkt Dolni Zleb (Tschechien), 143 m

Endpunkt:
Haltepunkt Schmilka-Hirschmühle, 142 m

Höchster Punkt:
Ceska brana, 416 m

Anfahrt:
Mit dem Elbe-Labe-Sprinter bis Dolni Zleb oder ab Bad Schandau beziehungsweise Schöna mit der Regionalbahn Richtung Decin, Ausstieg in Dolni Zleb. Rückfahrt ab Schmilka-Hirschmühle mit der S-Bahn

Einkehr:
Gaststätten in Schöna

Natur grenzenlos – das wurde in der Nationalparkregion Sächsisch-Böhmische Schweiz umgesetzt und ermöglicht den grenzübergreifenden Wandergenuss. So ist am Grenzübergang »Böhmisches Tor« ein Anhalten nicht mehr nötig.

In die Böhmische Schweiz Mit dem »Elbe-Labe-Sprinter« fahren wir bis zum Haltepunkt Dolni Zleb. Von dort gehen wir ungefähr 250 Meter in Richtung der leer stehenden Kirche. Vorbei am Hotel Piccolo wandern wir den gepflasterten Weg leicht ansteigend durch den Ort. Der Weg ist mit einem gelben Strich markiert und weist in Richtung U Buku (3,5 km). Bei den letzten Häusern wird es dann für mehrere hundert Meter sehr steil: Entlang des Bachlaufes führt der Weg in den Wald, der Untergrund besteht nun aus grobem Sandsteinpflaster. Unmittelbar nach dem Anstieg lassen wir den unscheinbaren Weg nach rechts unbeachtet, gehen stattdessen weiter auf dem Hauptweg und biegen erst nach ungefähr 100 Metern rechts ab (gelbe Markierung). Es geht nicht mehr ganz so steil bergauf. Nun entlang des Baches erreichen wir nach ungefähr 20 Minuten einen kleinen Teich mit überdachtem Rastplatz. Hier stoßen wir auf eine enge, asphaltierte Straße, der wir nach links folgen. Auf dieser Straße wandern wir anfangs leicht, später moderat ansteigend immer noch dem gelben Strich hinterher, bis wir nach etwa 25 Minuten auf das Wegkreuz U Buku (bei den Buchen) stoßen.

Tschechische Wegweiser

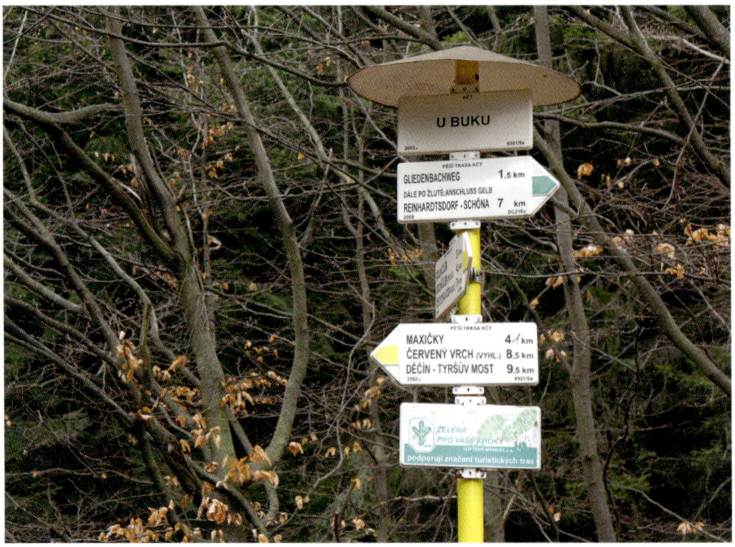

U Buku – bei den Buchen Bei U Buku wandern wir nach rechts auf dem mit grünem Strich markierten Weg Richtung Reinhardtsdorf-Schöna. Nach wenigen Minuten taucht linkerhand, die Bäume überragend, der Gipfel des Großen Zschirnsteins auf – mit 560,3 Metern der höchste Gipfel des Elbsandsteingebirges auf deutscher Seite. Nach weiteren 15 Minuten kommen wir wieder an eine Wegkreuzung, wir nehmen den grün markierten Weg gerade aus Richtung Česká brána.

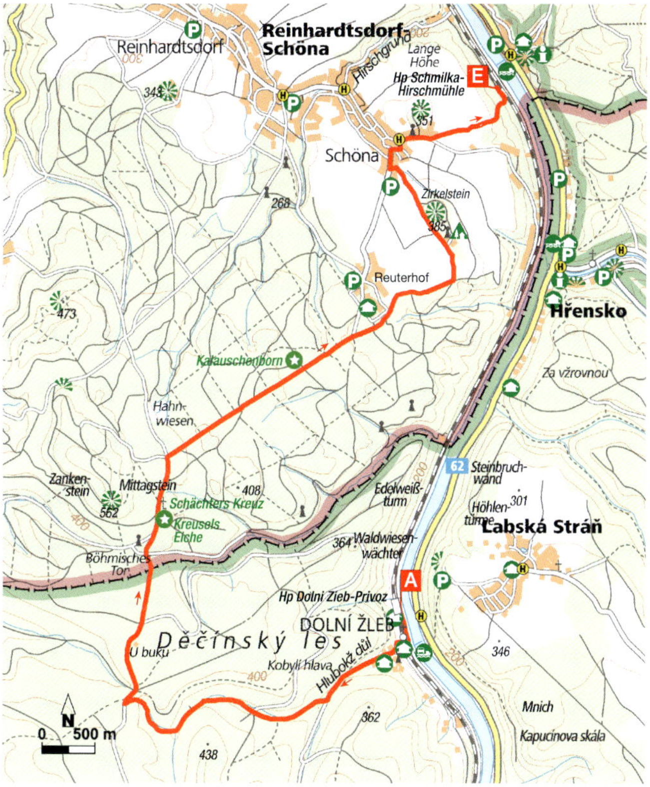

Česká brána – Böhmisches Tor Nicht weit und wir kommen an den Grenzübergang Česká brána – unspektakulär wandern wir von einem Land in das andere. Ungefähr 100 Meter folgen wir geradeaus dem grünen Strich in Richtung des Ortes Reinhardtsdorf-Schöna, bis wir nach etwa 200 Metern zur Kreuzung Gliederbachweg kommen. Hier biegen wir rechts ab und folgen dem gelben Strich. Unterwegs kommen wir an Kreusels Eiche und Schächters Grab vorbei. Am Fuß der Eiche, die anstelle einer älteren gegen 1875 gepflanzt worden ist, steht ein Stein mit Kreuz und der Jahreszahl 1549. Der Sage nach soll dies daran erinnern, dass hier der Sohn

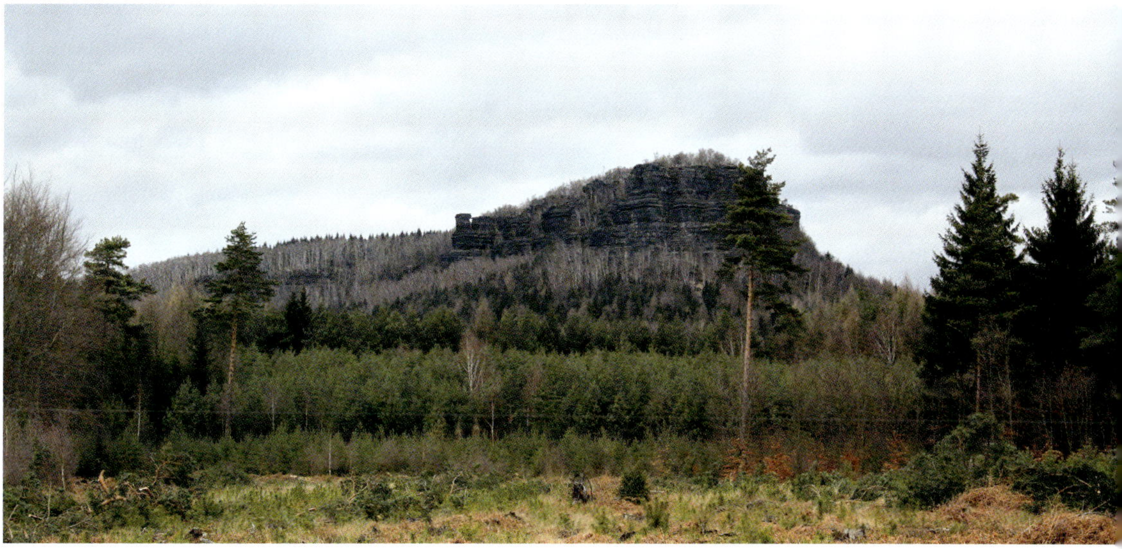

Blick zum Zschirnstein

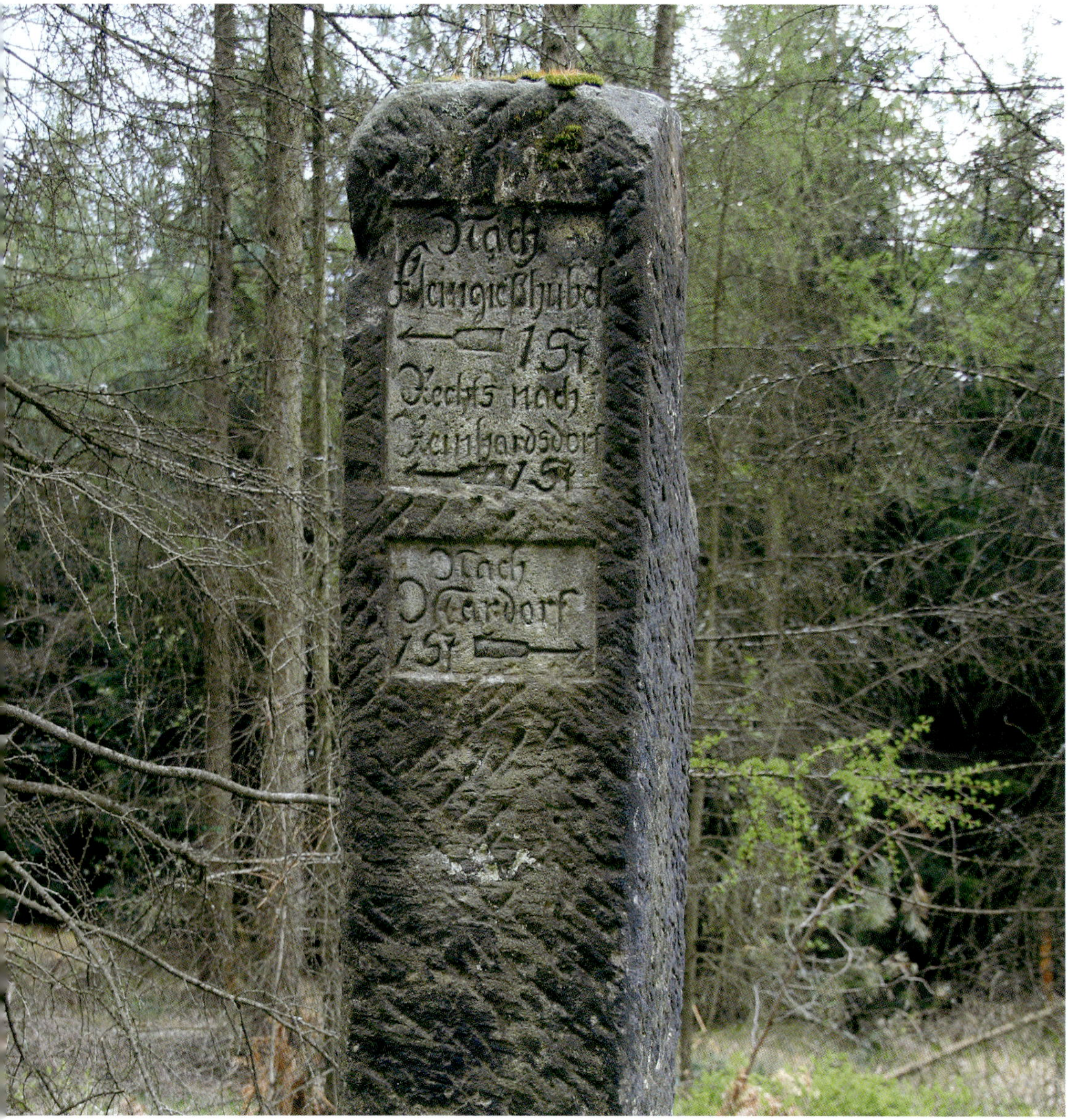

Alte Steinsäule am Wegrand

des damaligen Försters von Schöna namens Kreusel von einem böhmischen Wilddieb ermordet worden ist. Schächter bedeutet Räuber oder Verbrecher.
Ein Stück weiter steht rechts eine historische Sandsteinsäule am Weg. An der nächsten Kreuzung (Kalkbude) biegen wir rechts ab auf den Marktweg (gelber Strich Richtung Schöna). Vor uns sind die Ausläufer des Großen Winterbergs zu sehen. Wir kommen an einer der recht seltenen Quellen, dem Kalauschenborn, und einem kleinen Teich-Biotop mit einer Erklärungstafel vorbei.

Tafelberge Zirkelstein und Kaiserkrone Auf dem breiten, befestigten und schnurgeraden Marktweg wandern wir ungefähr 30 Minuten bis zur nächsten beschilderten

Weggabelung. Dort geht es geradeaus weiter in Richtung Zirkelstein (gelber Strich). Zuerst kommen wir durch den Wald, dann geht es am Feldrain entlang. Nach einer Linkskurve führt der Weg übers freie Feld: Wir haben einen wunderschönen Blick geradeaus zum Zirkelstein (384,5 m) und rechts hinüber zum Großen Winterberg und dem Prebischtor. Bei guter Sicht sieht man in den Felswänden das rote Dach der Gaststätte am Prebischtor.

Am Fuße des Zirkelsteins angekommen, können wir einen Abstecher auf den Gipfel unternehmen oder auf dem breiten Fahrweg in den Ort Schöna wandern. Der Ausblick auf die Zschirnsteine, den Lilienstein, die Schrammsteinkette, die Kaiserkrone und den Rauschenstein ist imposant. In Schöna biegen wir nach rechts in Richtung Ortsmitte ab und halten uns dann links, um zur Kaiserkrone zu gelangen. Auf dem Platz in der Ortsmitte fährt der Bus nach Bad Schandau. Nach 100 Metern biegen wir rechts in eine leicht ansteigende Straße ein und folgen jetzt der Markierung roter Punkt zum Aschersteig. Wir passieren den Abzweig zur Kaiserkrone und haben noch einmal ein herrliches Panorama hinüber zu Rosenberg, Zirkelstein und den beiden Zschirnsteinen. Am Ortsausgang folgen wir links dem roten Punkt. Auf einem Feldweg mit einer außergewöhnlich schönen Sicht zu den Schrammsteinen wandern wir zum Bahnhof Schmilka–Hirschmühle hinab ins Elbtal. Am Waldrand beginnt der Abstieg auf den alten Steinstufen des Aschersteigs. Auf dem Elberadweg angekommen, wenden wir uns links und erreichen nach ungefähr 5 Minuten den Haltepunkt Schmilka–Hirschmühle.

Nagespuren vom Biber

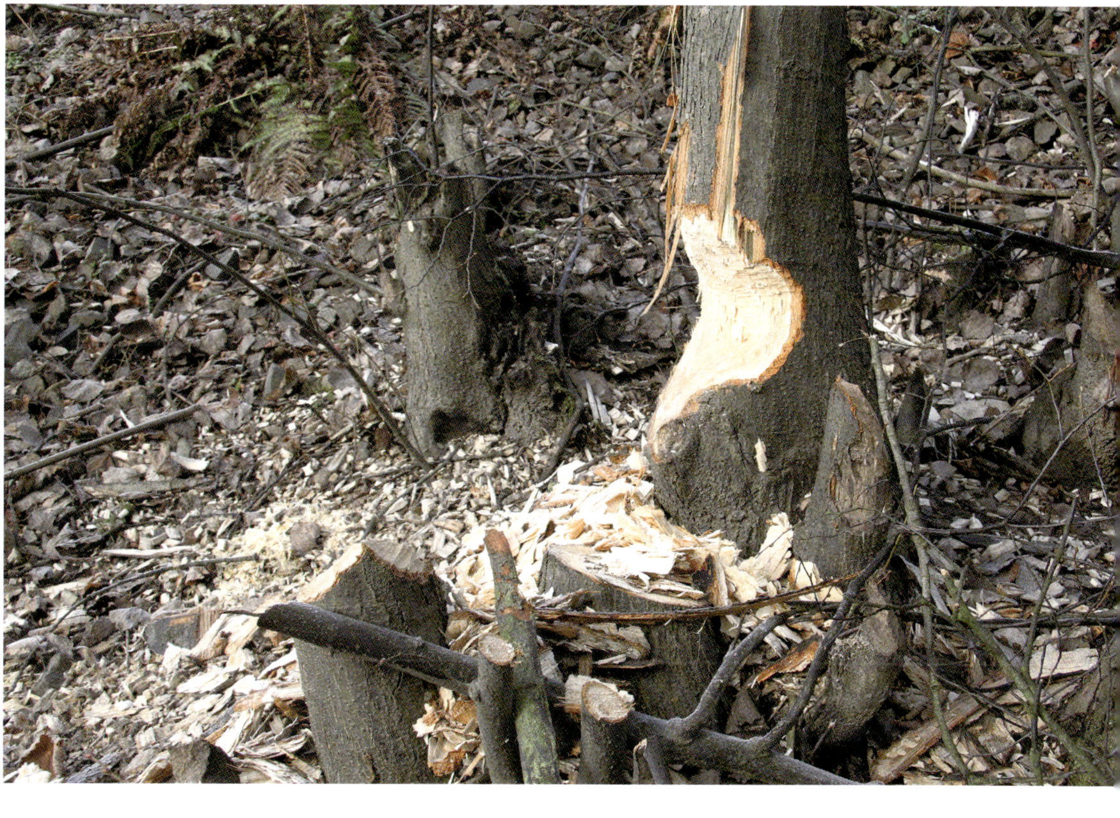

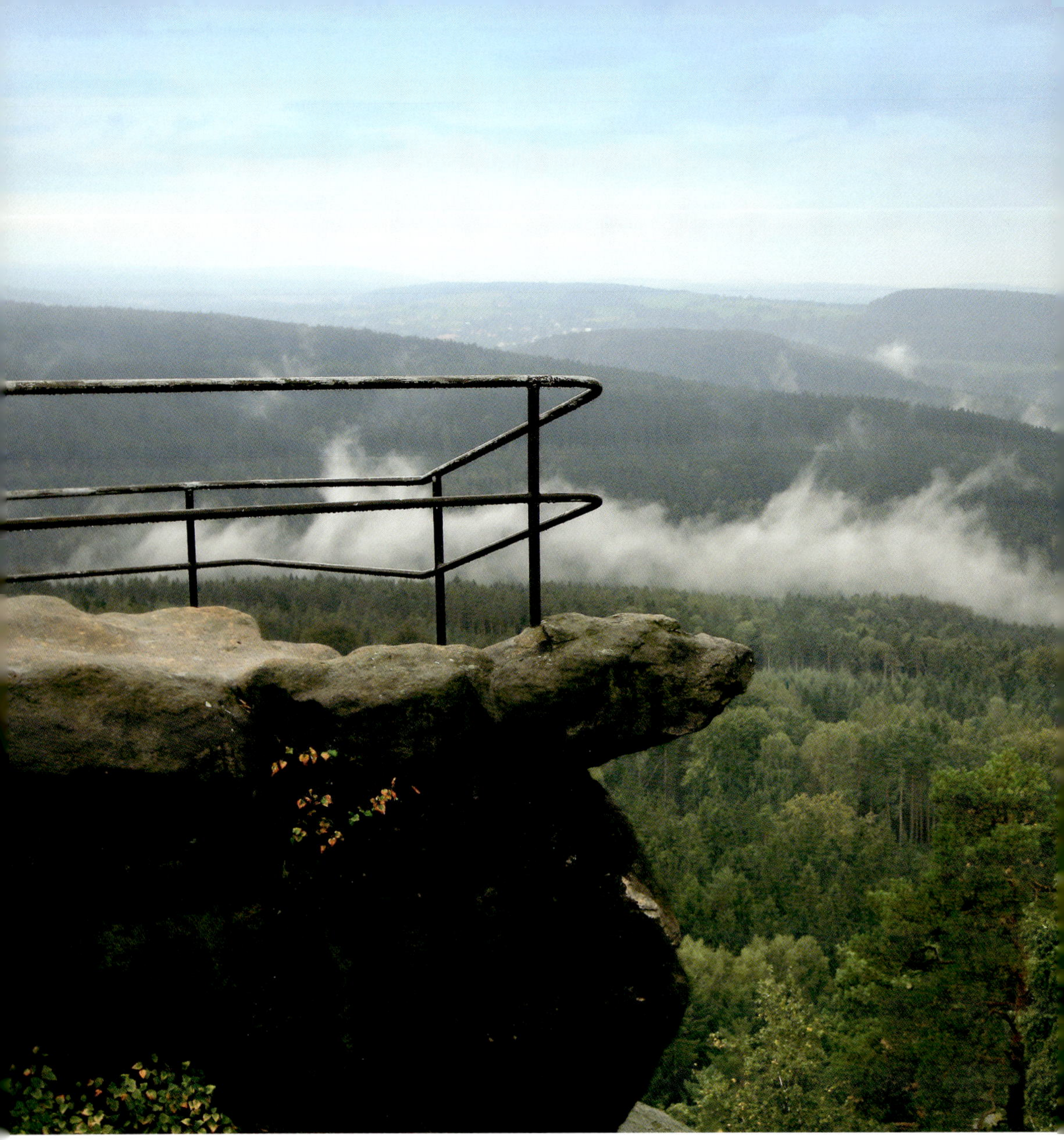

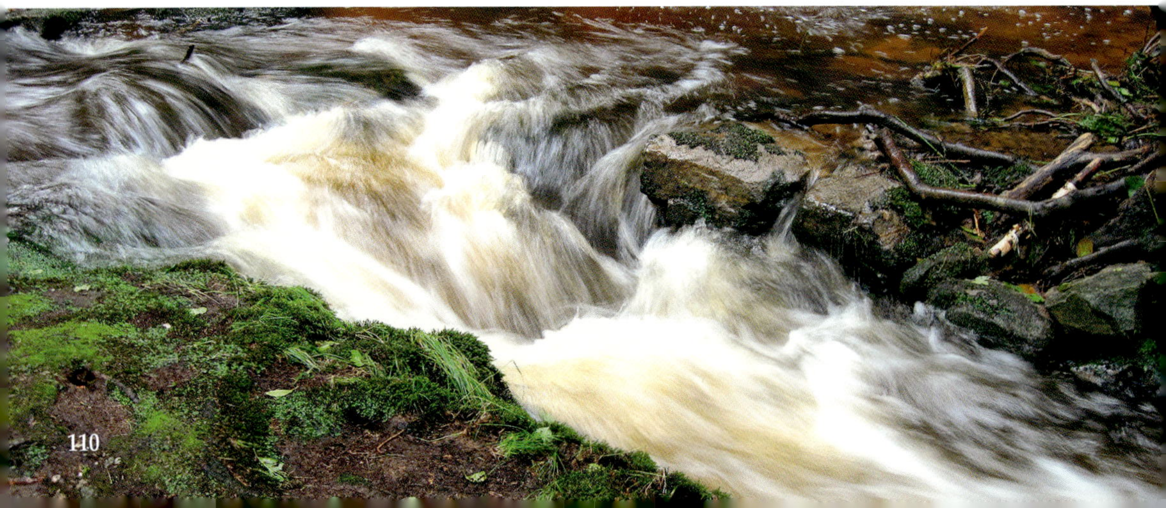

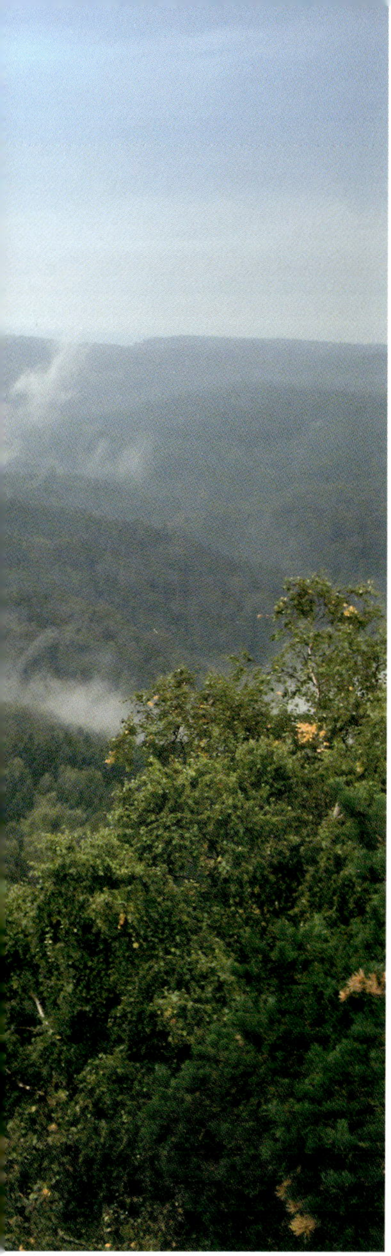

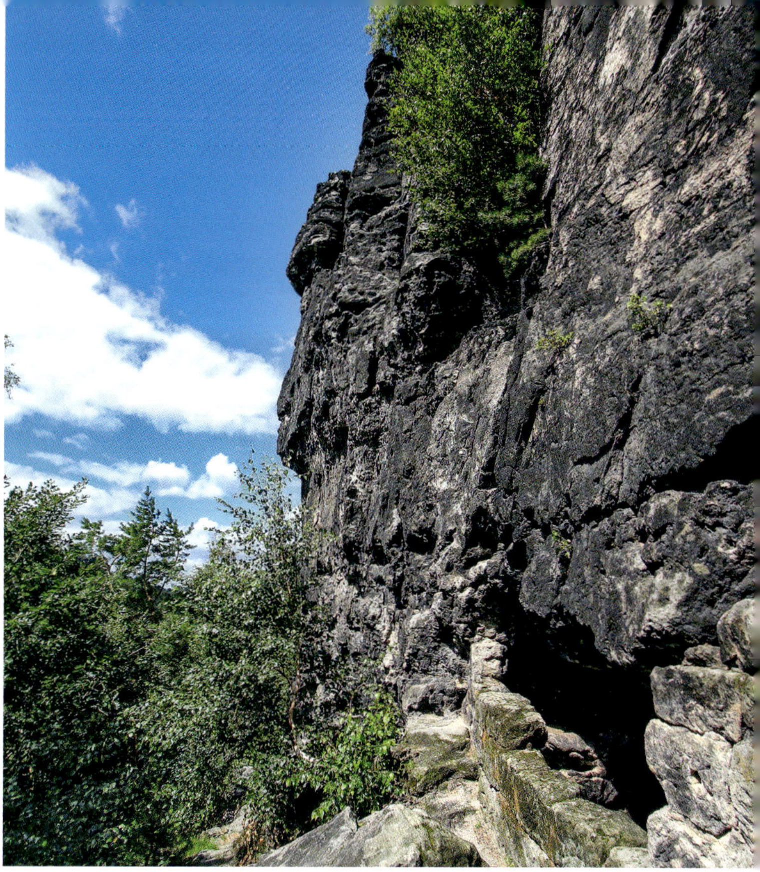

Linkselbische Touren

Am Opferkessel auf dem Pfaffenstein (o. li.). An der Lichterhöhle am Kleinhennersdorfer Stein (o. re.). Am Gelobtbach (u. re.). Die Biela im gleichnamigen Tal (u. li.).

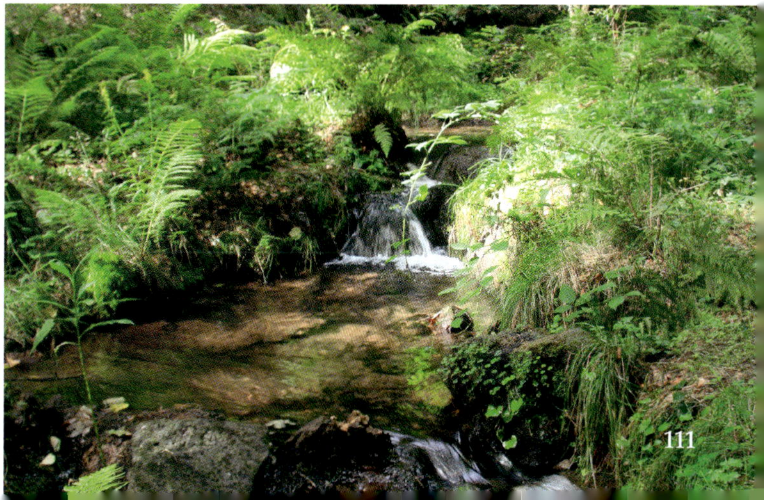

22

Grenzplatte

Bielatal – Land der tausend Gipfel

Mittel | 14 km | ↗ 163 m ↘ 163 m | 4,5 Std.

Tourencharakter:
Erst auf Pfaden durch Felsen hindurch, später breitere Wanderwege, zur Grenzplatte steiler Anstieg, oben Schwindelfreiheit erforderlich. Moderater Weg zurück mit etwas steileren Passagen

Ausgangs- und Endpunkt:
Bielatal, Parkplatz Ottomühle, 360 m

Höchster Punkt:
Grenzplatte, 523 m

Anfahrt:
Mit dem Pkw von Pirna aus die B 172 Richtung Bad Schandau, hinter Krietzschwitz an der nächsten Kreuzung rechts Richtung Bielatal abfahren. Durch den Ort hindurch, im Tal bleiben. Links ragen Felsnadeln aus dem Wald, kurz vor den Häusern rund um die Ottomühle ist links an der Straße der Parkplatz. Oder von Königstein kommend der Ausschilderung Richtung Bielatal folgen. Im Ort weiter wie im Text beschrieben

Einkehr:
Unterwegs keine, jedoch in Bielatal Imbiss

Über 1100 frei stehende Gipfel und 21 000 Kletterrouten gibt es in der Sächsischen Schweiz – kein Wunder also, dass hier das Freiklettern quasi erfunden wurde. Bereits 1864 bestiegen Turner aus Schandau den 80 Meter hohen Falkenstein. Geklettert wird bis auf wenige Ausnahmen ausschließlich auf Gipfel, ohne künstliche Hilfsmittel zu verwenden.

Bielatal: Eisloch und Schwedenhöhle Das Bielatal ist Teil des linkselbischen Landschaftsschutzgebietes Sächsische Schweiz. Unsere Tour startet in Bielatal am Parkplatz vor der Ottomühle. Hier ist die letzte Parkmöglichkeit im Tal. Am Ende des Parkplatzes geht der Weg nach links hinunter und über die Biela, an der wir uns rechts halten und entlangwandern. Kurz hinter der Ottomühle kommen wir auf die Ortstraße und folgen ihr, vorbei am Haus der Bergwacht, in den Wald. Vor der nächsten

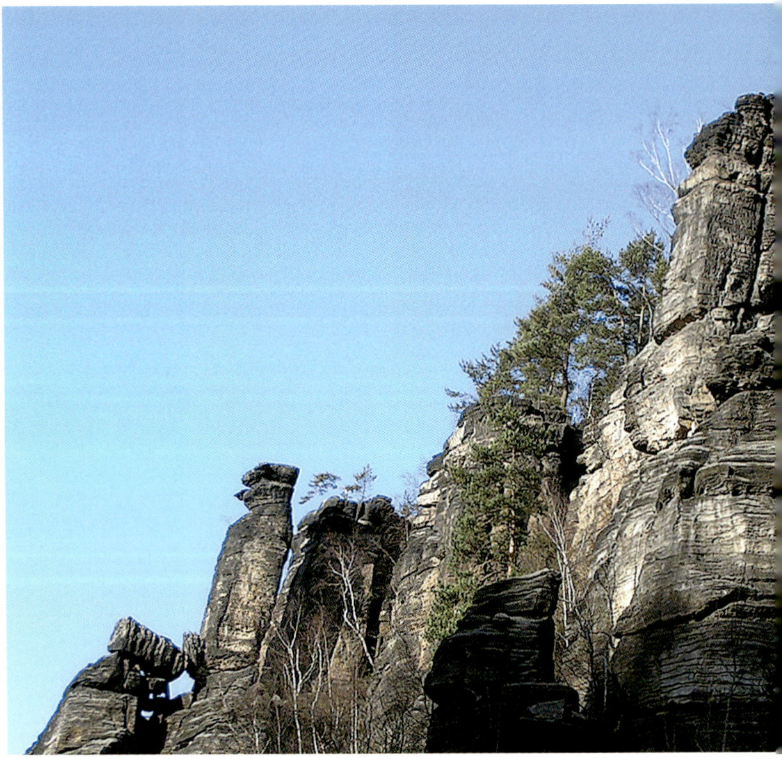

Im Tal der Dürren Biela

Brücke biegen wir links ab. Ausgeschildert sind Schwedenhöhle und Eisloch (Eishöhle), von hier aus geht es hangaufwärts. Zum Eisloch bringt uns ein Abstecher noch weiter bergauf. In diesem tiefen Felsloch – wir entdecken es gleich – bleibt die Luft so lange kalt, dass das Wintereis bis in die Sommermonate hält. Links neben dem Eisloch liegt der Eingang zur Schwedenhöhle. Wer mag und sich gerne durch feuchte, enge Spalten zwängt, kann durch den niedrigen Einlass durchschlüpfen, eine Taschenlampe ist dabei hilfreich. Während des Krieges sollen Dorfbewohner die Höhle zum Schutz für sich und ihren wertvollen Besitz genutzt haben, was schwer vorstellbar ist, denn allzu groß ist die Höhle nicht.
Zurück vom Abstecher wandern wir zwischen hohen, schief stehenden und skurril anmutenden Felsen bis zur Verlassenen Wand. Spätestens hier wird uns klar, dass dies ein Paradies für Klettersportler ist. Mit 239 Gipfeln ist das Bielatal eines der größten Klettergebiete innerhalb der Sächsischen Schweiz. Durch den vergleichsweise festen Sandstein und die sehr große Auswahl an Kletterrouten ist das Bielatal in der Kletterszene sehr beliebt. Hier ergeben sich gute Gelegenheiten, den ein oder anderen Kletterer zu beobachten. Übrigens ist das Elbsandsteingebirge der Geburtsort des Freikletterns. Das bedeutet, es wird ausschließlich aus eigener Kraft und nur unter Zuhilfenahme natürlicher Felsgriffe und -tritte geklettert. Ringe und Seile dienen zwar der Sicherung, auf keinen Fall aber dem Aufstieg. In der Sächsischen Schweiz gibt es beim Klettern einige Besonderheiten, die es zu beachten gilt. So zum Beispiel eine eigene Kletter-Schwierigkeitsskala und Regeln, wie das Verbot von Magnesia und Klemmkeilen, Klettern bei Nässe und an Massiv-Wänden.

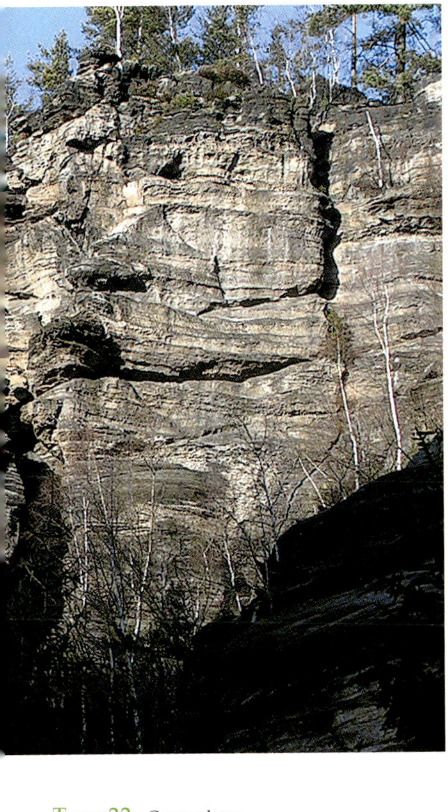

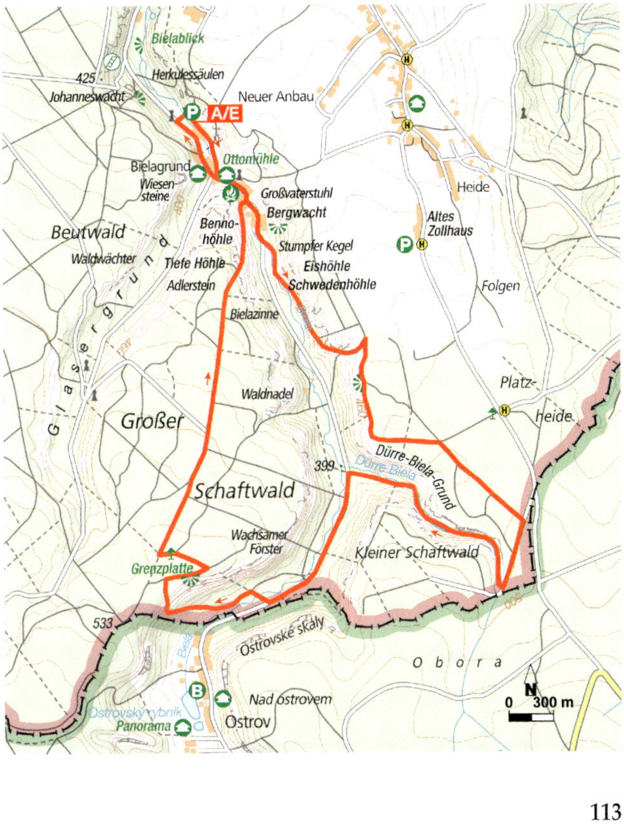

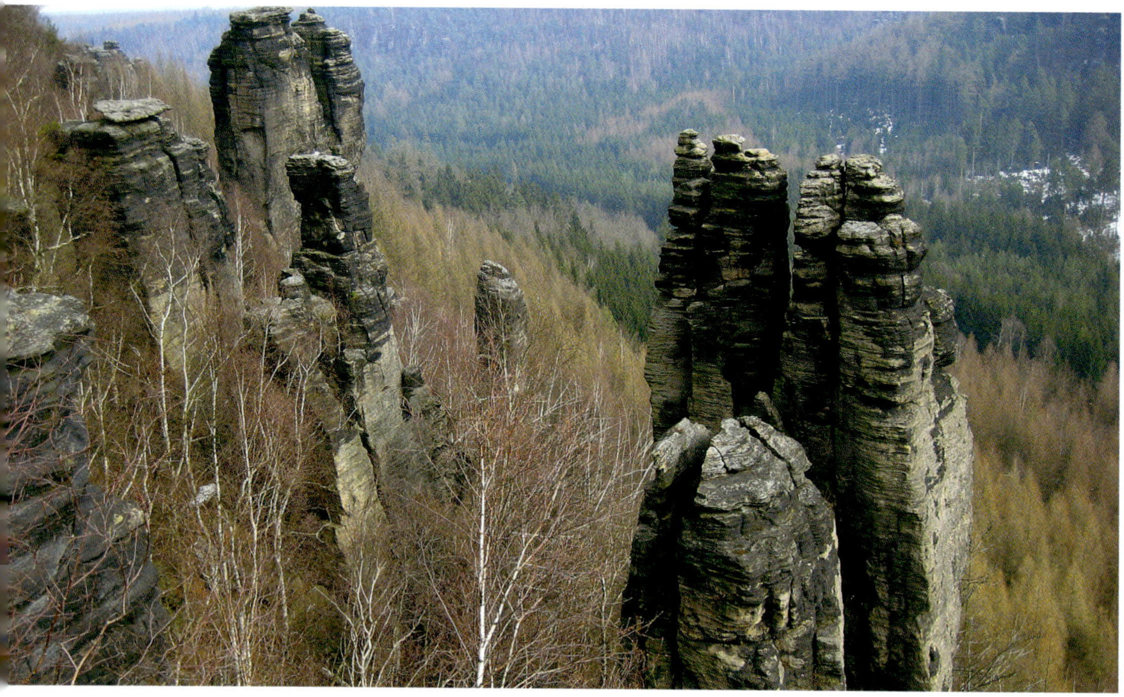

Felsnadeln im Bielatal

Beim genauen Hinschauen erkennt man auf den Gipfeln Metallboxen. Sie enthalten die Gipfelbücher. Um wieder hinunterzugelangen, seilen sich die Kletterer ab.

Nach der Verlassenen Wand treffen wir auf einen aus dem Tal kommenden Wanderweg, den wir links bergauf gehen. Noch vor dem Waldrand biegt der Weg nach rechts ab. Später kommen wir auf dem Forstweg zu einer Weggabelung, halten uns hier halbrechts und biegen auf die breite Schneise ein. Weiter geht es auf dem grenznahen Steinbornweg bis zur nächsten Kreuzung (markiert mit dem gelben Strich auf weißem Grund). Nicht zu übersehen ist hier die alte Wegesäule und ein rauschender Bach, die Dürre Biela.

Dürre Biela Der Dürren Biela folgen wir bergab (gelber Strich auf weißem Grund). Es ist ein zauberhaftes Tal mit wildem Bach. Stetes Rauschen umgibt uns, die bizarren Felsnadeln begeistern uns, während wir die Dürre Biela hin und wieder queren. Nicht immer ist der Bach wasserführend – der Name verweist darauf. In trockenen Zeiten fließt ein dürftiges Rinnsal oder das Wasser versiegt komplett. Diese »dürren« Bäche sind charakteristisch für das Elbsandsteingebirge. Der poröse Sandstein saugt Wasser auf wie ein Schwamm. Aus Bächen werden Rinnsale oder trockene Bachbette. Baumwipfel und Felsen ziehen unsere Blicke immer wieder nach oben. Linkerhand kommen wir an einer Gedenktafel, einer Hochwassermarke, vorbei und stoßen im Tal auf den Bielgrundweg, den Hauptwanderweg. Nach links geht es durch das Tal, der Markierung gelber Strich nach, bis wir zum Abzweig Grenzplatte gelangen. Hier verlassen wir den Hauptwanderweg, der weiter nach Ostrov auf die Böhmische Seite führt. Wir wandern nach rechts, auf erst moderat, dann steiler ansteigendem Pfad zum Plateau.

Grenzplatte Auf dem Plateau angelangt, ist »Grenzplatte« ausgeschildert. Auf einem schmalen Weg kommen wir zum Aussichtpunkt mit Blick ins Bielatal und ins Böhmische, bis nach Eiland/Ostrov. Von der Aussicht zurück, wandern wir nach rechts und folgen nun der Markierung roter Strich. An der nächsten Weggabelung gehen wir wieder rechts und den Bergrücken auf dem sich etwas hinziehenden Wormsbergweg entlang.

Bennohöhle Die ersten Häuser des Ortes Bielatal sind zu erkennen. Wir machen noch einen Abstecher links zur Bennohöhle, einer insgesamt 35 Meter langen und 13,5 Meter tiefen Klufthöhle. Auch hier hält sich das Wintereis bis weit in den Sommer hinein. Zurück auf dem Hauptweg folgen wir diesem bis in den Ort Bielatal hinunter. Jetzt auf der Straße nach links durch den hübschen Ort bis zum Parkplatz.

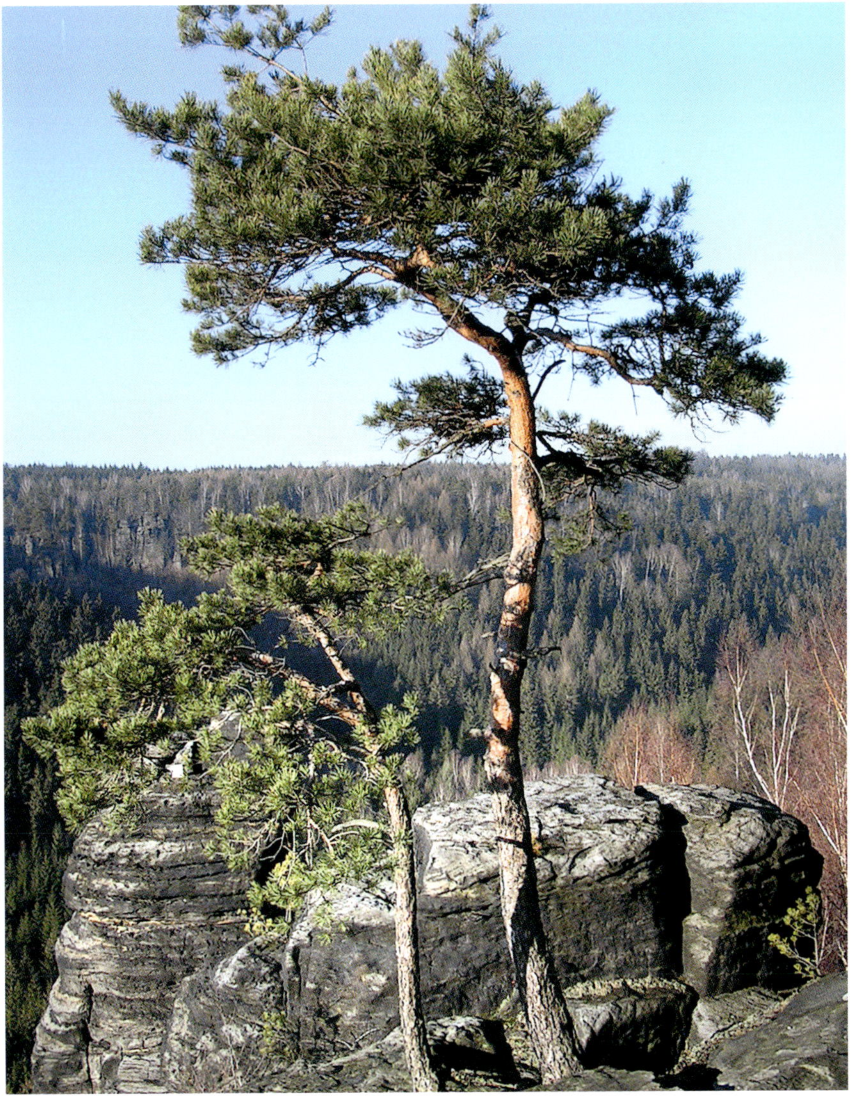

Extremstandort Fels

Zeisigstein, Sachsenstein

23

Bizarre Felsnadeln im Bielatal

Mittel | 11 km | ↗ 191 m ↘ 191 m | 3,5 Std.

Tourencharakter:
Tour mit zum Teil kurzen, aber steilen Anstiegen, dort – und auf den Steiganlagen – Schwindelfreiheit und Trittsicherheit erforderlich. Bei Schnee und Eisglätte eher ungeeignet. Interessantes Moor unterwegs

Ausgangs- und Endpunkt:
Bielatal, Parkplatz Ottomühle, 360 m

Höchster Punkt:
Zeisigstein, 551 m; Sachsenstein, 425 m

Anfahrt:
Mit dem Pkw von Pirna aus die B 172 Richtung Bad Schandau, hinter Krietzschwitz an der nächsten Kreuzung rechts Richtung Bielatal abfahren. Durch den Ort hindurch, im Tal bleiben. Links ragen Felsnadeln aus dem Wald, kurz vor den Häusern um die Ottomühle ist links an der Straße der Parkplatz. Von Königstein kommend der Ausschilderung Richtung Bielatal folgen. Im Ort weiter wie im Text beschrieben

Einkehr:
Unterwegs keine, jedoch in Bielatal Imbiss

Zeitlose Kräfte, Wasser und Wind, bearbeiteten den Stein und schliffen ihn zu Felsskulpturen, die den Regeln der Schwerkraft trotzen. Mehr als 230 extravagante Gipfelgesellen stehen im Bielatal, wie die Herkulessäulen und der Schiefe Turm. Der Sandstein ist hier besonders fest, horizontal gebändert und beliebt bei Kletterern.

Die Wiesensteine Wir parken auf dem letzten Parkplatz im Tal und gehen geradeaus weiter in Richtung Ottomühle. Rechts, am Haus Nr. 5, gelangen wir über die Wiese, dann auf einem schmalen Pfad in den Wald und schließlich zu den Wiesensteinen. In südwestlicher Richtung geht es weiter, bis wir auf dem Mehlsteig sind. Wir queren den Beutwaldweg, einen Forstweg, und mehrere kleinere Pfade und wandern immer geradeaus bis zu einer Weggabelung. Folgende Markierungen sind hier zu finden: gelber Strich auf weißem Grund und roter Strich. Achtung, der senkrechte gelbe »Pinselstrich« markiert den Forststeig. Bitte nicht verwechseln!

Zeisigstein Wir bleiben auf dem Mehlsteig und gelangen der Ausschilderung gelber Strich (auf weißem Grund) folgend von hier aus in einer

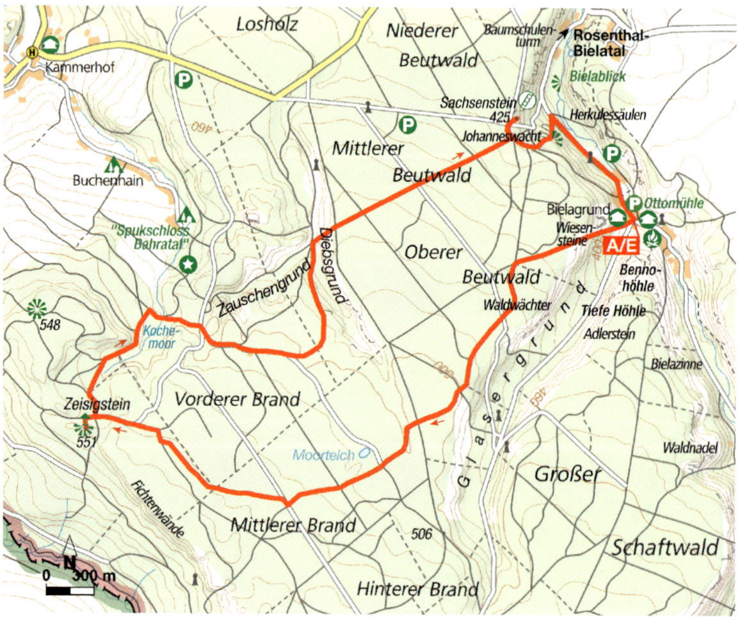

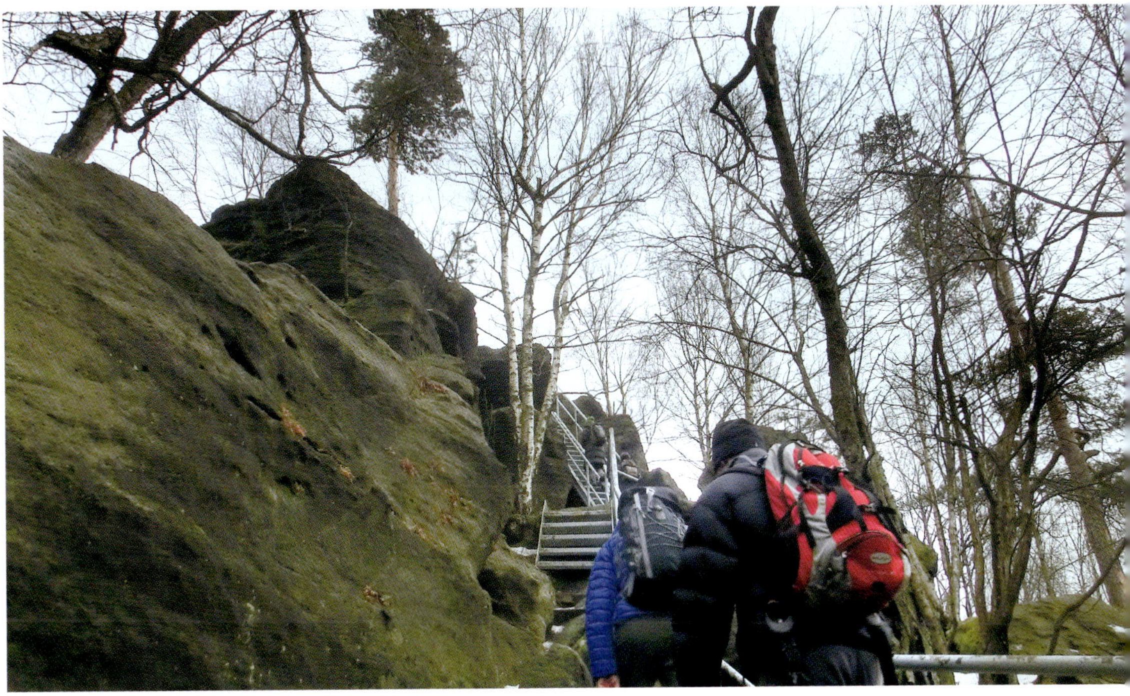

halben Stunde zum Zeisigstein mit 551 Metern Höhe. Vor dem Aufstieg auf den Gipfel ist rechts ein Rastplatz. Auf engem Pfad und Metalltreppen erklimmen wir den Gipfel und genießen das Panorama. Zurück auf dem Hauptweg gehen wir wieder einige Meter bis zum Abzweig mit dem gelben Punkt zurück. Wir biegen links ab und nehmen an der nächsten Gabelung den rechten Weg mit dem Pfeil zum Jo-

Auf Leitern zum Gipfel

Kochemoor

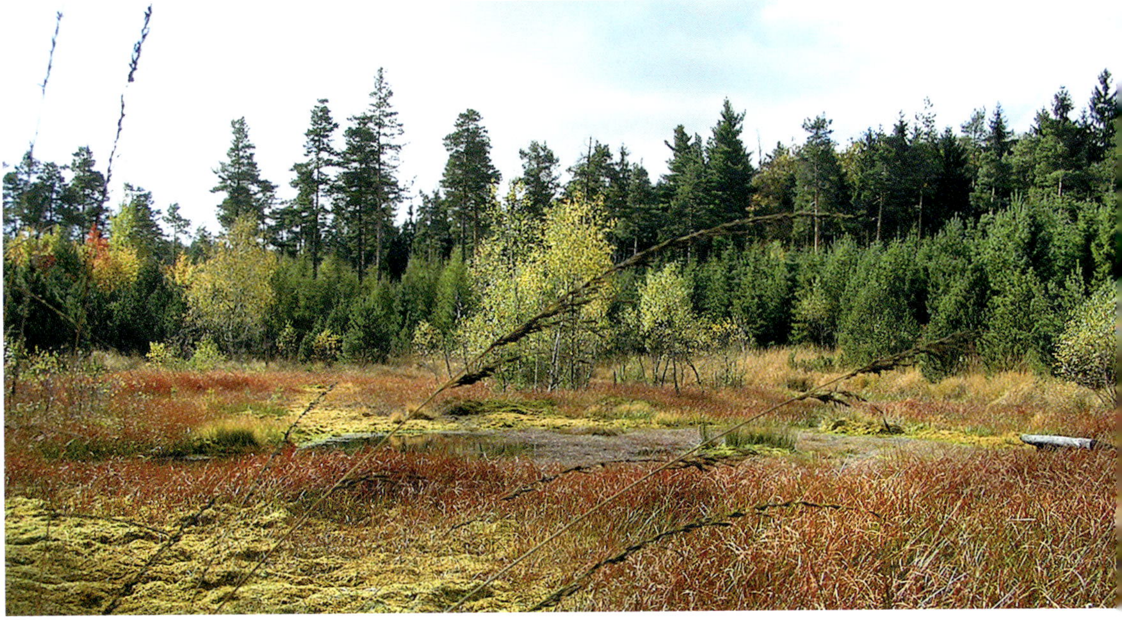

Rechte Seite: Nadeln aus Stein

hanniswacht-Sachsenstein. Rechts liegt das geschützte Kochemoor, welches wir rechts haltend umrunden, wobei wir den markierten Weg verlassen. An einer Kreuzung überqueren wir den breiten Forstweg und wandern geradeaus (Hirschstange, roter Strich). Auf dem zweiten, nicht markierten Abzweig nach links gelangen wir in den Diebsgrund, dort kommen wir an eine Kreuzung und nehmen rechts den im spitzen Winkel bergauf führenden Steig. (Ab hier befinden wir uns auf dem Forststeig.) Oben angekommen, gehen wir geradeaus in nordöstlicher Richtung den Forstweg entlang. Immer wieder kreuzen andere Wege. An einer T-Kreuzung schließlich treffen wir auf den Weg mit der grünen und gelben Punkt-Markierung.

Sachsenstein Ein Abstecher nach links führt zur Aussicht auf dem Sachsenstein. Zurück vom Abstecher geht es weiter zur Johanniswacht. Wir erreichen den Aussichtspunkt auf dem Felsen und blicken auch von hier oben auf die unzähligen Felsnadeln des Bielatals. Haushoch über den dunklen Wald ragen quergeschichtete große und kleinere Türme in den Himmel. Schaut man genauer hin, sind auf den Gipfeln Metallboxen zu sehen. Sie enthalten die Gipfelbücher.

Abstieg durch die Felsen Über Metallleitern steigen wir durch eine Felsspalte zurück ins Tal der Biela. Vorsicht bei nassem oder eisigem Wetter – dieser Pfad erfordert Trittsicherheit und entsprechendes Schuhwerk. Auf der Talstraße nach rechts geht es zurück zum Parkplatz.

Felsgestalten

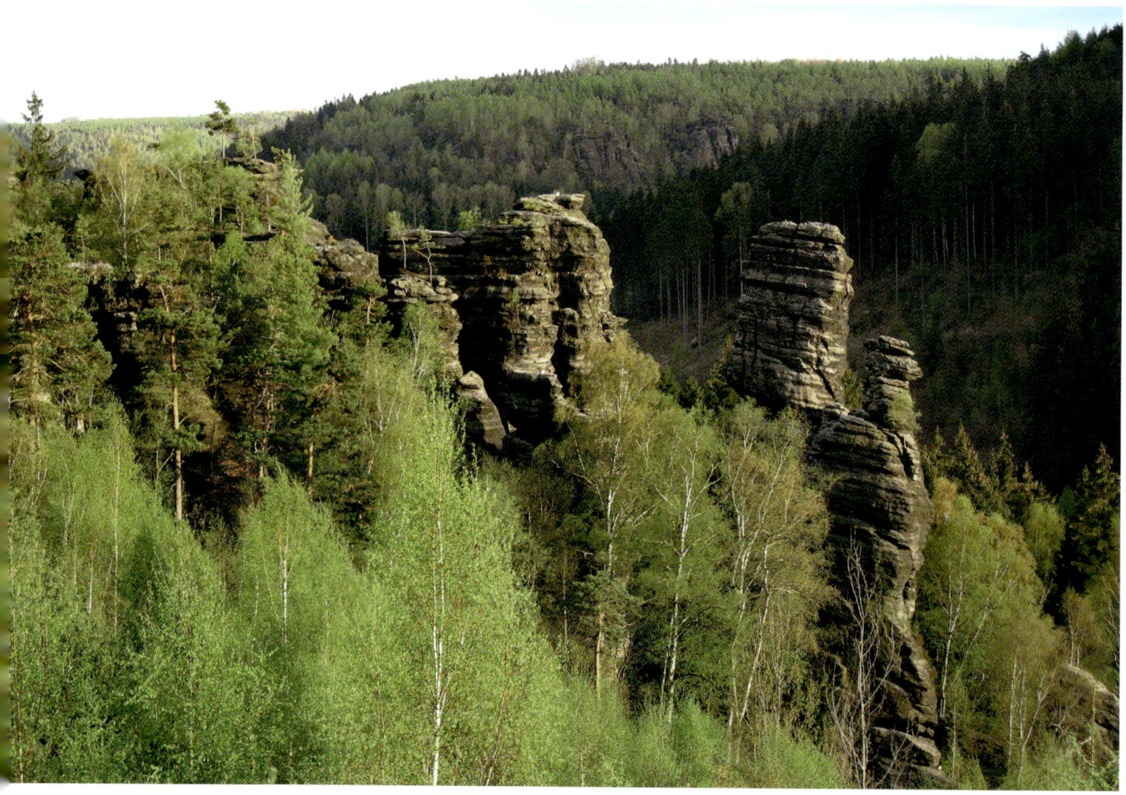

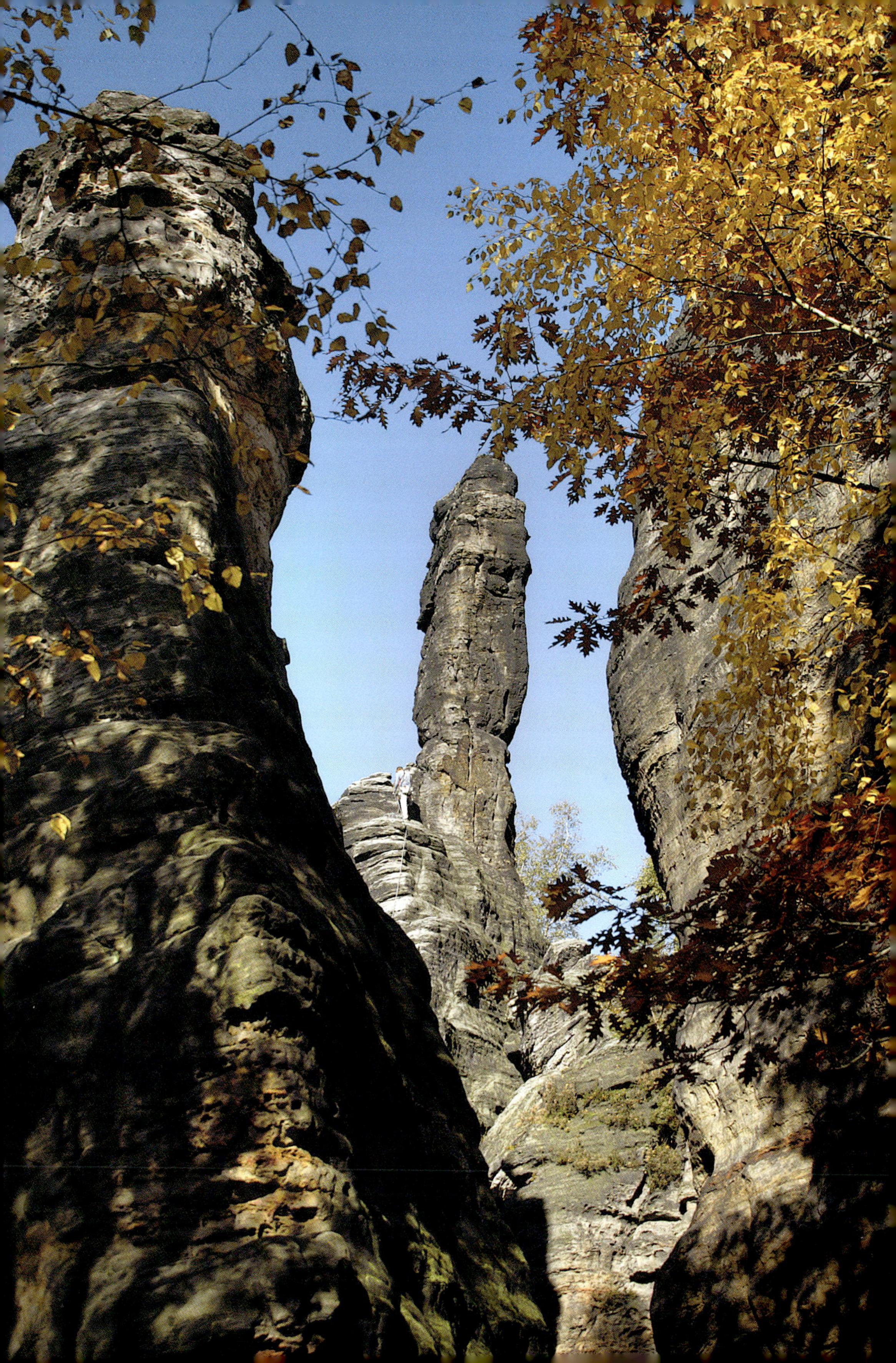

24 Kleinhennersdorfer Stein, Papststein

Höhlen und Scheuersand

Mittel | 12 km | ↗ 328 m ↘ 328 m | 4,5 Std.

Tourencharakter:
Anfangs eben, später steil ansteigend, mit flacheren Abschnitten unterwegs. Kraxeleinheiten bei den Kleinhennersdorfer Steinen. Auf- und Abstieg zum Papststein stetig ansteigend, mit steilen Passagen, Treppen. Rückweg moderat bis sehr steil. Bei Schnee und Eisglätte ungeeignet

Ausgangs- und Endpunkt:
Parkplatz Krippen, 124 m, in Nähe der Bahngleise

Höchster Punkt:
Papststein, 452 m

Anfahrt:
Mit der S-Bahn Richtung Schöna bis Haltepunkt Krippen, Achtung: Die S-Bahn verkehrt ab Bad Schandau weniger häufig in Richtung Schöna. Vom Haltepunkt Krippen etwa 10 Minuten Fußweg bis in den Ort.
Mit dem Pkw über die B 172 bis zum Abzweig Krippen/Schöna (in der Nähe des Bahnhofes Bad Schandau). Parkmöglichkeiten in Krippen an den Bahngleisen nutzen

Einkehr:
Bergbaude auf dem Papststein, Liethenmühle, Gasthäuser in Krippen

Viele Schichtfugenhöhlen in der Sächsischen Schweiz sind Ergebnis von Erosionsprozessen, bedingt durch die horizontale Gesteinsschichtung und den Einfluss von Wasser. Auch Sanduhren und Waben an der Felsoberfläche sind typische Verwitterungsformen des Sandsteins.

Schrammstein-Blick Wir fahren nach Krippen, dort am Bahnhof vorbei in den Ort und parken in der Nähe der Gleise auf dem gekennzeichneten Parkplatz. Von hier aus nach links und an der nächsten Bahnunterführung rechts zur Elbe. Gegenüber thronen die Ausläufer der Schrammsteinkette hoch über dem Tal. An der Elbe, genauer auf dem Elbradweg, wenden wir uns wiederum nach links und laufen elbabwärts, am Fähranleger in Krippen vorbei. Auf der anderen Elbseite ist das hübsche Städtchen Bad Schandau zu sehen, Kurort und sogenannte Sommerfrische seit Beginn des 19. Jahrhunderts.

An der Fähranlegestelle gegenüber von Bad Schandau biegen wir links ab und steigen die Treppen hinauf durch die Bahnunterführung bis zur

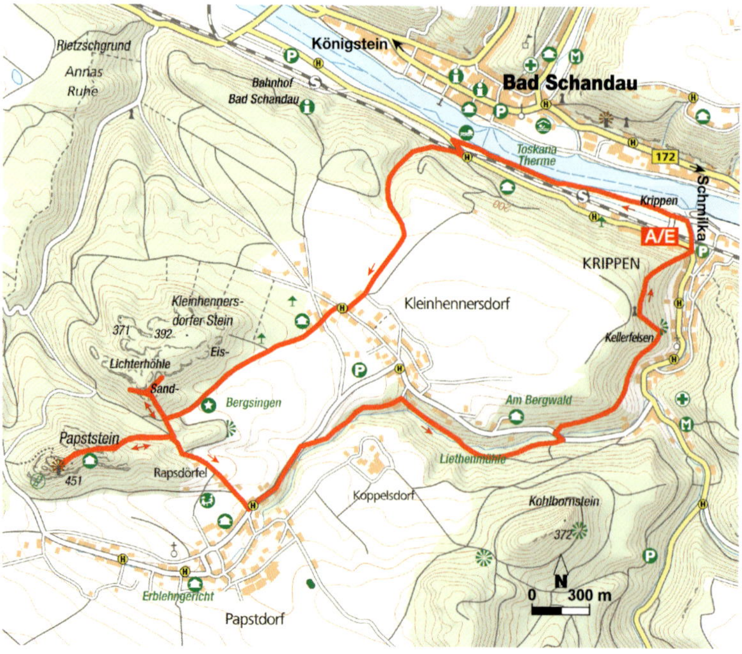

Straße, überqueren diese und folgen rechts bergauf dem Täppichtsteig (Markierung roter Strich).

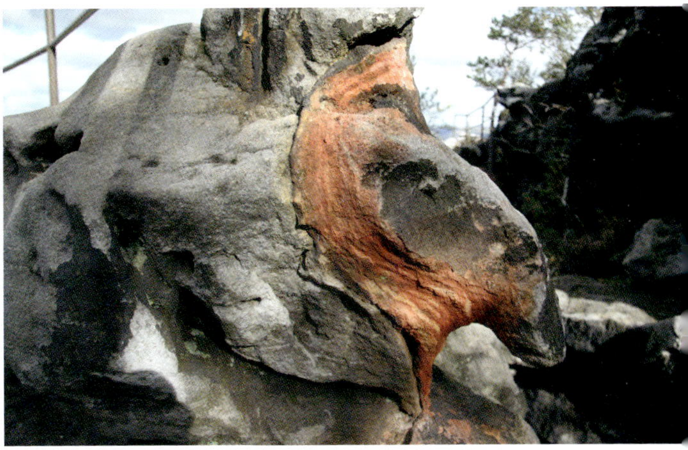

Steine und Höhlen Der Weg führt zunächst steil ansteigend durch den Wald, dann etwas moderat übers Feld. Wir gelangen nach Kleinhennersdorf. An der Kreuzung im Ort biegen wir rechts ab und folgen weiter der roten Markierung. Nach wenigen Metern biegen wir links in Richtung Kleinhennersdorfer Stein ab. Nach den letzten Häusern führt der Weg am Waldrand entlang, an einem Feuchtbiotop, der Krähen-Pfütze, vorbei. In der nun folgenden Linkskurve verlassen wir diesen Weg und gehen auf einem unmarkierten Pfad bergan. An einer Weggabelung, an der sich links Sitzgelegenheiten befinden, steigen wir rechts weiter bergan. Am Naturdenkmalschild halten wir uns links und überwinden die letzten Meter über einen stark von Wurzeln durchzogenen Steig, bis wir schließlich vor den Felsgrüppchen stehen. Der Tafelberg ist heute stark zerklüftet, was an dem vergleichsweise weichen Sandstein in diesem Gebiet liegt.

Eisenverwitterung

Geradeaus zwischen den Steinen – so werden die Sandsteinfelsen in der Sächsischen Schweiz genannt – entdecken wir die Hampelhöhle. Das Durchkraxeln ist möglich und erlaubt. Links an den Felsen vorbei kommen wir in einer Senke zum Eingang der Lichterhöhle. Sie ist unerwartet groß und hallenförmig. Zum Jahreswechsel er-

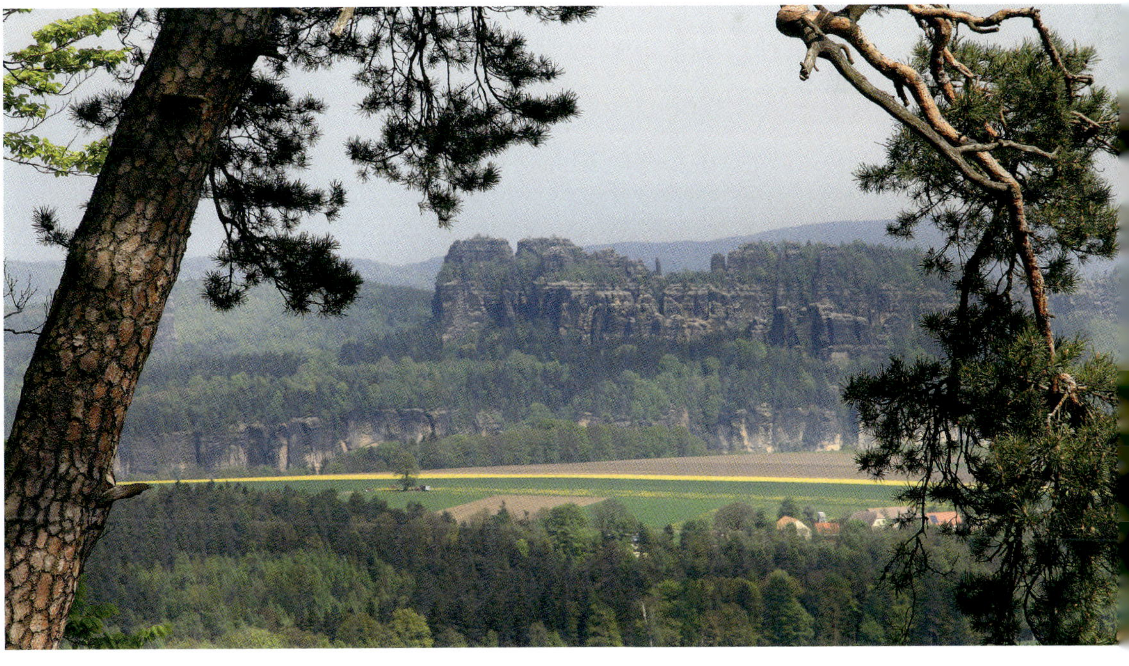

Aussicht vom Papststein

hellen unzählige Bergsteiger-Kerzen den Raum. Ob das der Grund für den Namen der Höhle ist oder ob im Gegenteil erst der Name zum Aufstellen der Lichter inspiriert hat, ist nicht geklärt. Die Lichterhöhle am Kleinhennersdorfer Stein hat ihre Gestalt nicht nur natürlichen Vorgängen zu verdanken: Ab 1870 begann die Gewin-

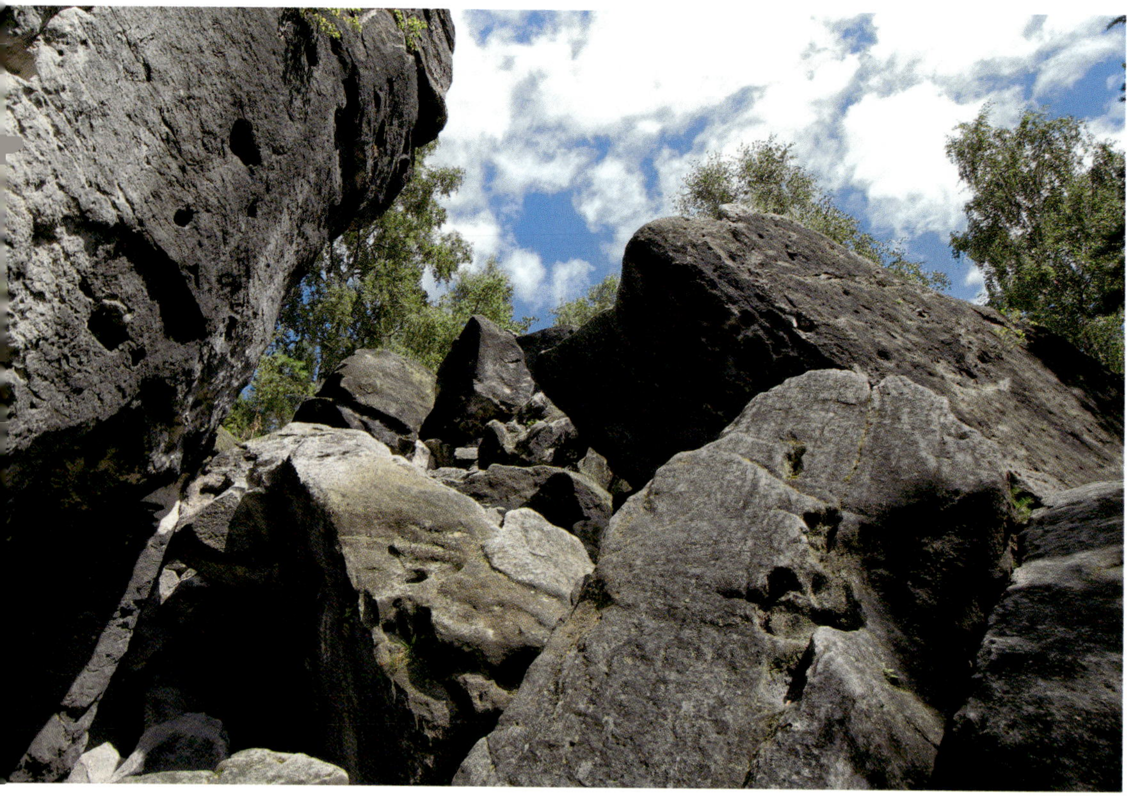

Felsblöcke an der Hampelhöhle

nung von Sandstein, der fein gemahlen zu Scheuersand an Gasthäuser und Seifenfabriken verkauft wurde. Heute gehört die Höhle zu einem geschützten Naturdenkmal und darf nicht mehr verändert oder beschädigt werden.

Zum Papststein Wir gehen den gleichen Weg zurück bis zu der Wegekreuzung mit den treppenförmigen Bänken. Von dort geht es geradeaus weiter, bis wir nach wenigen Metern auf einen Wanderweg stoßen. Dort halten wir uns links, bis kurz danach die Ausschilderung zum Papststein zu lesen ist (Markierung roter Punkt). Der Aufstieg zum 451 Meter hohen Papststein beginnt. Unter den Felsvorsprüngen im feinen Sand fallen unzählige winzige Trichter auf. Hier wohnt das wohl gefährlichste Tier des Elbsandsteingebirges, der Ameisenlöwe. So heißt die Larve der Ameisenjungfer, eines libellenähnlichen Netzflüglers, der am Grunde der Trichter lebt und auf Beute wartet, die aufgrund der steilen Trichterwand nicht mehr entrinnen kann.

Auf dem Gipfel werden wir mit einer schönen Aussicht und leckerem Essen in der Bergbaude belohnt. Auf dem gleichen Weg geht es zurück bis zum Abzweig (Beginn des Aufstiegs). Jetzt wenden wir uns nach rechts, vorbei an einem überdachten Rastplatz und einem Damwildgehege erreichen wir noch vor den ersten Häusern von Papstdorf eine Bank. Von hier sind der Falkenstein und die Schrammsteine in der Ferne wunderbar zu sehen. Ein schmaler, mit einem roten Punkt markierter Weg

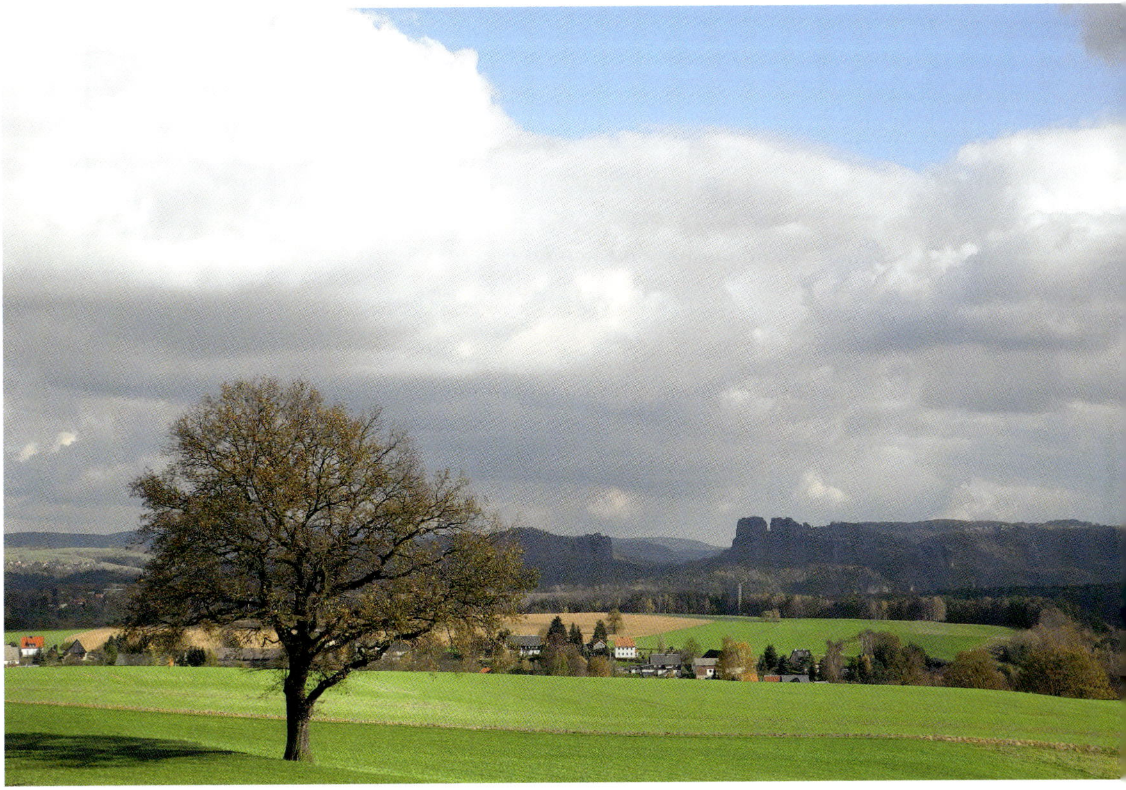

Schrammstein-Blick

führt zwischen den Häusern von Papstdorf hinunter bis zur Hauptstraße. Dort biegen wir nach links ab und verlassen auf ihr den Ort wieder. Nach ungefähr 10 Minuten führt rechts ein unscheinbarer Wiesenweg mit Beschilderung den Hang hinunter. Auf ihm kommen wir etwas später an einem Privatgrundstück vorbei und gelangen so nach Kleinhennersdorf. Noch bevor wir dort die Hauptstraße erreichen, geht es rechts steil bergab (roter Punkt) zur Liethenmühle. Das Tälchen ist ein Lebensraum von Feuersalamandern, die man hier manchmal beobachten kann. Ein Teich mit entsprechender Informationstafel findet sich weiter talabwärts. An der Liethenmühle, in der man auch einkehren kann, vorbei, halten wir uns an der nächsten Weggabelung links, auf dem mit einem gelben Punkt markierten Weg, bis wir an eine Straße kommen. Wir queren diese nach links. Nach wenigen Metern biegen wir auf dem gelben Punkt rechts ab. Wir wandern nun den erst breiten, dann schmaler werdenden Pfad am Hang entlang. Unten im Tal sind bereits die Häuser von Krippen zu erkennen. Nach ungefähr einer halben Stunde führen uns steile Sandsteintreppen hinunter ins Tal. Auf der Hauptstraße links sehen wir schon die Bahnschienen und die Elbe, es ist also nicht mehr weit zum Parkplatz.

25

Kohlbornstein, Kleiner Zschirnstein

Wälder und Steine

Mittel | 17 km | ↗ 505 m ↘ 487 m | 6,5 Std.

Tourencharakter:
Lange Tour mit moderaten und fast auf gleicher Höhe bleibenden Abschnitten, aber auch steilen Aufstiegen (zum Teil über Treppen). Auf den Gipfeln Schwindelfreiheit und Trittsicherheit erforderlich. Vorsicht bei Schnee und Eis

Ausgangspunkt:
S-Bahn-Haltepunkt Krippen, 124 m

Endpunkt:
S-Bahn-Haltepunkt Schmilka-Hirschmühle, 142 m

Höchster Punkt:
Kohlbornstein, 372 m; Kleiner Zschirnstein, 472 m

Anfahrt:
Mit der S-Bahn Richtung Schöna bis Haltepunkt Krippen, Achtung: Die S-Bahn verkehrt ab Bad Schandau weniger häufig Richtung Schöna. Mit dem Pkw über die B 172 bis zum Abzweig Krippen/Schöna (in der Nähe des Bahnhofes Bad Schandau), Parkmöglichkeiten in Krippen. Für den Rückweg mit der S-Bahn eine Station von Schmilka-Hirschmühle bis Krippen zurückfahren

Einkehr:
Gaststätten in Kleingießhübel und Schöna

Riff- oder Wetterkiefern fristen ein karges Leben am Abgrund, an exponierten Stellen weit oben im Fels. Ihre Wurzeln klammern sich an den Stein und erkämpfen sich so ihre Lebensräume. Dort, wo kaum ein anderer Baum wachsen kann, trotzt die knorrige Kiefer extremer Trockenheit, Wind und Wetter und prägt das Landschaftsbild des Elbsandsteingebirges.

Erfinder des Holzschliffpapiers Wir starten in Krippen am Bahnhof und gehen zuerst neben dem Bahndamm an der Straße in den Ort Krippen. Nach einer Rechtskurve und einigen Metern Fußweg kommen wir an eine Brücke, die wir überqueren. Wir halten uns rechts und laufen parallel zur Hauptstraße durch das Städtchen. Ein bekannter Krippener Bürger – sein Denkmal steht an der Hauptstraße – war Friedrich Gottlob Keller, der Erfinder des Holzschliffpapiers. Sein Wohnhaus ist heute ein Museum.

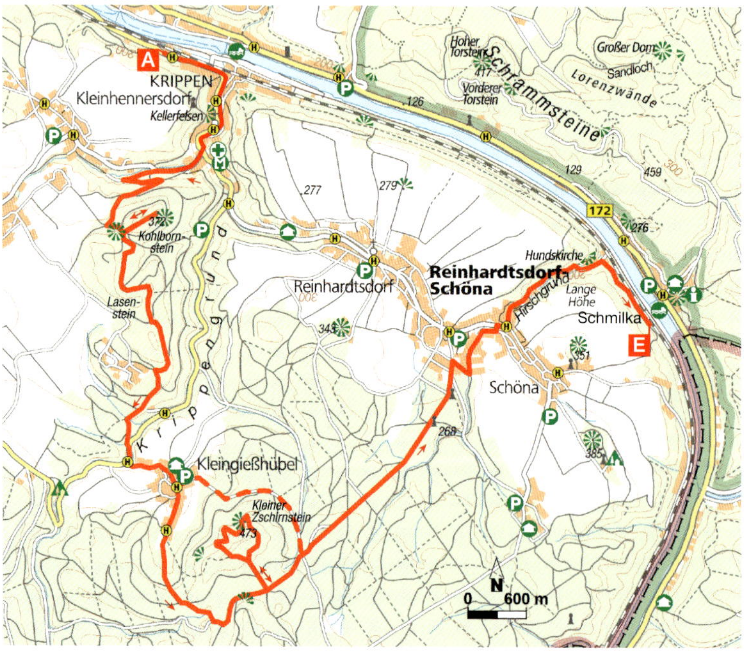

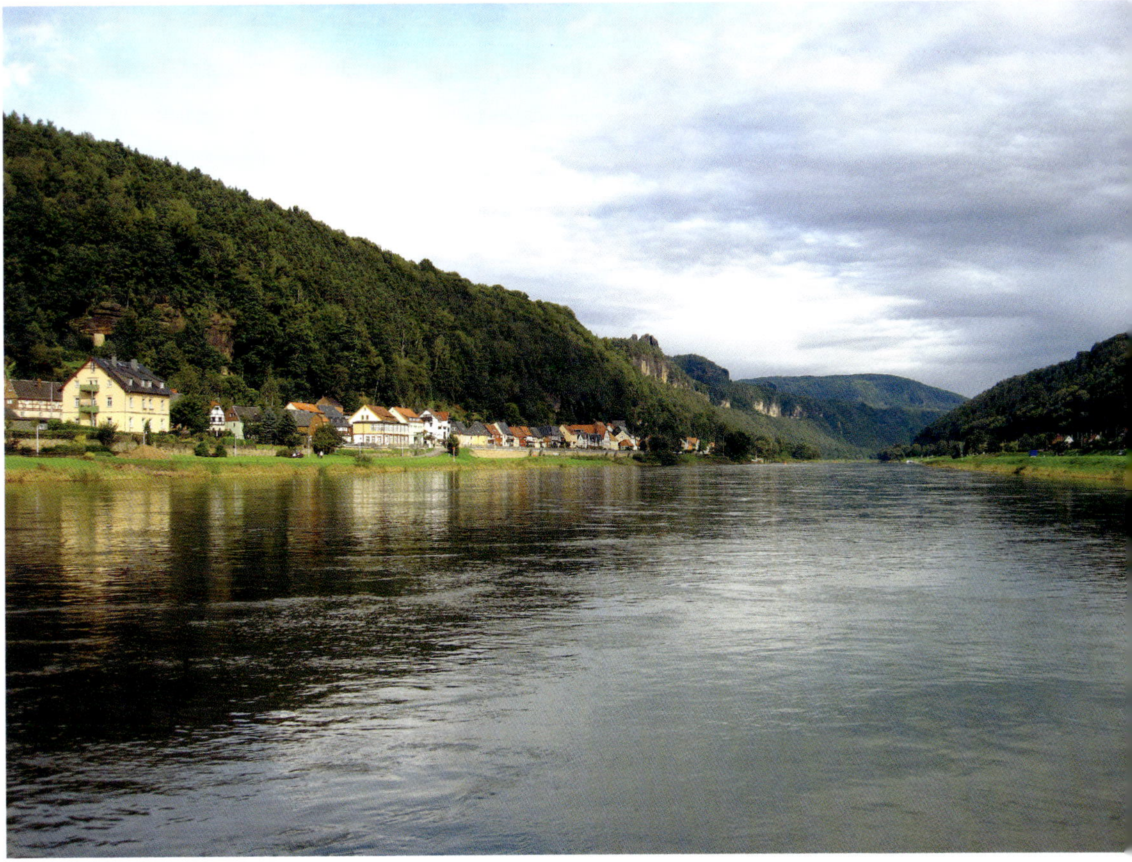

Elbe bei Krippen

Zur Felskanzel Kohlbornstein Hinter der Kirche kommen wir wieder auf die Hauptstraße und gehen bis zum Zusammenfluss von Liethen- und Krippenbach. Links steht ein Hotel. Wir wandern rechts am Liethenbach die Straße hinauf in Richtung Kleinhennersdorf bis zum Abzweig zum Kohlbornstein links (Markierung roter Punkt). Der Koppelsbergweg führt zum Teil steil hinauf, unterwegs kreuzen andere Waldwege, wir bleiben jedoch auf dem Weg, der mit dem roten Punkt gekennzeichnet ist. Hin und wieder ist Krippen zu sehen, in der Ferne Waitzdorf oder Kleinhennersdorf. An der Weggabelung biegen wir links ab (immer noch roter Punkt) und steigen zum Sattel des Kohlbornsteins auf. An einem Rastplatz beginnt der letzte steile Anstieg, der uns über alte Sandsteinstufen zum Felsrücken und endlich zur Aussicht des Kohlbornsteins auf 372 Metern Höhe bringt. Diese Kanzel bietet ein atemberaubendes Panorama: Im Tal unten liegt Krippen, der Blick schweift hinüber nach Ostrau bis zu den Schrammsteinen, zum Großen Winterberg, Rosenberg, zur Kaiserkrone und zum Zirkelstein, auf der anderen Seite zu Papst- und Lilienstein.

Moose

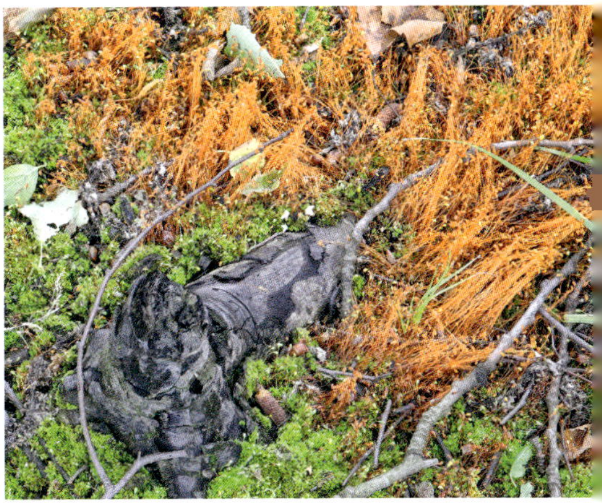

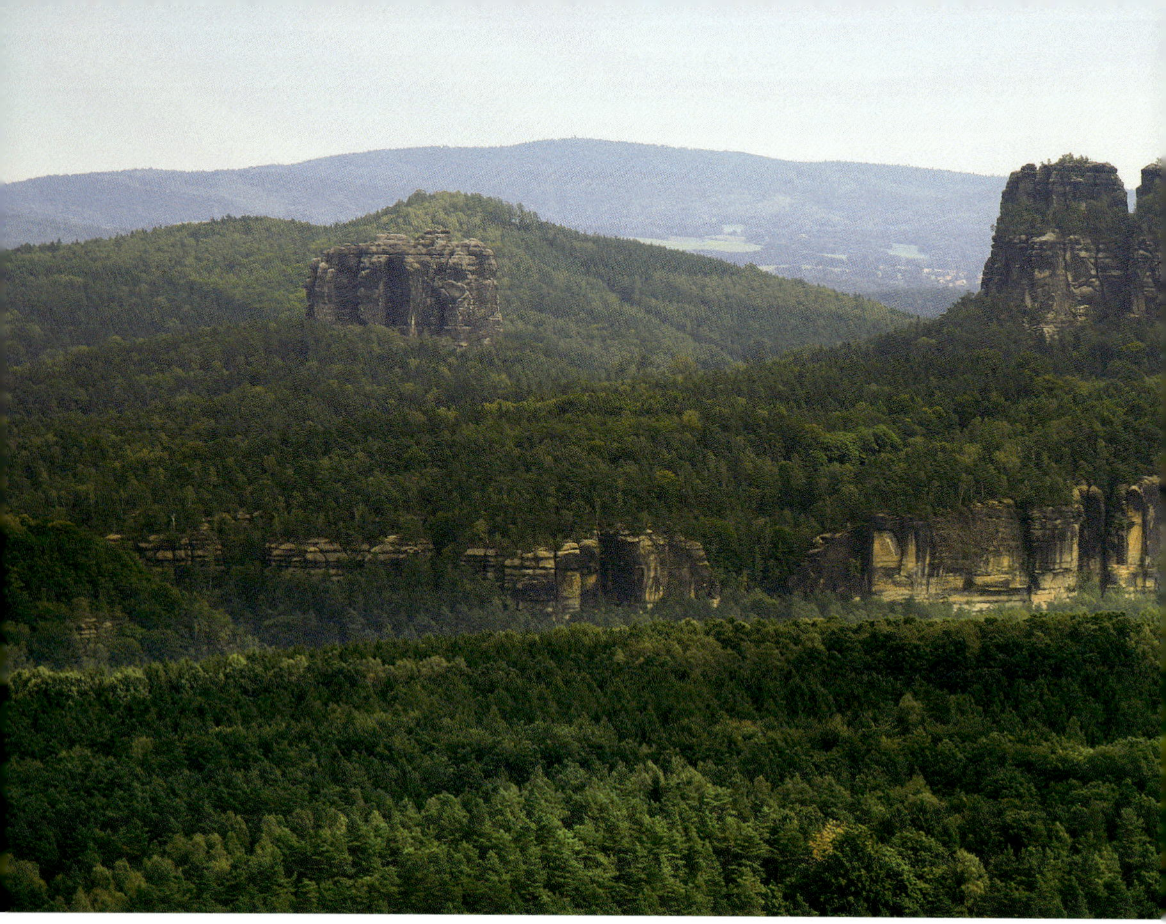

Falkenstein und Schrammsteine

Rölligmühle Am Rastplatz zurück, halten wir uns links und wandern weiter den Lasenweg entlang (roter Punkt). Rechts von uns der bewaldete Vordere, Mittlere und Hintere Lasenstein. Am Krippenhangweg biegen wir an einer Weggabelung links ab, weiter der roten Markierung nach und laufen ins Tal zur Straße und zur Rölligmühle. Die Mühle – erstmals 1561 urkundlich erwähnt und bis 1970 ununterbrochen im Besitz der Familie Röllig – war ursprünglich eine Mahlmühle, die später zur Brett- und Ölmühle erweitert und schließlich zur Gaststätte umgebaut wurde. Heute ist sie verfallen.

Kleiner Zschirnstein Wir gehen ein Stück weiter die Straße entlang und zweigen bald nach links Richtung Kleingießhübel ab. An der alten Wegweisersäule im Ort geht es rechts weiter auf dem Hirschgrundweg Richtung Kleiner Zschirnstein (roter Punkt). An einigen unmarkierten Abzweigungen vorbei kommen wir zur Kreuzung Schifferweg und »Flügel B«. Wir nehmen links den »Flügel B«, der nunmehr mit einem grünen und einem gelben Punkt markiert ist. Am Abzweig rechts zum Großen Zschirnstein gehen wir vorbei bis zur nächsten größeren Kreuzung. Wer mag, kann über den Kleinen Zschirnstein wandern. Wir biegen hingegen nach links ab (gelber Punkt) und gelangen nach einigen Minuten an einen Rastplatz, dort halten wir uns rechts und steigen stetig bergan zum Riff des Tafelberges. Auch hier werden wir wieder mit einer ausgezeichneten Aussicht belohnt. Der Name Zschirnstein geht auf das

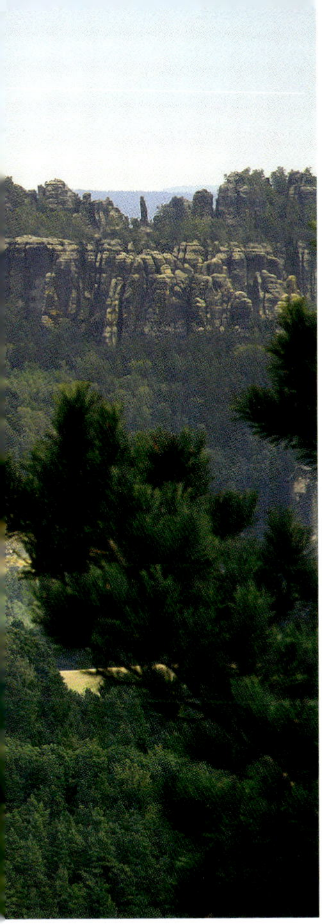

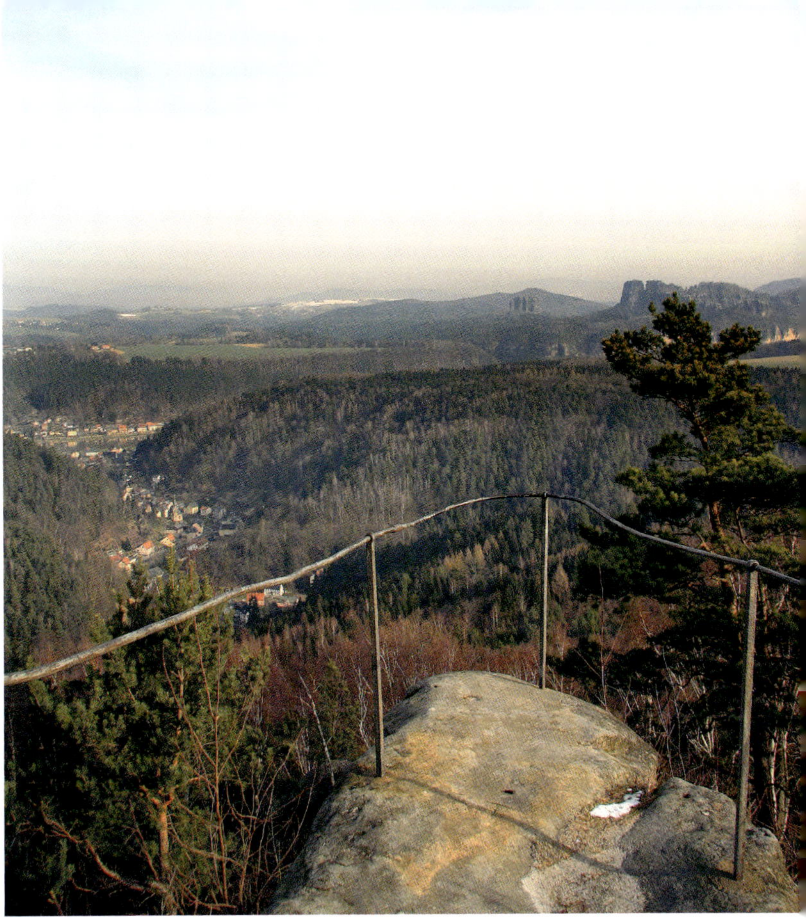

Kohlbornaussicht

slawische Wort czerna gora zurück – schwarzer Berg. Wir können auf dem Plateau der Markierung folgen und spazieren gemütlich zum Rastplatz und wieder zurück zum »Flügel B«. An dieser Stelle halten wir uns links und folgen ab hier dem grünen Punkt. An der nächsten Kreuzung wandern wir weiter geradeaus, immer dem grünen Punkt nach, auf dem Schlosserhübelweg in Richtung Reinhardtsdorf-Schöna. Durch den Wald gelangen wir an der Abzweigung des Salzleckenwegs zu einem Rastplatz. Immer weiter geradeaus, bis wir endlich – an den ersten Häusern (von Reinhardtsdorf-Schöna) vorbei – wieder auf die Markierung mit dem roten Punkt stoßen. Zudem ist der Weg mit den Buchstaben »CDF«, für Caspar-David-Friedrich-Weg und »M« für Malerweg bezeichnet. Wir schwenken nach rechts und wenige Meter später nach links und halten uns zunächst an diese drei Markierungen. Der Weg führt uns am Hang entlang bis zur nächsten Gabelung. Hier stößt der Weg mit dem gelben Strich zu uns, auf den wir links abbiegen und der uns zur Dorfstraße führt, der wir ein Stück nach rechts folgen, um gleich in der Senke nach links in den Hirschgrund abzuzweigen (gelber Strich). Der Grund schneidet sich immer tiefer in die Landschaft, zwischendurch verlässt uns die Markierung »CDF«, wir bleiben rechts, steigen immer weiter hinunter und gelangen schließlich, wie an ein geöffnetes Fenster tretend, ins Elbtal. Ungehindert wandert der Blick zu den Felsen gegenüber. Wir unterqueren nun die Bahnschienen und gehen rechts die letzten Meter auf dem Elberadweg zum Haltepunkt der S-Bahn Schmilka-Hirschmühle.

26

Diebskeller am Quirl

Von Rosenthal nach Königstein

Mittel | 13 km | ↗ 176 m ↘ 452 m | 4 Std

Tourencharakter:
Eher beschauliche Tour, mit leichtem Anstieg zu Beginn und anschließender Talwanderung, steiler Anstieg zum Fuße des Quirls. Danach eher gemütlich

Ausgangspunkt:
Rosenthal, Bushaltestelle Dorfplatz, 404 m

Endpunkt:
Königstein (S-Bahn oder Bus), 128 m

Höchster Punkt:
Bergrücken Rosenthal, 440 m; Quirl, 350 m

Anfahrt:
Mit den Buslinien 245 ab Pirna ZOB-Bahnhof oder 242 ab Königstein Reißigerplatz bis Rosenthal.
Anfahrt mit dem Pkw nicht empfohlen

Einkehr:
Unterwegs keine, am Ende in Königstein verschiedene Einkehrmöglichkeiten

Das Quirl-Massiv ist ein relativ niedriger Tafelberg mit geschlossener Hochfläche, auf der einst Felder angelegt waren. Am Quirl gibt es zahlreiche Höhlen. Eine große Schichtfugenhöhle an der Nordostseite ist der Diebskeller: 28 Meter lang, 8 Meter breit, bis zu 4 Meter hoch und mit einem Steintisch aus dem 18. Jahrhundert möbliert.

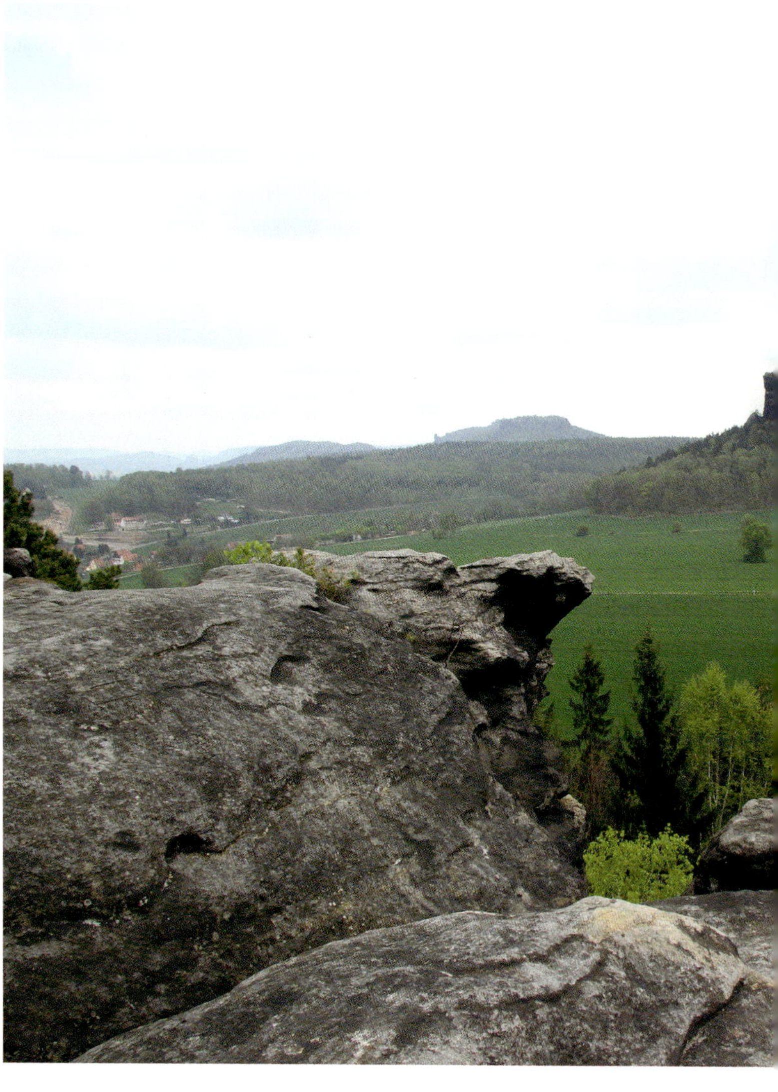

Vom Quirl zum Pfaffenstein

Rosenthal An der Bushaltestelle im Ort Rosenthal – am kleinen Platz – gehen wir, die Kirche hinter uns, zwischen den Häusern hindurch, auf den Weg mit dem roten, dem gelben Punkt und dem grünen Strich. Wir wandern zunächst einen Wiesenweg bergan. Auf dem Bergrücken angekommen, lohnt ein Blick zurück über den Ort. Der rote und gelbe Punkt markiert hier den Brandweg rechts. Wir aber bleiben geradeaus auf der Lampertstraße (grüner Strich) und wandern diese hinab ins Tal, bald begleitet vom Lampertsbach. Am Ende des Weges kommen wir an der Ladewegbrücke auf die Straße im Tal des Cunnersdorfer Baches. Dem grünen Strich nach schwenken wir nach links und laufen wenige Meter die Straße abwärts, um gleich den nächsten nach rechts gehenden Weg einzuschlagen.

Aufstieg Nun geht es steil bergan. Nach einer leichten Rechtskurve zweigen wir links in den Kirchleitenweg ab. (Sollten wir das verpassen, dann nehmen wir den

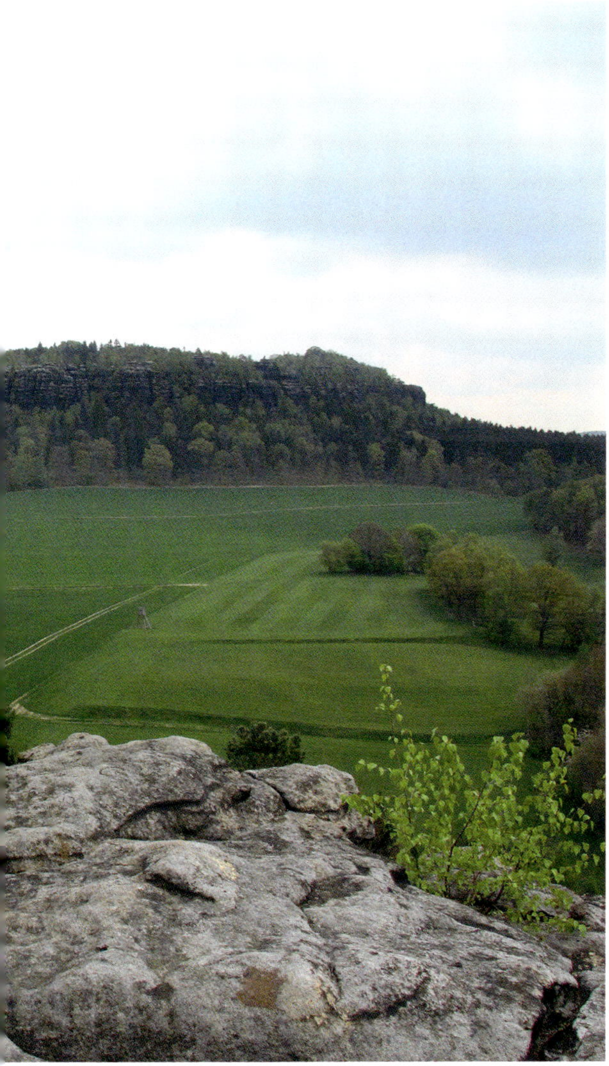

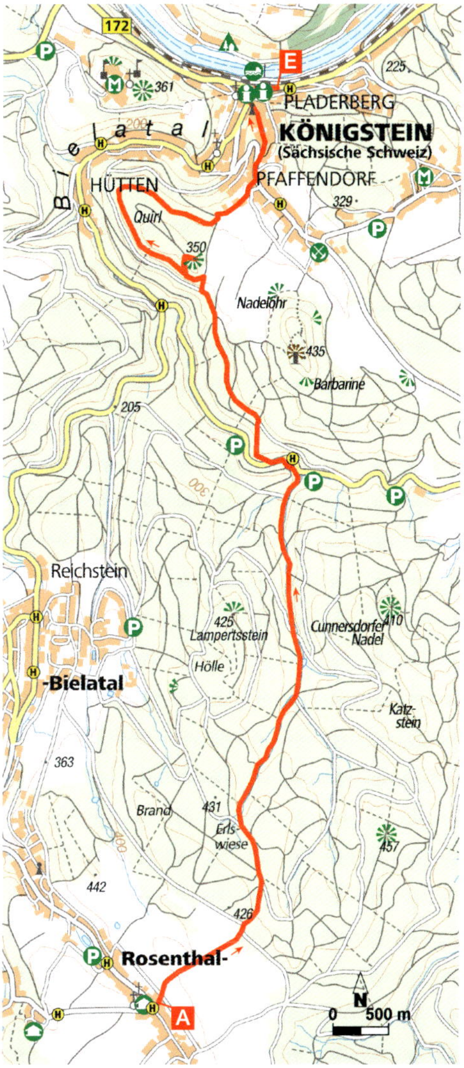

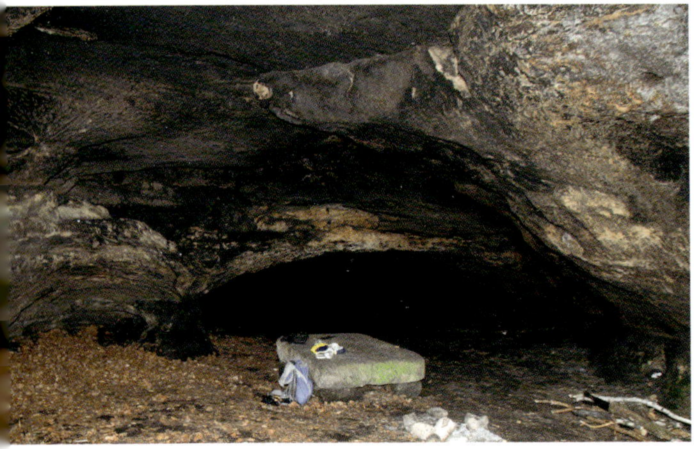

Diebskeller

nächsten Abzweig, roter Punkt nach links). Fast auf gleicher Höhe bleibend, gelangen wir an einer Weggabelung links auf den Weg mit dem roten Punkt. Er führt uns, wieder bergan, zum Fuße des Quirls.

Quirl Wir bleiben dem roten Punkt treu und nach einigen Metern zweigt ein unmarkierter, aber recht breiter Weg, der Kanonenweg, nach rechts ab zum Plateau des Quirls. Wir machen einen Abstecher, gehen bergan und oben angelangt, nach rechts zum Aussichtspunkt. Direkt gegenüber thront der Pfaffenstein. Zurück vom Abstecher wenden wir uns nach rechts und umwandern den Tafelberg weiter. Auf der Nordseite angekommen, sehen wir einen Trampelpfad, der wenige Meter hinauf zum Felsen

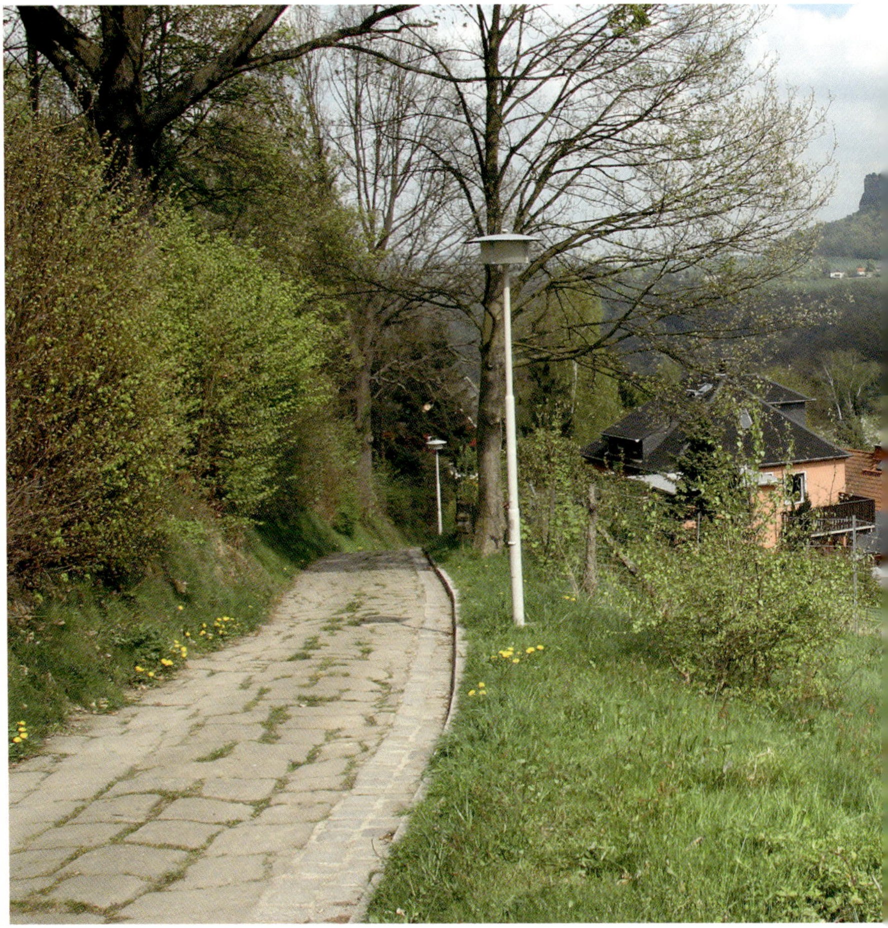

führt und die Ausschilderung zum Diebskeller, den wir uns selbstverständlich anschauen. Danach geht es weiter leicht bergab bis zu einer Weggabelung, an der der mit dem roten Punkt bezeichnete Weg scharf links abbiegt, wir uns aber rechts halten, zum Waldrand gehen, dort links entlang am Sportplatz vorbei in Richtung Pfaffendorf/Königstein. Zur Straße hinunter gehen wir links einige Meter bergab und folgen noch vor der Kurve dem schmalen, steilen Weg rechts zwischen den Häusern hinab nach Königstein. An der historischen Wegesäule halten wir uns auf der Straße rechts und kommen zu einem Kreisverkehr. Hier können wir wieder in den Bus oder die S-Bahn einsteigen.

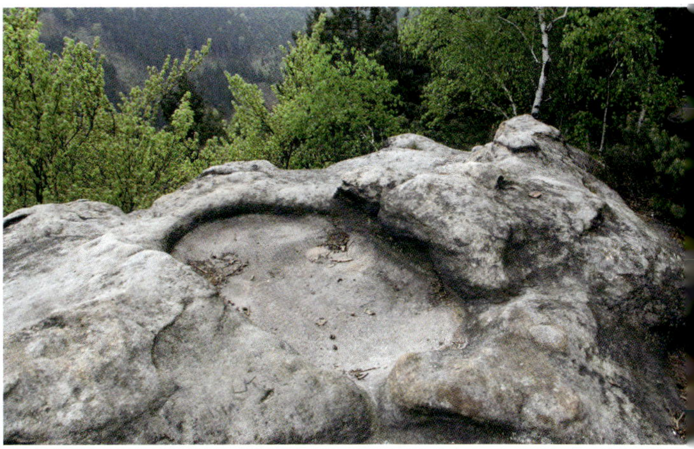

Verwitterungsform im Sandstein

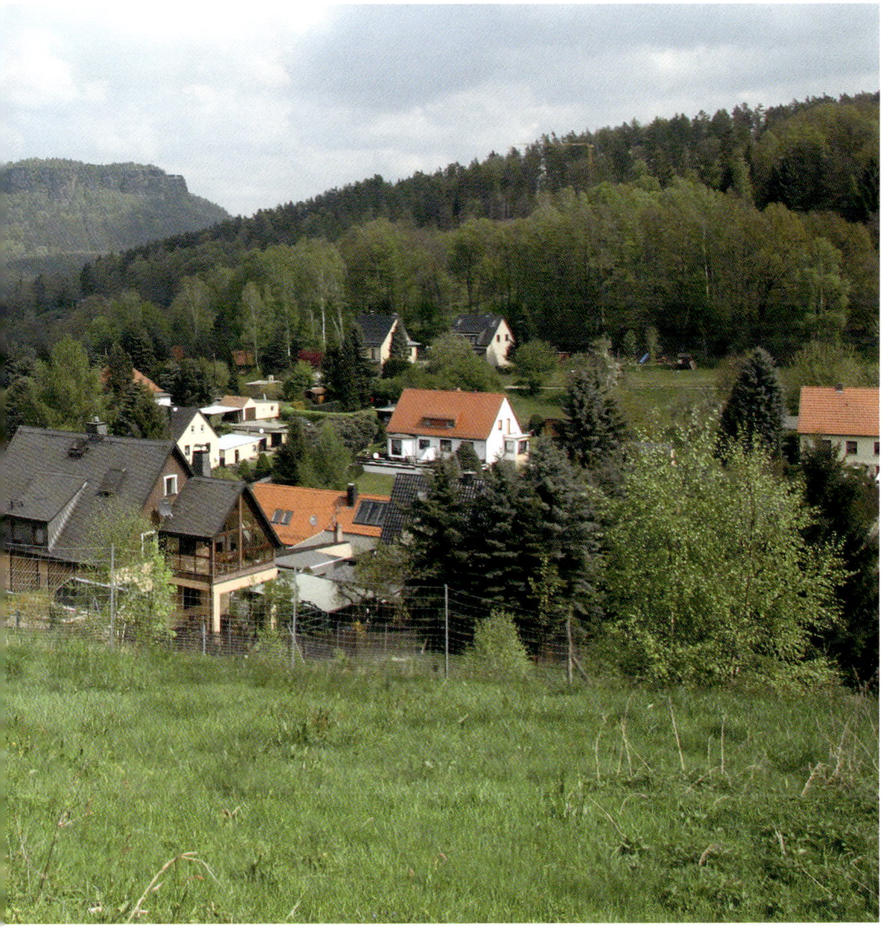

Abstieg nach Pfaffendorf

27

Pfaffenstein

Höhensiedlung aus der Bronzezeit

Anspruchsvoll | 17 km | ↗ 340 m ↘ 340 m | 7 Std.

Tourencharakter:
Anspruchsvolle und lange Tour, mit steilem Anstieg über Stufen und Leitern zu Beginn. Trittsicherheit und Schwindelfreiheit sind hier unbedingt erforderlich. Ungeeignet bei Schnee und Eisglätte. Auf dem Pfaffenstein-Plateau verschiedene Steiganlagen zu den Abstechern. Die Tour hat im weiteren Verlauf einen zweiten Anstieg über Leitern zum Spitzen Stein. Auch gegen Ende ist noch einmal ein straffer Anstieg zu bewältigen.

Ausgangs- und Endpunkt:
Parkplatz am Pfaffenstein in Pfaffendorf, 246 m

Höchster Punkt:
Pfaffenstein 421 m; Spitzer Stein, 409 m

Anfahrt:
Mit dem Pkw über die B 172 bis Königstein, am Kreisverkehr Richtung Pfaffendorf oder Bielatal abfahren und wenig später die unscheinbare, nach links steil bergan führende Straße nach Pfaffendorf nehmen. Ein ganzes Stück durch den Ort fahren, bis rechts der Parkplatz ausgeschildert ist

Einkehr:
Berggaststätte Pfaffenstein, Gasthaus am Parkplatz sowie Gasthäuser in Cunnersdorf

Schon vor Jahrtausenden zogen Menschen durchs Elbtal und ließen sich an günstigen Stellen nieder. Das Gipfelplateau des Pfaffensteins bot in der Bronzezeit gute Bedingungen zum Überleben. Eine Siedlung mit einem Schutzwall aus Stein und Holz wurde entdeckt, ebenso Mahlsteine, Beile, Gebrauchskeramik und zahlreiche Feuerstellen.

Aufstieg durchs Nadelöhr Die Tour beginnt am Parkplatz am Fuße des Pfaffensteins. Der erste Teil unserer Wanderung wird häufig begangen, davon lassen wir uns aber nicht schrecken. Den Tafelberg immer vor Augen, wandern wir zuerst eine schmale Straße hinauf bis zum Waldrand. Die hohen Felsen der Nordseite des Pfaffensteins liegen vor uns, in deren oberem Bereich auch von weitem vereinzelt weiße Flecken zu erkennen sind: die Kotflecken von Vögeln, welche auf den Felssimsen brüten oder

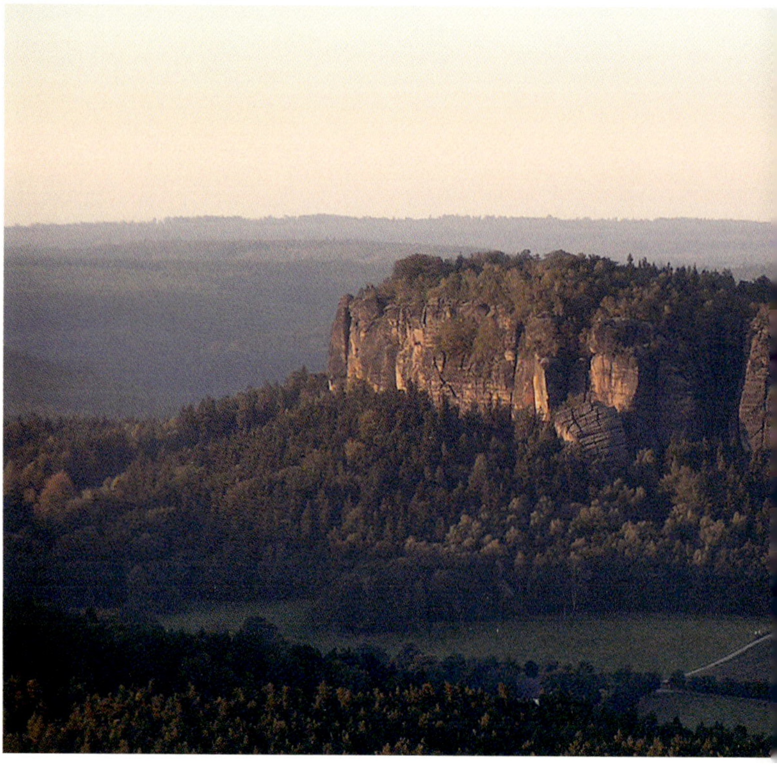

Morgenlicht am Pfaffenstein

ruhen. Kolkrabe, Turmfalke oder der seltene Wanderfalke könnten die Verursacher sein. Vom Waldrand mit der kleinen Infotafel halten wir uns nun halb links, der Ausschilderung »Nadelöhr, Pfaffenstein, Aufstieg schwierig« folgend. Der steile Aufstieg beginnt mit Holzstufen und wird noch steiler, sobald wir die Steinstufen erreichen, später werden diese zu Leitern. Ab und zu sollten wir uns einen Blick zurück gönnen – und sei es nur, um ein wenig zu verschnaufen. Kurz bevor wir das Plateau erreichen, verengen sich die Felsen zum Nadelöhr und wir müssen über eine Leiter hindurch. Nur noch wenige Stufen und wir haben es geschafft. Gut vorstellbar, dass es ungemütlich oder sogar gefährlich werden kann, diesen Weg im Winter, zugeschneit oder mit Eisschicht, nach unten zu steigen.

Tipp:

Der Pfaffenstein hat ein recht großes Plateau, auf dem es viel zu entdecken gibt und für das man durchaus eine extra Tour einplanen kann. Außer den beschriebenen Aussichtspunkten gibt es noch verschiedene Höhlen auf dem Plateau und dort, wo die beiden Abstiege zusammentreffen.

Pfaffenstein: Opferkessel und Barbarine Oben angekommen, kann die Erkundung des etwa 12 Hektar großen Plateaus beginnen. Bitte daran denken, dass danach noch eine längere Wegstrecke zu bewältigen ist – also Zeit und Kräfte dementsprechend einteilen. Auf dem Pfaffenstein wurden Überreste einer bronzezeitlichen Siedlung gefunden. Ein kleiner Abstecher nach links zu einem Aussichtsbalkon eröffnet uns ein herrliches Panorama auf Gohrisch, Papststein und die Kleinhennersdorfer

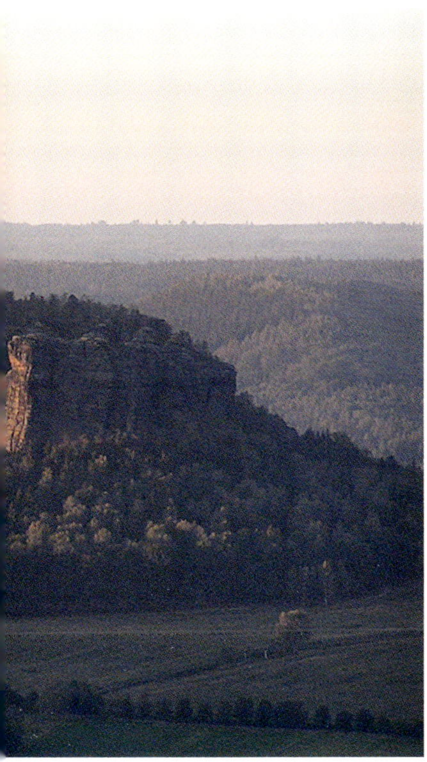

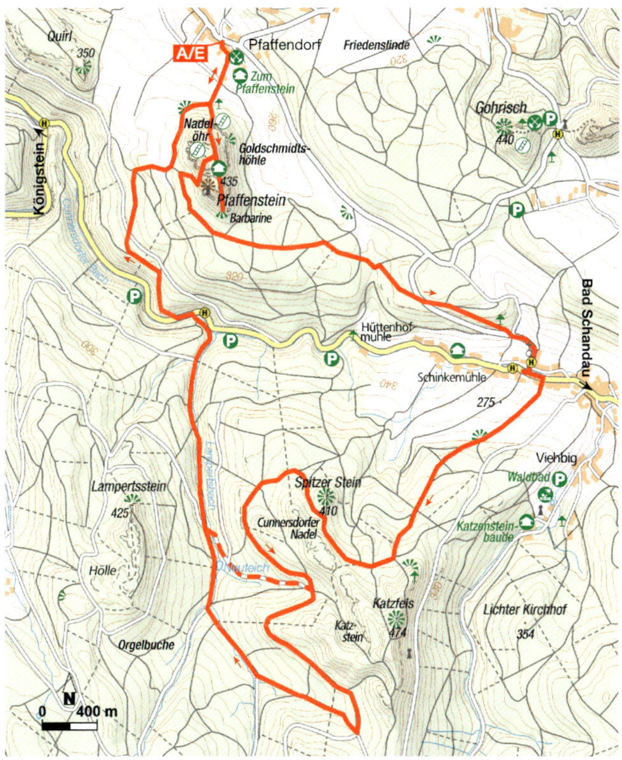

Steine. Wieder zurück vom Abstecher geht es zunächst nach links und nach ein paar Metern kommen wir erneut an einen Abzweig zum »Opferkessel« (eine Verwitterungsform im Felsen, einer Mulde ähnlich) und nochmals zu einer Aussicht. Danach geht es auf dem Hauptweg rechts weiter und wir kommen nach einigen Treppen zur Berggaststätte. Das Ausflugslokal auf dem Plateau lädt mit leckerem Essen zu einer Rast ein. Wer Lust hat, kann den gemauerten Aussichtsturm erklimmen und wird mit einem beeindruckenden Rundumblick belohnt. An der Gaststätte halten wir uns links und erreichen nach dem Turm über einige Stufen eine Senke. Linkerhand umarmt ein imposanter Baum einen großen Steinblock. Wir wandern weiter zur bekannten Barbarine, einer sehr eindrucksvollen, 43 Meter hohen Felsnadel. Nach einem Blitzeinschlag wurde sie in einer einzigartigen Rettungsaktion stabilisiert und darf seit 1975 nicht mehr beklettert werden. Wie nicht anders zu erwarten, gibt es auch eine Sage um diesen Felsen. An einer Tafel am Aussichtpunkt finden wir nähere Informationen dazu. Zurück von der Barbarine gehen wir den Weg in der Senke vom Pfaffenstein hinunter. Am Jäckelfelsen – mit Plakette am Fels (zum Gedenken an Carl Gottlob Jäckel, dem touristischen Erschließer des Pfaffensteins) und Sitznische – treffen wir auf den anderen Plateauauf- bzw. -abstieg. Wir wandern den breiten Weg (grüner Punkt und Strich) hinunter, kommen am kaum sichtbaren, ehemaligen Wall der einstigen bronzezeitlichen Siedlung vorbei zu einer Informationstafel und verlassen den Weg nach links (Markierung roter Punkt). Der breite Forstweg führt uns um die West- und die Südseite des Pfaffensteins herum, dabei kommen wir an verschiedenen Weggabelungen vorbei, von denen unmarkierte Pfade in den Wald abzweigen. Wir folgen an der Weggabelung dem roten Punkt nach rechts

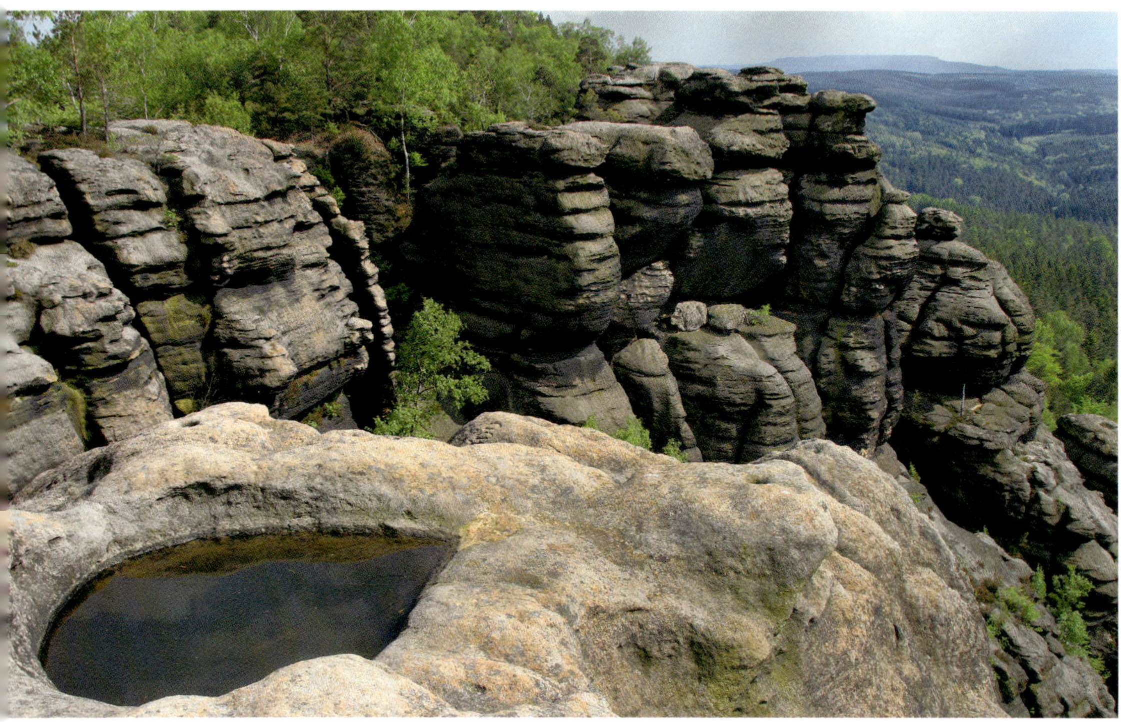

Opferkessel

und stoßen bereits nach wenigen Metern auf den mit dem grünen Strich markierten Weg. Am Todweg, dem Abzweig mit dem roten Punkt, halten wir uns geradeaus weiter an die grüne Markierung, laufen durch den Wald, überqueren eine Straße, auf die wir wenig später wieder treffen, wenn wir uns dem Ortsanfang von Cunnersdorf nähern. Jetzt geht es die Straße hinunter zur Kirche, an der wir vorbeigehen, um den Cunnersdorfer Bach zu überqueren und an der nächsten Kreuzung nach links zu schwenken. Gleich danach biegen wir auf der anderen Straßenseite rechts in den Weg Alte Rosenthaler Straße ein, mit einem gelben Strich (auf weißem Grund) gekennzeichnet.

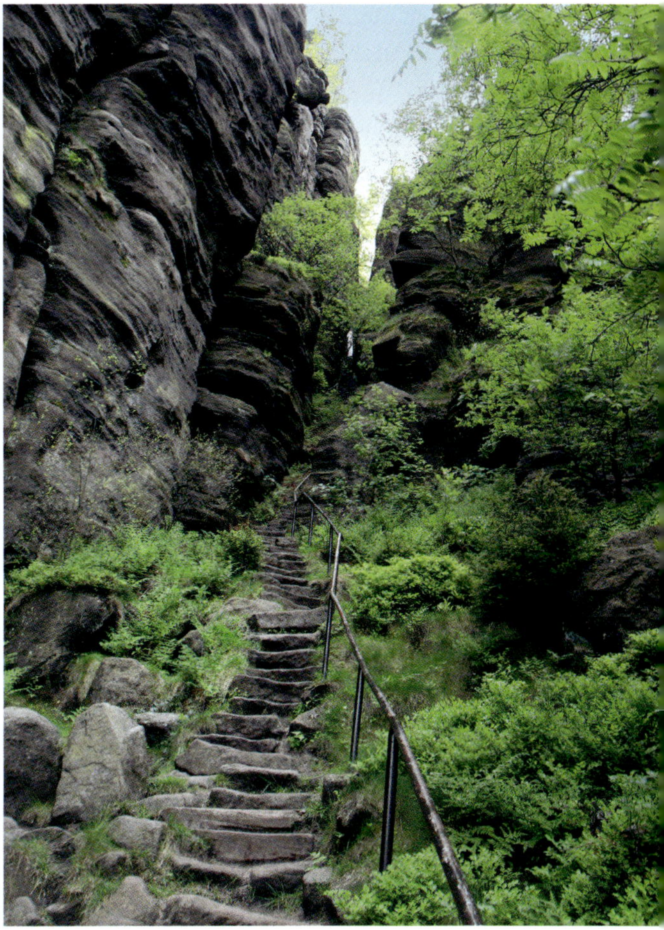

Steiler Aufstieg zum Pfaffenstein

Spitzer Stein Trotz einiger Weggabelungen bleiben wir immer auf diesem markierten Weg. An der Kreuzung, wo der Weg mit dem grünen Punkt und dem Strich sowie der Weg mit dem gelben Strich aufeinandertreffen, wenden wir uns rechts und gehen ein kurzes Stück. Die grüne Markierung zweigt links ab, wir aber verbleiben auf dem Spitzsteinweg, der gelb (auf weißem Grund) markiert ist. Er bringt uns direkt zum Spitzen Stein. Über Leitern erreichen wir den Gipfel und haben wieder einen fantastischen Rundblick. Zurück zur gelben Markierung (auf weißem Grund) umrunden wir nun auf dem Wurzelweg den Müllerstein. Rechts führt der Pechweg ins Tal, eine mögliche Abkürzung. Wir verbleiben jedoch auf dem Wurzelweg, bis rechts der Heuweg, auch mit einem gelben Strich (auf weißem Grund) bezeichnet, talwärts abzweigt. Im Tal treffen wir auf die Lampertstraße (grüner Strich), halten uns rechts und folgen ihr und dem gleichnamigen Bach hinab. Rechts liegt der Neuteich und danach mündet der Pechweg in unseren Weg, der uns durch ein nettes Tal zur Ladewegbrücke über den Cunnersdorfer Bach bringt. Wir halten uns links wenige Meter auf der Straße. Rechts führt der Abzweig Ladeweg hinauf in Richtung Pfaffenstein (grüner Strich und Punkt). Der Ladeweg steigt steil bergan und wir steigen unbeirrt hinauf, bis wir schließlich über eine Wiese am Fuße des Pfaffensteins an einen nach links abbiegenden, unmarkierten Weg gelangen. Diesen wandern wir am Waldrand entlang, westlich um den Pfaffenstein herum. Linkerhand – zum Abschluss unserer Tour – ein herrlicher Blick auf den Quirl und die Festung Königstein. Auf der schmalen Straße, die zum Fuße des Pfaffensteins führt, angelangt, gehen wir hinunter zum Parkplatz.

28

Spanghorn und Labyrinth

Ein geomorphologisches Denkmal

Leicht | 9 km | ↗ 196 m ↘ 196 m | 2,5 Std

Tourencharakter:
Leichte Tour, im Labyrinth mit Kraxelcharakter, Trittsicherheit erforderlich. Geringe Höhenunterschiede, zu den Aussichtpunkten führen Stufen. Ideal als Familientour auch mit kleineren Kindern

Ausgangs- und Endpunkt:
Parkplatz am Labyrinth, 383 m

Höchster Punkt:
Stelzchen, 335 m; Nikolsdorfer Wände, 361 m; Labyrinth, 395 m

Anfahrt:
Mit dem Pkw von Pirna kommend die B 172 Richtung Bad Schandau fahren, hinter Krietzschwitz an der nächsten Kreuzung rechts Richtung Bielatal abfahren, durch den Ortsteil Langenhennersdorf, dann wird links ein Parkplatz sichtbar, rechts unscheinbares braunes Schild mit der Aufschrift Labyrinth. Oder ab Pirna ZOB/Bahnhof mit der Buslinie 245 Richtung Leupoldishain/Rosenthal bis zum Abzweig Labyrinth fahren

Einkehr:
Unterwegs keine, gelegentlich steht am Parkplatz ein mobiler Imbissstand.

Rechte Seite: Fels am Waldrand

Nie mehr verlaufen, hat sich wohl der unbekannte Wanderfreund gedacht, als er Nummern an die engen Spalten und Durchgänge im Labyrinth geschrieben hat. Ganzkörpereinsatz und strapazierfähige Kleidung sind die Voraussetzungen für eine erfolgreiche Durchquerung der steinernen Unordnung. Einfach den Zahlen folgen – ein Spaß für Groß und Klein.

Zerklüftetes Plateau Am Parkplatz Labyrinth gehen wir links die Forststraße leicht abwärts dem grünen Punkt nach. Der Weg führt bald um eine Kurve, wir gehen aber geradeaus in Richtung Bushaltestelle Leupoldishain. Auf der gepflasterten Ortsstraße geht es kurz nach rechts, dann nach links in die Kiefernleite. Schilder weisen uns den blau markierten Weg zum Spanghorn.

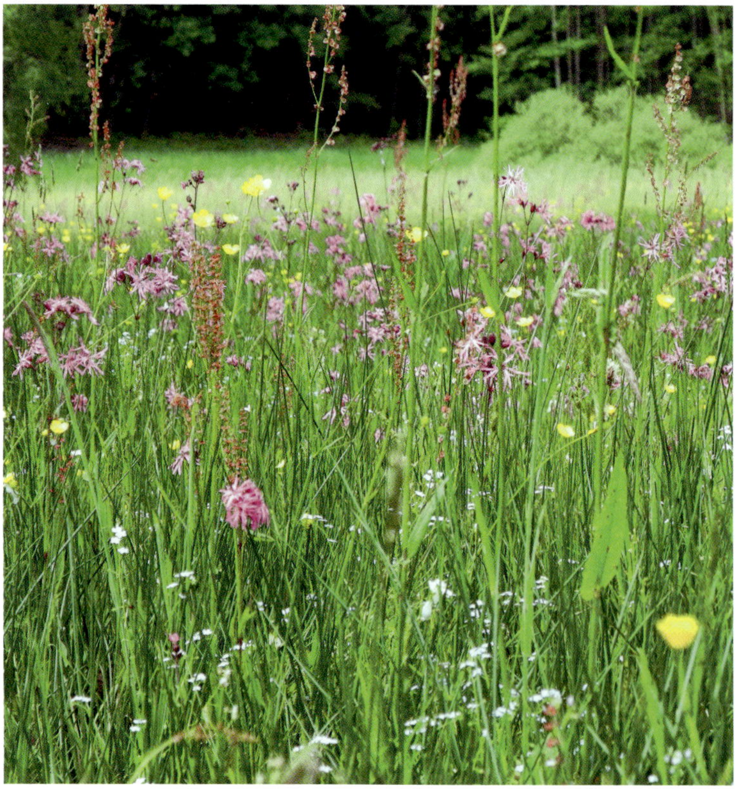

Blumenwiese am Labyrinth

An Gärten vorbei und über Holzstufen im Wald erreichen wir ein stark zerklüftetes Plateau. In der vegetationsarmen Winterzeit sind die tiefen Spalten besonders gut zu erkennen. Bitte vorsichtig sein und die Zäune entlang des Pfades, die zum Schutz aufgestellt wurden, nicht umgehen. Vom Spanghorn am anderen Ende der Hochfläche scheint die Festung Königstein zum Greifen nahe – ein hinreißender Anblick! Direkt hinter der Aussicht wurde rechts eine Leiter in den Spalt zwischen die Felsen gelegt und auch mit dem blauen Punkt markiert. Hier steigen wir zum Forstweg Hirschstange ab und folgen der Ausschilderung Förstersteig Nikolsdorf nach rechts. Zurück auf der Straße halten wir uns links, dann rechts (blauer Punkt) in Richtung Nikolsdorfer Wände.

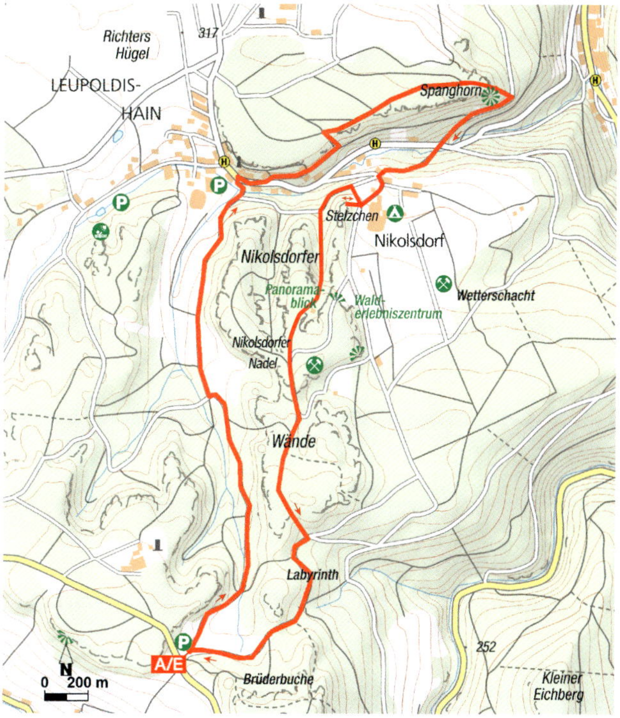

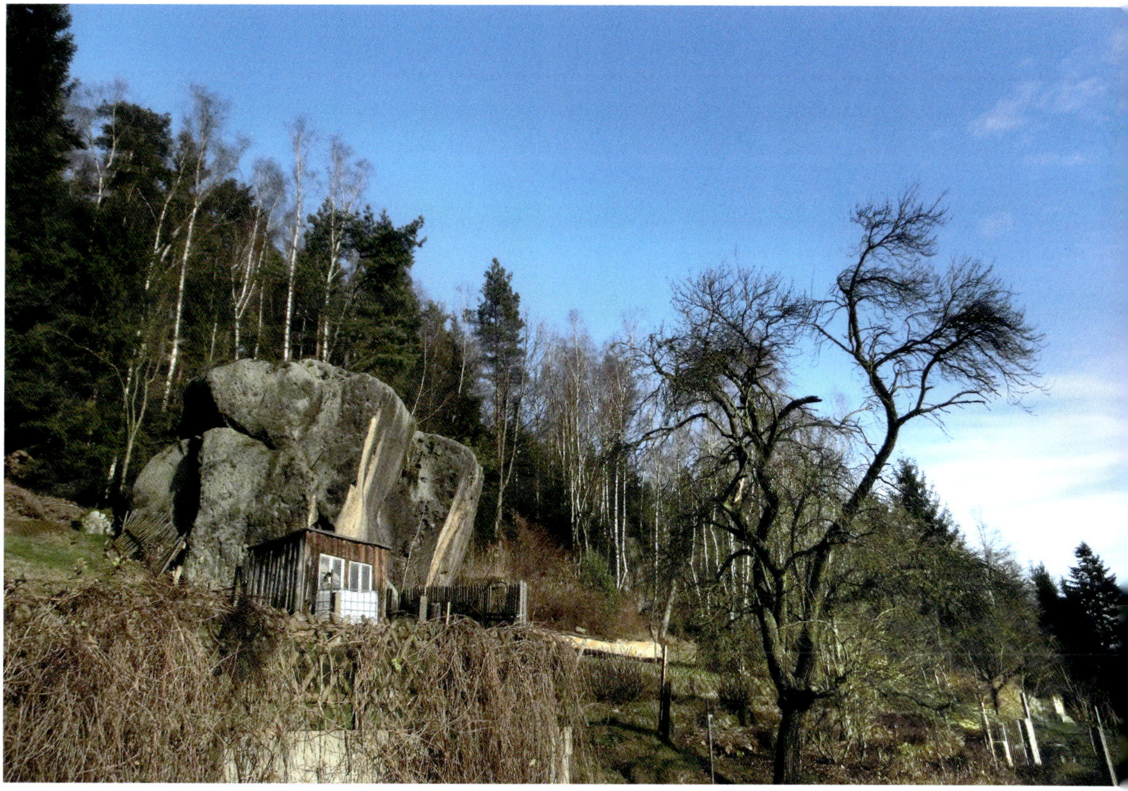

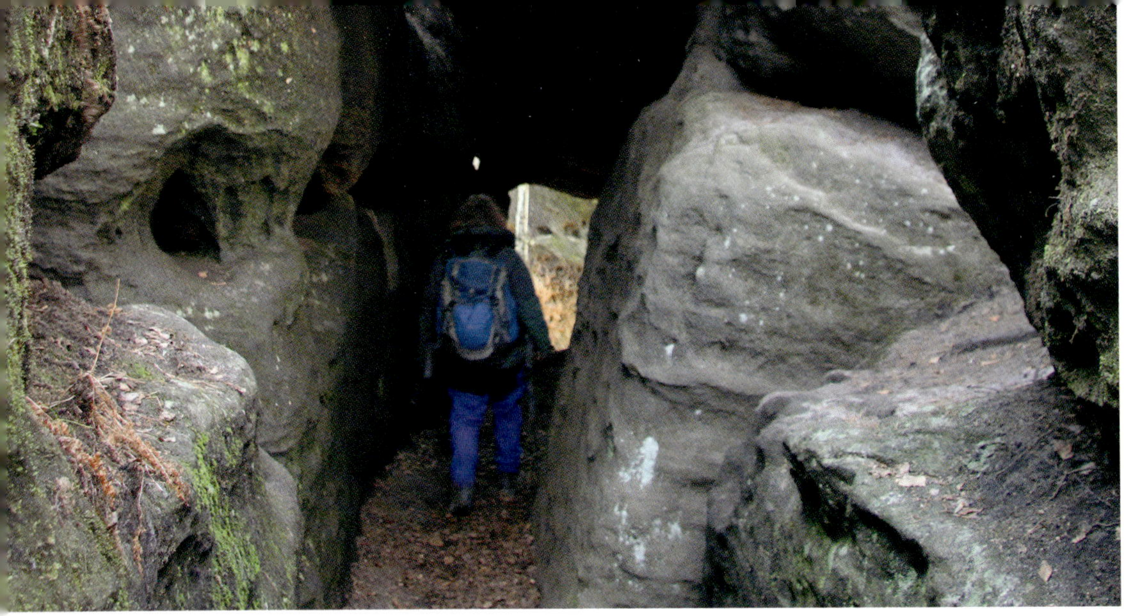

Labyrinth

Die Nikolsdorfer Wände Wir gelangen zur Straße, die wir nach links bis zum 268 Meter hohen Stelzchen gehen. Über steile Stufen hinauf und dann wieder zurück, hier wenden wir uns links und umwandern das Stelzchen nördlich. An der nächsten Wegkreuzung biegen wir nach links ab, folgen nun der Markierung mit dem grünen Punkt und wandern durch die Nikolsdorfer Wände mit ihren stark verwitterten Wandfluchten. Geheimnisvoll im ruhigen Wald liegen die Felsen verborgen. Später stoßen wir auf einen breiten Forstweg, gehen nach rechts

Abstieg vom Spanghorn

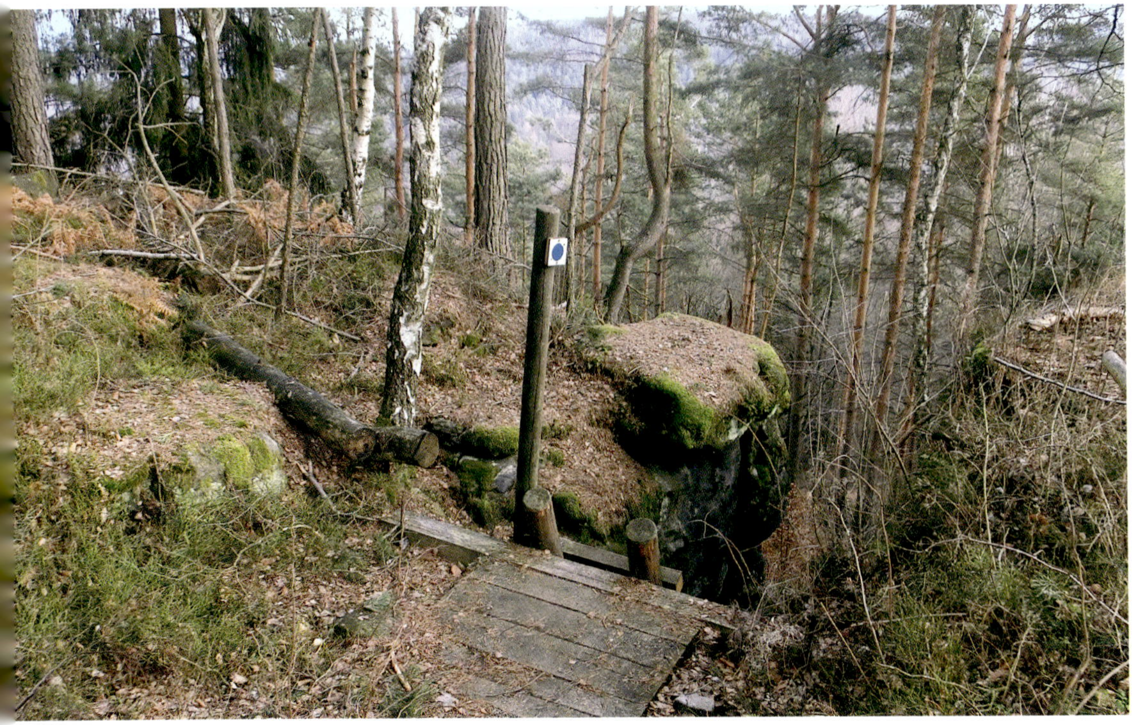

Tipp:

Das Labyrinth ist ein wahrer Abenteuerspielplatz für Kinder und deshalb für Familien sehr empfehlenswert. Auf dem Plateau zum Spanghorn bitte die Schutzzäune nicht überwinden, da dahinter unerwartete Spalten in die Tiefe führen.

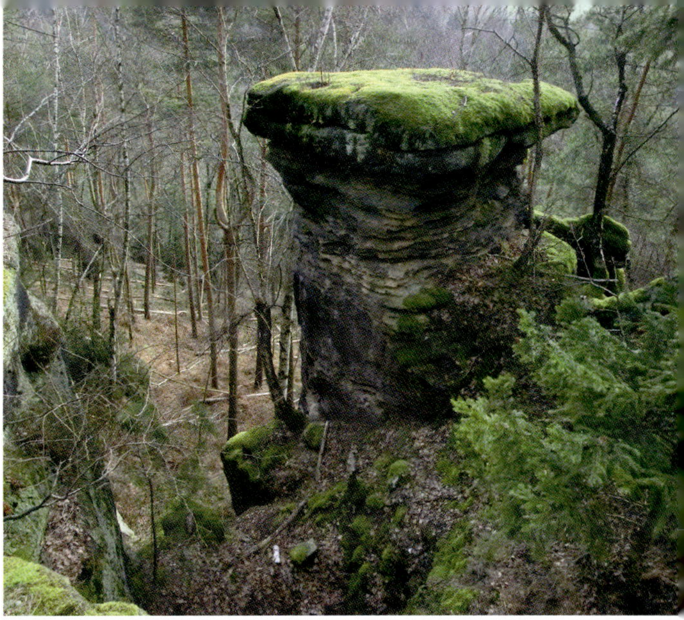

und kommen zu einem Rastplatz, wo rechts im Wald bereits das Labyrinth zu erkennen ist. Auf dem nächsten sichtbaren, unmarkierten Weg steigen wir rechts hinauf ins Felsengewirr.

Das Labyrinth – skurrile Felsen Der Weg bringt uns zu einem interessanten, natürlich entstandenen Felslabyrinth mit Nischen, Höhlungen und geheimnisvollen Durchgängen – eine geomorphologische Besonderheit und deswegen unter Schutz gestellt. Das verwitterte Plateau ist durch Erosion stark zerklüftet, wodurch die abenteuerlichen Wege zwischen den Felsen entstanden sind. Ein spannender Rundgang, bei dem teilweise ein wenig geklettert werden muss. Wir folgen den am Felsen angezeichneten Nummen, um uns nicht zu verlaufen.

Verwitterte Sandsteinblöcke

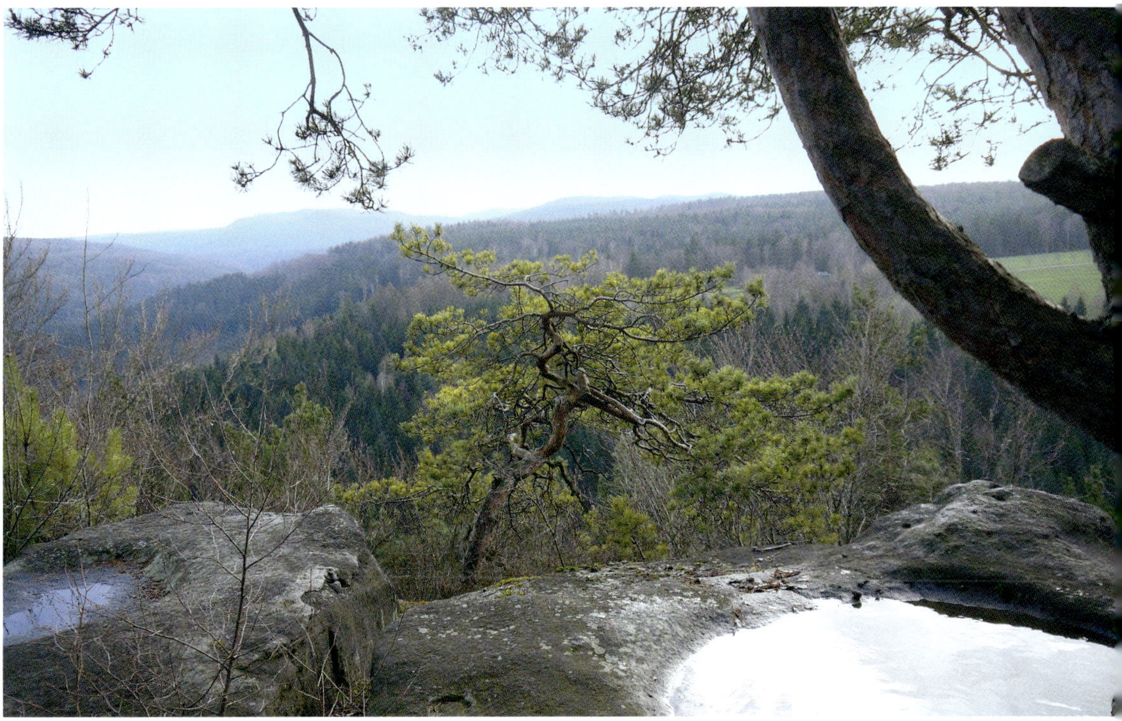

Spanghornaussicht

29

Gelobtbachtal, Zirkelstein

Am Mühlteich vorbei zum Jungbrunnen

Die Kräfte der Natur – unter anderem Wasser – modellierten über Jahrmillionen die Landschaft: Tafelberge, Felsriffe, Ebenheiten und Täler machen den einzigartigen Reiz des Elbsandsteingebirges aus. Auf eisernen Leitern erklettern wir den Gipfel des Zirkelsteins und sind immer wieder neu vom Rundblick fasziniert.

Mittel | 10 km | ↗ 242 m ↘ 242 m | 4,5 Std.

Tourencharakter:
Zunächst flach im Elbtal langführend, dann zum Teil steiler Anstieg ohne Steiganlagen und nach einem Stück auf fast gleichbleibender Höhe nochmals steiler An- und Abstieg zum Zirkelstein über Treppen und Leitern. Trittsicherheit und Schwindelfreiheit erforderlich. Ungeeignet bei Schnee- und Eisglätte

Ausgangspunkt:
S-Bahn-Haltepunkt Schöna, 142 m

Endpunkt:
S-Bahn-Haltepunkt Schmilka-Hirschmühle, 142 m

Höchster Punkt:
Zirkelstein, 384 m

Anfahrt:
Mit der S-Bahn Richtung Schöna, Ausstieg am Bahnhof in Schöna. Achtung: Bis Schöna fährt die Bahn weniger häufig als bis Bad Schandau (hier alle halbe Stunde).

Einkehr:
Gaststätten in Schöna

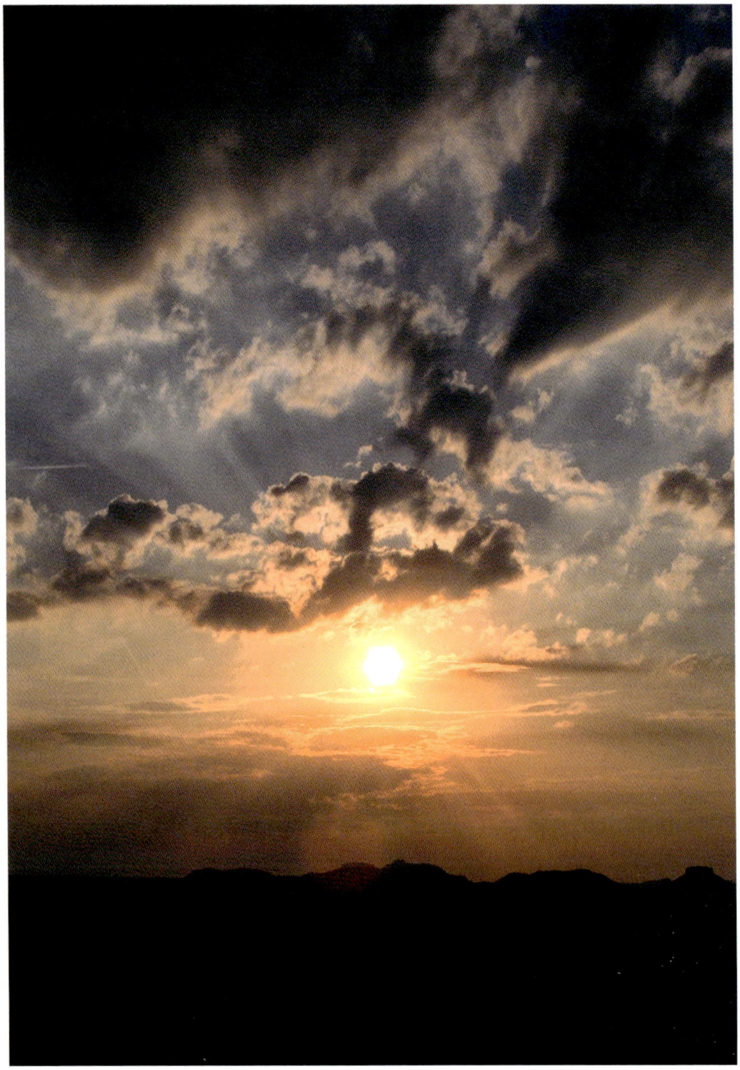

Abendstimmung vom Zirkelstein

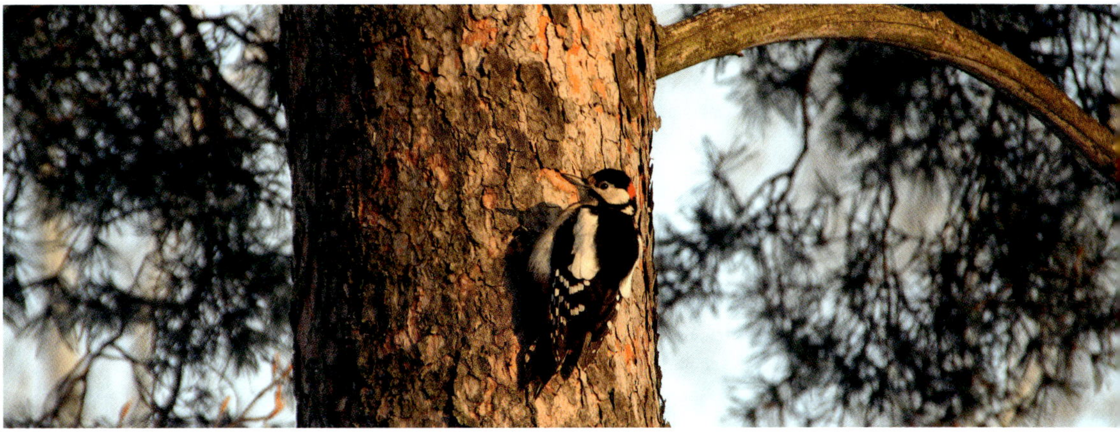

Buntspecht

Mehlschwalben und Biberspuren Am Bahnhof in Schöna soll unsere Wanderung beginnen. Durch die Unterführung gehen wir ans Elbufer. In den Sommermonaten ist ein anderorts selten gewordenes, reges Treiben am elbseitigen Bahnhofsgebäude zu beobachten: Zahlreiche Mehlschwalben nisten in den Gemäuern. Wir laufen nun etwa 30 Minuten elbaufwärts auf dem Elberadweg. Unterwegs fallen angenagte Baumstämme auf, ein sicherer Hinweis auf mindestens einen hier tätigen Biber. Wir erreichen die Grenze zu Tschechien. Unter den Bahngleisen hindurch beginnt rechts das Gelobtbachtal.

Wildes, ursprüngliches Gelobtbachtal Die alte Gelobtbachmühle, früher eine Brettschneidemühle, steht am Anfang des Tales. An der Mühle vorbei führt ein unmarkierter Pfad am Grenzbach entlang bergauf. Immer wieder überschreiten wir während des Anstiegs die Grenze. Nach dem kurzen Anstieg taucht eine Sandsteinmauer auf. Dahinter liegt der ehemalige Mühlenteich mit klarem, türkisblauem Wasser, das selbst an heißen Sommertagen eiskalt ist. Senkrecht aufsteigend überragt eine hohe Felswand den Teich und rechts daneben rauscht der Wasserfall. Nun wandern wir weiter rechts des Teichs entlang durch den wilden Teil des Tales. Die Schlucht wird schmaler, Moose und Farne in verschiedensten Grüntönen haben die Felsen in Beschlag genommen. Der Bach rauscht und wir queren und überspringen ihn mehr-

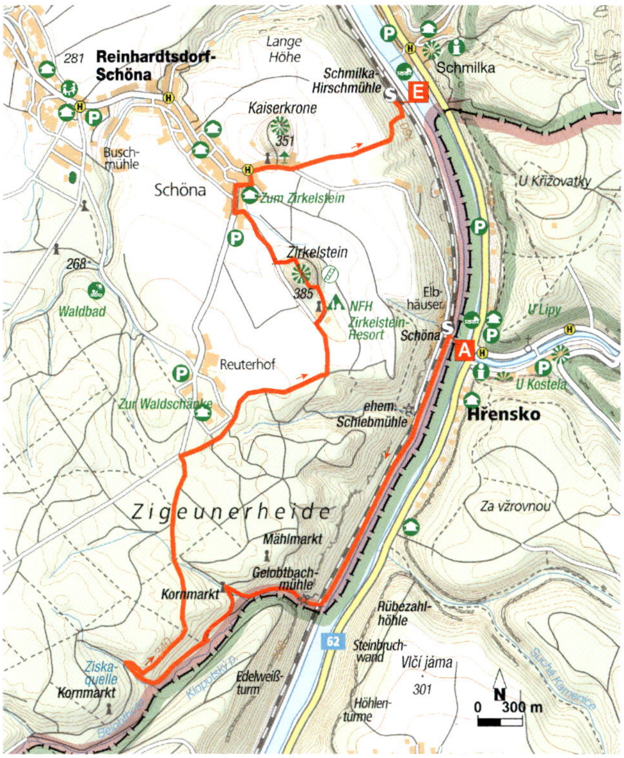

fach. Üppig wuchert die Vegetation, besonders Farne gedeihen hier prächtig. Mit etwas Glück lassen sich Feuersalamander beobachten – eine Wander-Etappe zum Genießen. Weiter bergan kommen wir nach dem dichten Fichtenforst an eine Weggabelung.
Wir können rechts den Abstecher bis zur nächsten Kurve gehen, wo ein alter Kornmarktstein aus Sandstein zu sehen ist, der die Inschrift »Kornmarkt 1812« trägt. Während der Napoleonischen Kriege war die Einfuhr von Getreide über die Elbe

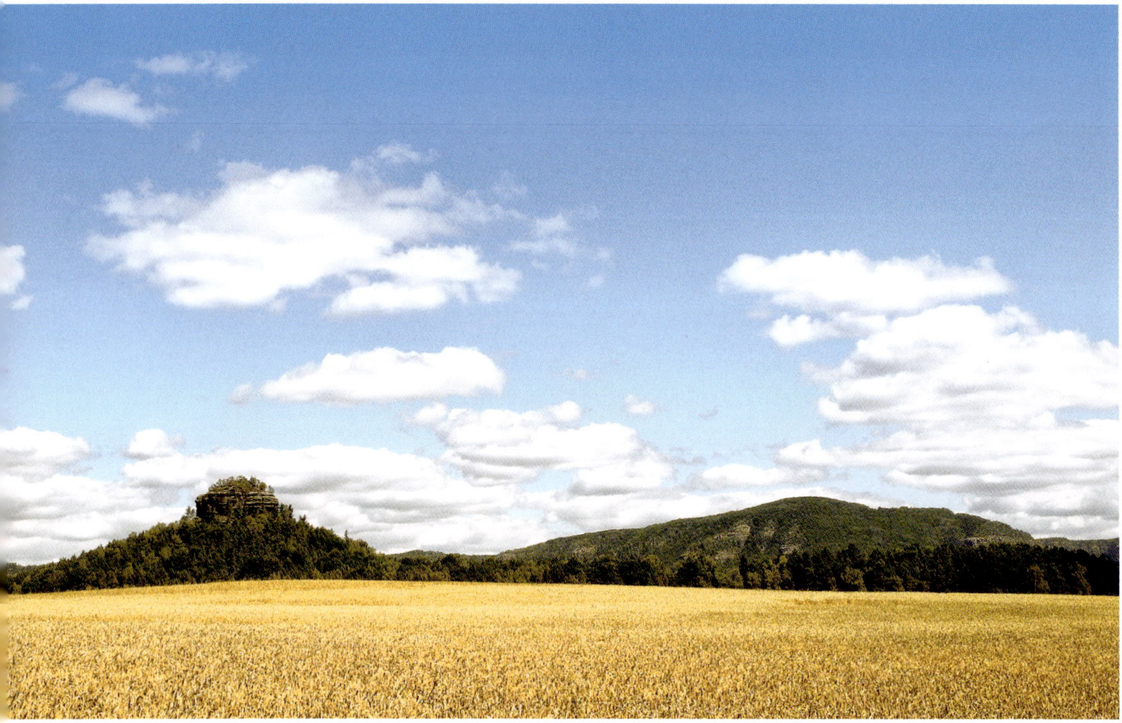

Zirkelstein und Winterberg

nach Sachsen verboten und damit auch der Warenumschlag am Fluss. Mitten im Wald wurden deshalb heimliche Märkte abgehalten, auf denen mit Getreide und Mehl gehandelt wurde. Zurück von unserem kurzen Abstecher folgen wir dem mäßig ansteigenden Weg bis zur nächsten Gabelung, wo wir das Tal nach rechts in Richtung Ziskaquelle verlassen. Diese verheißt mit den Worten »Nimm dir einen frischen Trunk – bleib ewig jung« ewige Jugend. Wir trinken, verweilen an der Quelle und warten auf die versprochene Wirkung. Direkt oberhalb der Ziskaquelle führt der breite Gelobtweg nach rechts.

Zirkelstein – weit sichtbarer Tafelberg Unterwegs lichtet sich der Wald und lässt einen Blick hinüber zum Rosenberg und anderen Basaltkegeln im Böhmischen zu. Wir wandern weiter, bis der Gelobtweg auf einen breiten, mit einem gelben Strich (auf weißem Untergrund) gekennzeichneten Wanderweg trifft. Diesen gehen wir nach rechts und wieder in den Wald hinein. In einer großen Linkskurve, nun auf einem Feld, gibt der Weg den Blick hinüber zum Zirkelstein frei. Zu sehen sind der Zirkelstein, rechts der Große Winterberg und das Prebischtor und links die Zschirnsteine. Vorbei am »Zirkelstein Resort« nehmen wir den nächsten Weg rechts und gleich wieder links. Wir wollen zum 384 Meter hohen Gipfel des Zirkelsteins, dessen Name von seiner markanten Form abgeleitet ist. Er ist zwar der kleinste der Tafelberge in der Sächsischen Schweiz, aber durch seine typische Form und Lage besonders sehenswert. Den letzten steilen Anstieg bis zum Plateau des Zirkelsteins erklimmen wir auf Eisenleitern. Die Anstrengung wird mit einem fabelhaften Rundumblick belohnt.

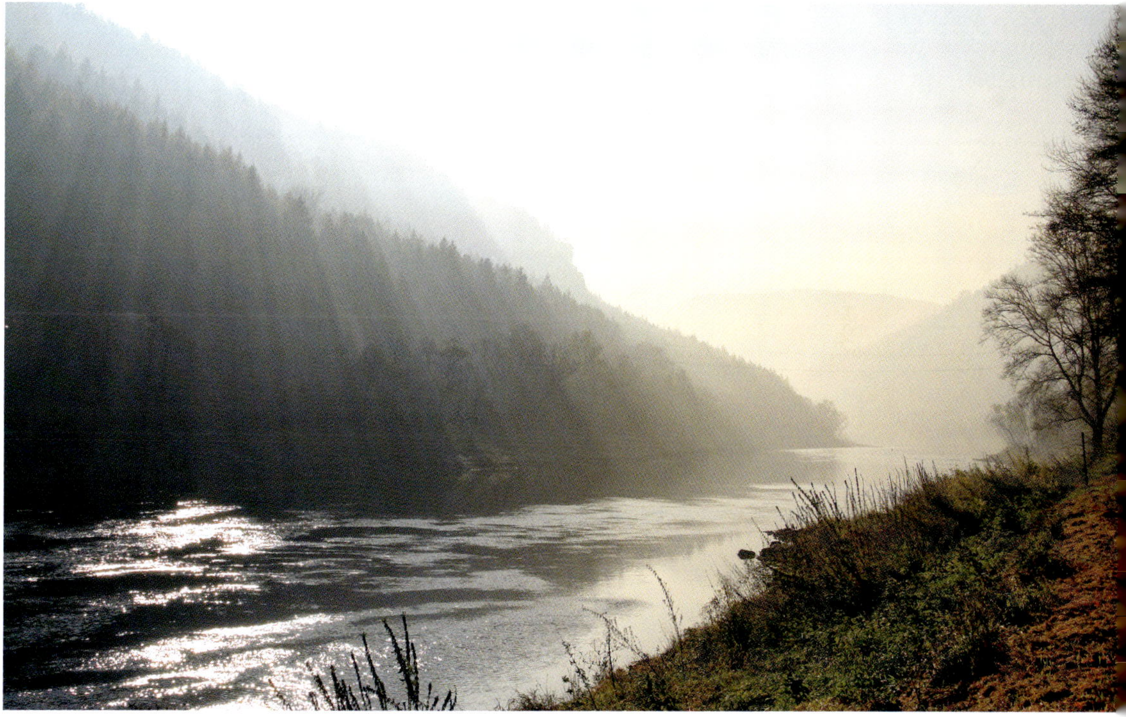

Elbe am Morgen

Auf dem Plateau hat sich die ursprüngliche Vegetation der Sächsisch-Böhmischen Schweiz erhalten. Nur wenige Pflanzen können an solch exponierten, extremen Standorten leben: Wenig Erde, spärliche Nährstoffe und große Trockenheit, dazu bittere Kälte im Winter und brütende Hitze im Sommer. Kiefer, Birke, Heidekraut und Heidelbeere halten diesen Bedingungen stand.

Wir klettern die Eisenleitern wieder hinunter, laufen nach links (um den Zirkelstein herum) und gelangen wieder auf den breiten Feldweg. Rechts liegt Schöna. Im Ort folgen wir dem roten Punkt in Richtung Hirschgrund, Kaiserkrone, Bahnhof Schöna. Wir passieren den Abzweig Kaiserkrone und genießen noch einmal den schönen Blick hinüber zum Rosenberg, dem Zirkelstein und beiden Zschirnsteinen. Der Große Zschirnstein ist mit 560 Metern der höchste Gipfel der Sächsischen Schweiz.

Weiter geht es, der roten Markierung folgend, zum Aschersteig, dann übers Feld mit herrlicher Aussicht zu den Schrammsteinen. Noch ein Stück durch den Wald und schließlich laufen wir über einige Steinstufen hinunter zum Haltepunkt Schmilka-Hirschmühle.

30

Taubenteich

Alter Flößerteich aus dem 16. Jahrhundert

Mittel | 16 km | ↗114 m ↘114 m | 4,5 Std.

Tourencharakter:
Waldwanderung, auf der die Höhenunterschiede auf eher mäßig steilen Wegen bewältigt werden. Kein wirklicher Gipfel auf der Tour

Ausgangs- und Endpunkt:
Parkplatz bzw. Buswendeschleife in Cunnersdorf nahe der Gaststätte Deutsches Haus, 280 m

Höchster Punkt:
Buchhübel, 395 m (wird nicht direkt angesteuert); Taubenteich, 388 m

Anfahrt:
Mit der S-Bahn bis Königstein, 5 Minuten Fußweg zum Reißigerplatz, dort umsteigen in die Buslinie 244 a Richtung Cunnersdorf. Oder in Bad Schandau am Bahnhofsvorplatz die Buslinie 244 b nehmen. Mit dem Pkw von Pirna aus über die B 172 bis Königstein, am Kreisverkehr Richtung Pfaffendorf abfahren und wenig später die nach links abzweigende Straße steil bergauf nach Pfaffendorf nehmen. Nach dem Ort Pfaffendorf im Wald an einer Kreuzung Richtung Cunnersdorf abbiegen. Von Bad Schandau aus ebenfalls die B 172 Richtung Königstein nehmen, jedoch in der ersten Kurve nach der Elbbrücke auf der links abbiegenden Straße der Ausschilderung nach Gohrisch folgen. Dort an der nächsten größeren Straßenkreuzung scharf links, und weiter der Ausschilderung Richtung Cunnersdorf nach

Einkehr:
Unterwegs keine, aber Einkehrmöglichkeiten in Cunnersdorf

Für die bäuerliche Bevölkerung war das Leben in der Sächsisch-Böhmischen Schweiz mühsam, der Ackerbau auf kargem Boden beschwerlich und mancherorts unmöglich. Die wichtigste Erwerbsgrundlage war für lange Zeit der Waldreichtum. Holzwirtschaft und die Flößerei waren jahrhundertelang bedeutende Wirtschaftszweige. Namen wie Flößerteich erinnern daran.

Buchhübel – eine Tour für Waldliebhaber Cunnersdorf südlich von Königstein ist der Startpunkt unserer Tour. Am Parkplatz oder der Buswendeschleife nahe der Gaststätte »Deutsches Haus« gehen wir zunächst die

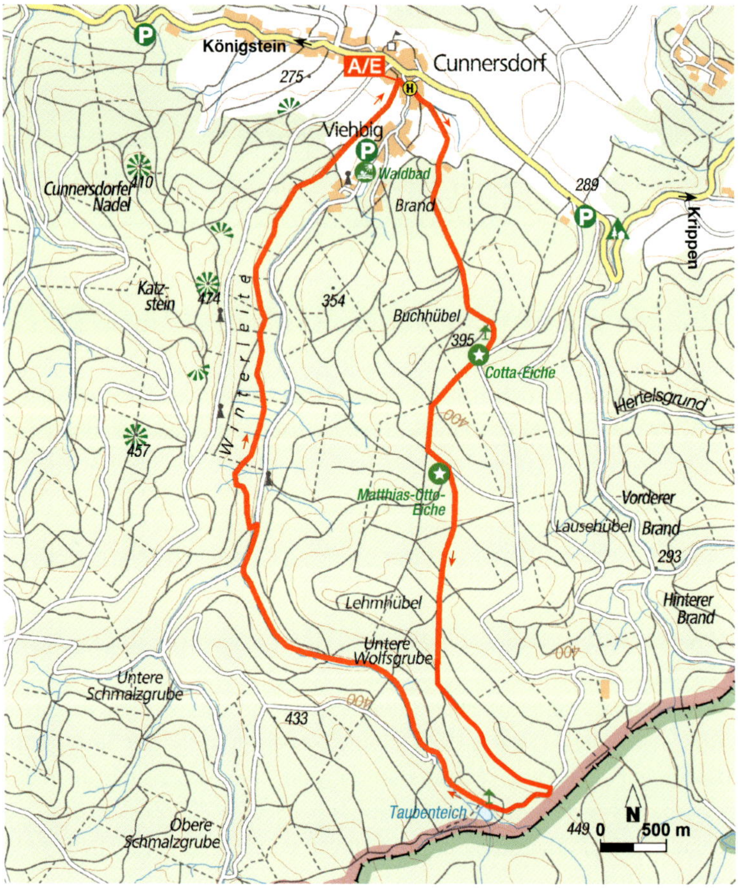

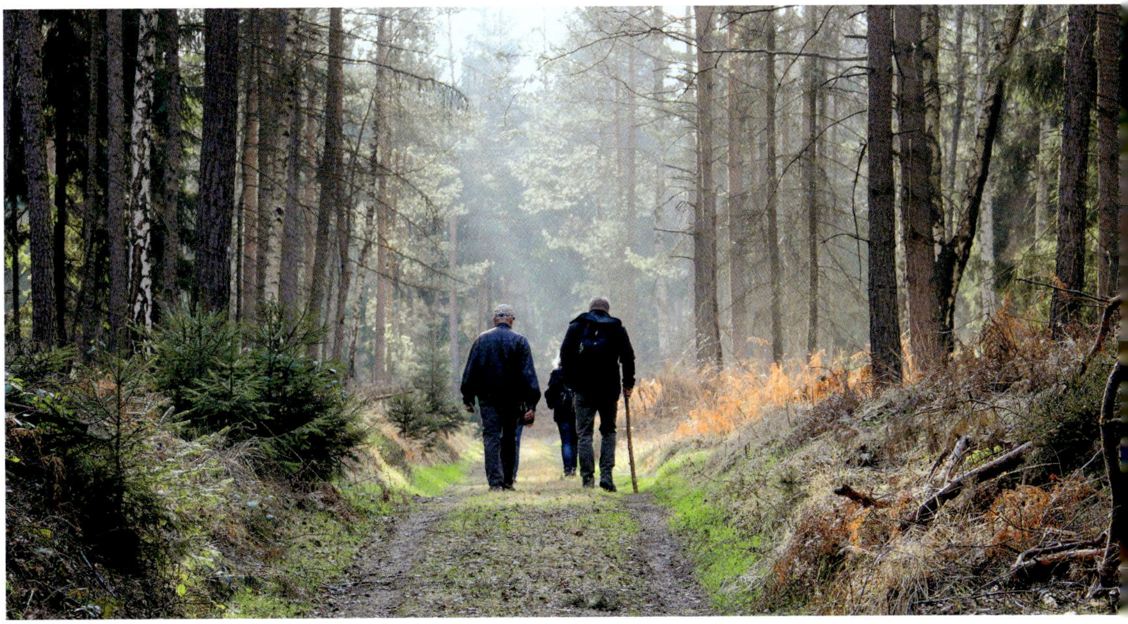

kleine Straße in Richtung Waldbad bis zum Dorfrand. Dort biegen wir links in den mit dem grünen Strich markierten Lindhornweg ab. Dieser komfortable und breite Weg bringt uns stetig bergan übers freie Feld und schnurstracks in den Wald hinein. Am Waldrand lohnt sich der Blick zurück auf die Tafelberge Papststein, Gohrisch, Pfaffenstein und Königstein mit Festung. An der nächsten Wegkreuzung halten wir uns geradeaus (Markierung grüner Strich). Schon vor hunderten von Jahren gehörte der Lindhornweg zu einem wichtigen Netz von Handelswegen und war stark frequentiert. An einer weiteren Kreuzung laufen wir wieder geradeaus, aber nun etwas steiler ansteigend, in Richtung Rosenthal. Wir halten uns immer links und orientieren uns an der genannten Markierung. Nach wenigen Minuten gelangen wir auf einen Forstweg mit dem Namen Oberer Burgweg/Sandweg. Mit dem letzten Stück haben wir den Buchhübel, der sich hier im Wald versteckt, umwandert.

Auf Wanderschaft durch lichte Wälder

Kleines Rinnsal am Wegrand

Eichen mit Namen Wir folgen nun rechts dem Sandweg und erreichen die Cotta-Eiche, ein geschütztes Naturdenkmal. Diese Eiche erhielt ihren Namen zum Andenken an Heinrich Cotta, den Begründer der Forstakademie in Tharandt, und dessen Sohn. An Eiche und Rastplatz vorbei geht es weiter, an einigen Weggabelungen vorbei. Wir aber bleiben der Markierung grüner Strich treu. Irgendwann wird aus dem Sandweg die Gebackenebirn-Straße. Eine Tafel erklärt, was es mit dem Namen auf sich hat. Ein weiterer gewaltiger Baum und ein Naturdenkmal stehen am Wegesrand: Die Matthias-Otto-Eiche. Sie er-

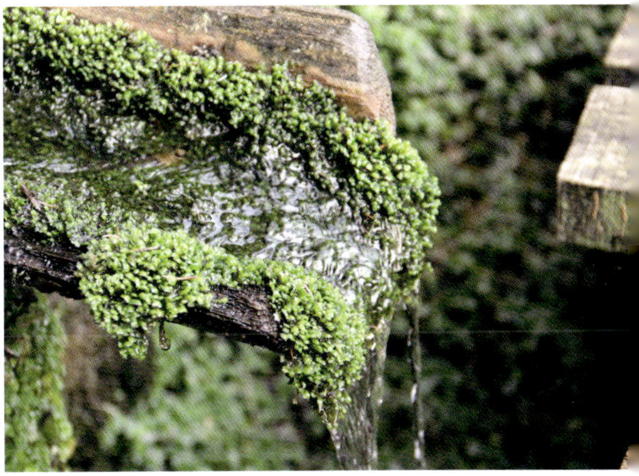

innert an den Cunnersdorfer Förster aus dem 16. Jahrhundert, der für sämtliche Wildzäune der gesamten Gegend zuständig war. Der Wald war damals von größter wirtschaftlicher Bedeutung und zahlreiche Berufsgruppen waren vom Holz abhängig: Holzfäller, Flößer, Händler, Pechsieder, Teerschweler, Köhler, Zeidler, Zimmermänner und andere.

Diverse Wege gehen vom Hauptweg ab und führen meist unmarkiert in den Wald. Eine Tafel gibt Erklärungen zum Ort Kühle Morgen. Wir befinden uns in einem Gebiet, in dem es früher zahlreiche, mittlerweile untergegangene Siedlungen gab. Am

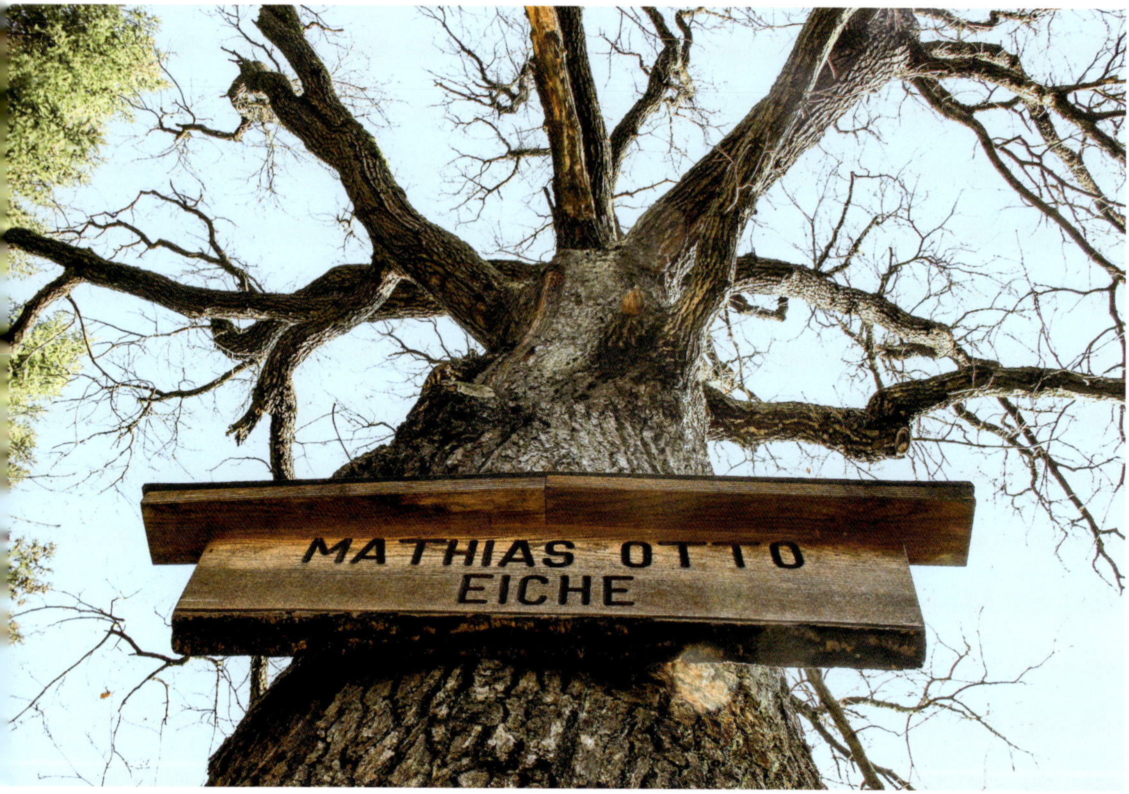

Naturdenkmal: Matthias-Otto-Eiche

Abzweig Taubenbrandweg biegen wir links ab, dem grünen Strich nach und wandern ins Tal. Dort stößt ein Weg, der auch als Radroute ausgewiesen ist und gelb markiert ist, zu uns. Für kurze Zeit folgen wir nun rechts abzweigend beiden Markierungen und kommen schließlich zum Taubenteich.

Der Taubenteich: Rast am Wasser Am Rastplatz, idyllisch am Wasser gelegen, machen wir Pause. Der Taubenteich ist ein alter Floßteich aus dem 16. Jahrhundert. Die Holzflößerei war jahrhundertelang eine wichtige Einnahmequelle, weil sie die einfachste, billigste und oft die einzig mögliche Methode war, geschlagenes Holz fortzubewegen. Auf der nahen Biela lässt sie sich bis ins 15. Jahrhundert zurückverfolgen. Heute können wir hier am Wasser den Libellen zusehen oder Wasservögel beobachten.

Auf der Forststraße geht es anschließend am Taubenbach entlang ins Tal. Wir verlassen die grüne Wegmarkierung, die unterwegs nach links auf den Mittleren Hühnerbergweg abbiegt. Am Ende des Taubenbachtals gelangt man am Zusammenfluss von Taubenbach und Fuchsbach auf das Ende der Fuchsbachstraße und den Anfang des Taubenbachwegs. Die Bäche fließen nun als Cunnersdorfer Bach weiter. Für uns geht es hier nach rechts und ein kurzes Stück auf dem breiten Forstweg entlang bis zur nächsten kleinen Brücke. Wer möchte, kann diesen Weg am Bach entlang zurück nach Cunnersdorf nehmen.

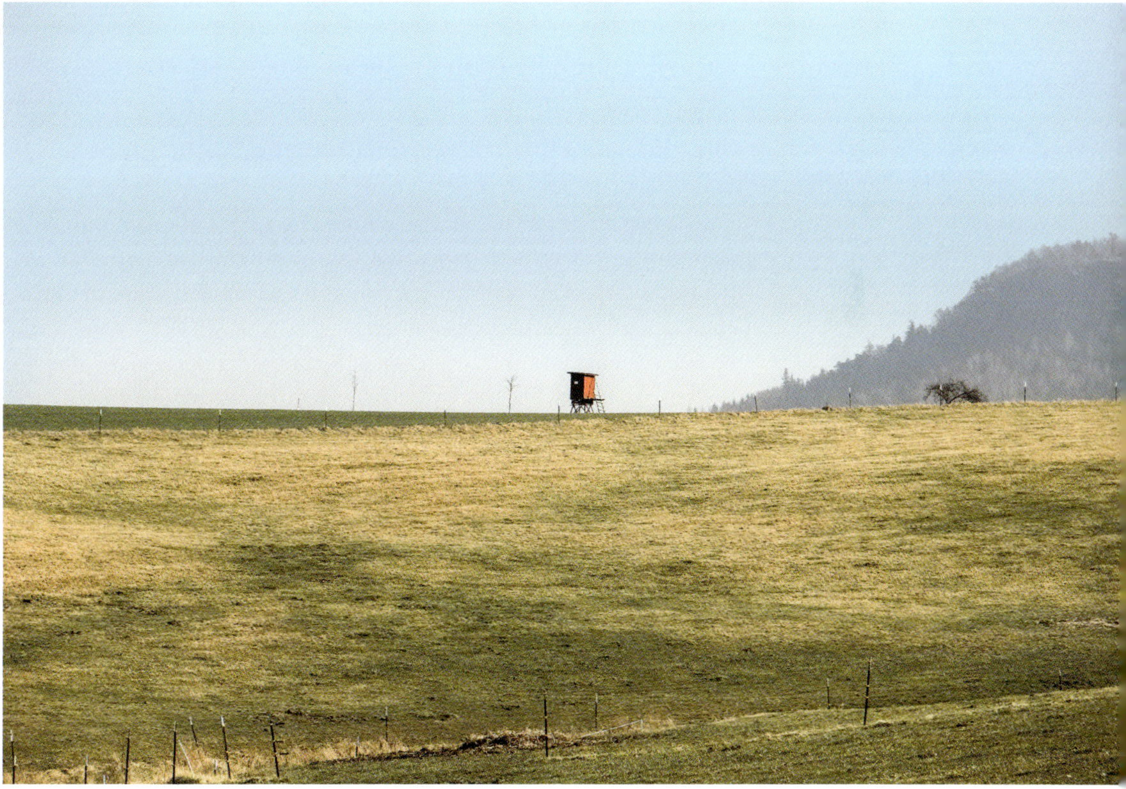

»Jägerausblick«

Wir überqueren jedoch den Bach und steigen unmittelbar danach auf dem rechterhand verlaufenden, unmarkierten Pfad bergauf. An der nächsten Weggabelung kommen wir auf einen Reitpfad, den Nässeweg, und biegen rechts ein. Der Weg führt uns nun am Hang entlang, fast parallel zum Bach, Richtung Cunnersdorf. Und wie der Name schon sagt, es wird immer wieder nass unter den Sohlen. Im Waldgebiet, der Winterleite, entspringen einige Quellen. Der Reitpfad biegt zwischendurch rechts hinunter zum Bach ab, wir aber bleiben auf gleicher Höhe und gehen weiter. Wir ignorieren zunächst alle weiteren Abzweige und verbleiben auf dem Mittelhangweg, bis wir in der Nähe des Waldbades einen Weg kreuzen, der mit grünem Punkt und grünem Strich markiert ist. Dort halten wir uns aber trotzdem weiter geradeaus. Kurz danach kommen wir zum Waldrand und wandern das letzte Stück über Wiesen hinunter nach Cunnersdorf.

31

Tafelberg-Panorama

Stufen der Landschaft

Leicht · 6 km · 0 m · 1,5 Std.

Tourencharakter:
Leichte Tour ohne Höhenunterschiede

Ausgangs- und Endpunkt:
Parkplatz im Kurort Gohrisch (259 m) in Nähe der Straßengabelung Richtung Bad Schandau und Papstdorf

Anfahrt:
Mit der S-Bahn bis Königstein, 5 Minuten Fußweg zum Reißigerplatz (am Kreisverkehr) und dort umsteigen in die Buslinie 244 a Richtung Cunnersdorf; in Gohrisch an der Haltestelle »Parkplatz« aussteigen. Mit dem Pkw von Pirna über die B 172 bis Königstein, in Königstein rechts steilen Abzweig nach Gohrisch (ausgeschildet) nehmen und bis zum Parkplatz fahren. Von Bad Schandau auch die B172 Richtung Königstein, jedoch nach der Brücke in der ersten Kurve links der Ausschilderung Richtung Gohrisch folgen. In Gohrisch an der größeren Straßenkreuzung geradeaus und gleich danach rechts ist der Parkplatz.

Einkehr:
Gaststätten in Gohrisch

Das Elbsandsteingebirge ist ein ehemaliger Meeresboden, entstanden vor 100 Millionen Jahren in der Kreidezeit. Bis zu 600 Meter verdichtete und zu Stein gepresste Sandschichten blieben nach dem Rückgang des Meeres zurück. Durch Erosion entstand eine Landschaft mit drei »Stockwerken«: Tafelberge, Steine und Felsriffe, Ebenheiten und schließlich Täler, Gründe und Schluchten.

Beschauliche Runde Wir starten unsere Tour am Parkplatz im Kurort Gohrisch in Nähe der Straßengabelung Richtung Bad Schandau und Papstdorf. Vom Parkplatz aus gehen wir rechts wenige Meter die Straße entlang und gleich wieder nach rechts (gelber Punkt). Wir kommen zum Feuerlöschteich und halten uns links Richtung Campingplatz, den wir links liegen lassen. Die Straße wird nun zum Wiesenweg und kurz nachdem wir in den Wald gelangt sind, geht links ein Abzweig zur Aussicht Liliensteinblick. Eine ganz besondere Perspektive auf den Lilienstein erwartet uns dort. Zurück vom Abstecher geht es weiter dem gelben Punkt nach in den Wald hinein. An einem Wegweiser, der auf den Kammweg aufmerksam macht, gibt es zwei unterschiedlich lange Routen-Varianten:

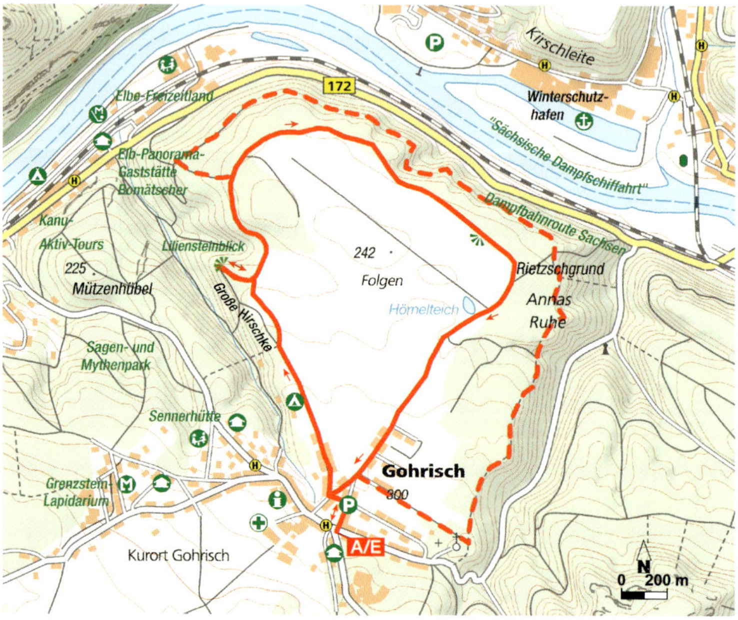

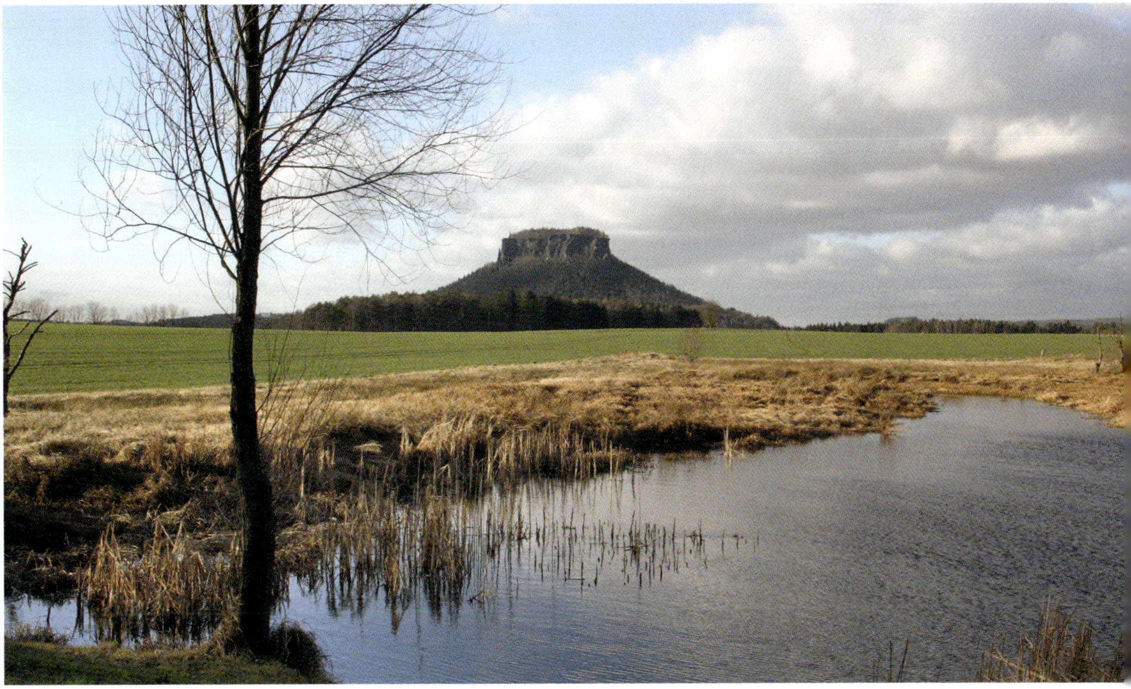

Hörnelteich mit Lilienstein im Hintergrund

Kammweg, längere Variante Entweder biegen wir hier links ab und wandern entlang des Hanges auf dem Kammweg zu Annas Ruhe, dann am Friedhof vorbei und schließlich zum Ausgangspunkt nach Gohrisch zurück. Oder wir entscheiden uns für die nun weiter beschriebene Wegführung.

Panorama, kürzere Variante Dabei bleiben wir auf dem Wanderweg mit dem gelben Punkt. Dieser wird nun schmaler und führt uns am Waldrand entlang. Auf der anderen Seite werden Gohrisch und Papststein sichtbar. In einer Rechtskurve deutet eine Markierung auf den links abzweigenden Weg zum Aussichtspunkt Annas Ruhe – ein Abstecher, der sich lohnt. Wir wandern weiter am Waldrand, nun auf dem Hörnelweg und gelangen nach einigen Metern an das Feuchtbiotop Hörnelteich – den Lilienstein im Hintergrund. Beim Weitergehen sehen wir neben dem Pfaffenstein und dem Gohrisch die Festung Königstein, den Papststein und die Kleinhennersdorfer Steine – ein zauberhaftes Panorama mit Tafelbergen. Bevor der Weg wieder zur Straße wird, drehen wir uns noch einmal um und genießen den Blick in die Ferne, bis zur Hohburkersdorfer Höhe am Horizont. Die kleine Straße führt uns nun durch den Ort, an einer Gabelung geht's weiter geradeaus und wir gelangen wenige Meter rechts vom Parkplatz wieder auf die Hauptstraße.

Tipp:

Für eine längere Wanderung ist der Start in Königstein möglich. Dafür der Markierung mit dem grünen Strich Richtung Schöne Aussicht folgen, dort zum gelben Punkt wechseln, Richtung Gohrisch. Durch den Ort bis zum Anfang der beschriebenen Tour. Rückweg ab dem Schostakowitsch-Denkmal um Gohrisch herum (gelber Punkt), wieder über die Schöne Aussicht nach Königstein.

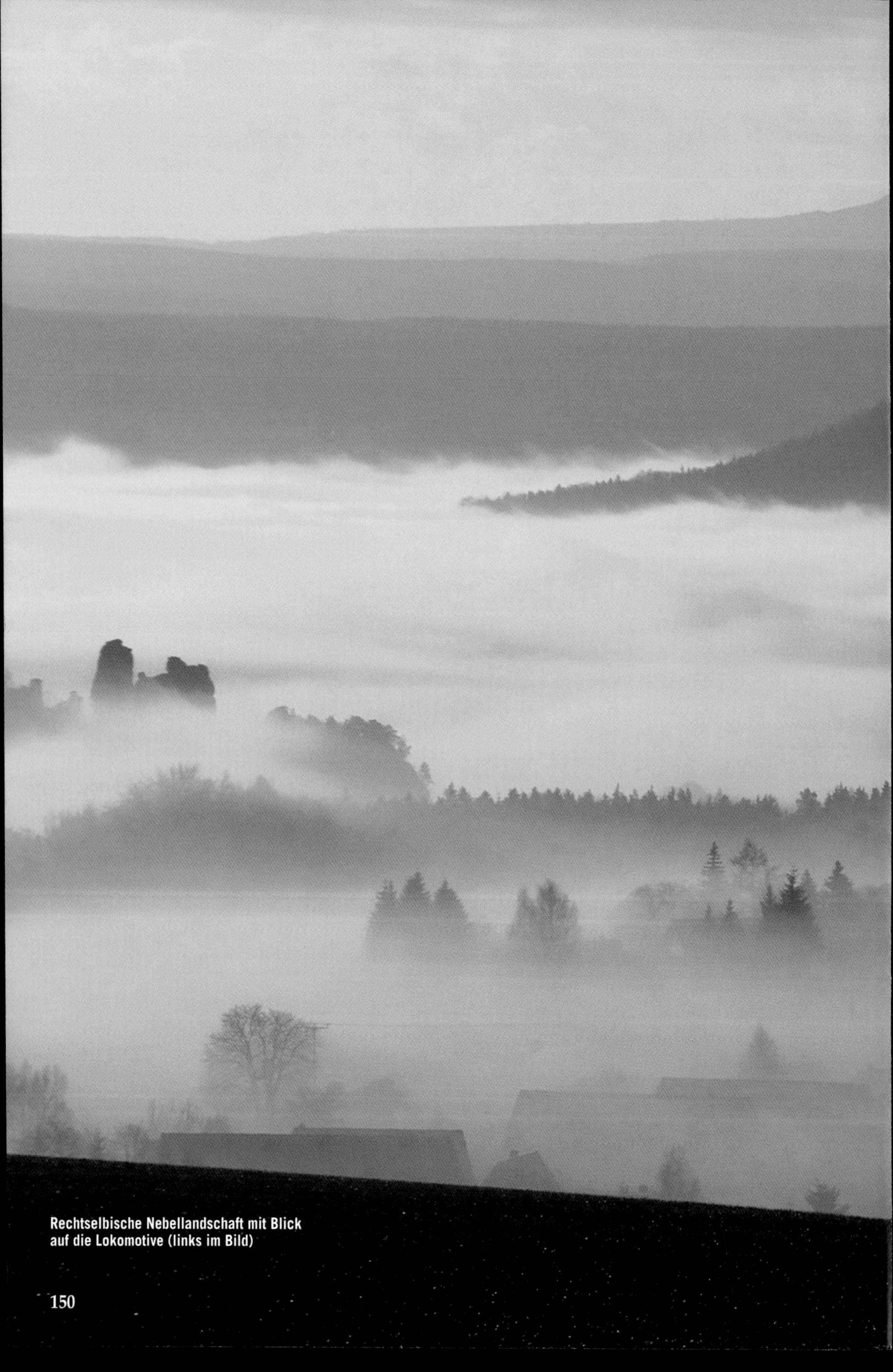

Rechtselbische Nebellandschaft mit Blick auf die Lokomotive (links im Bild)

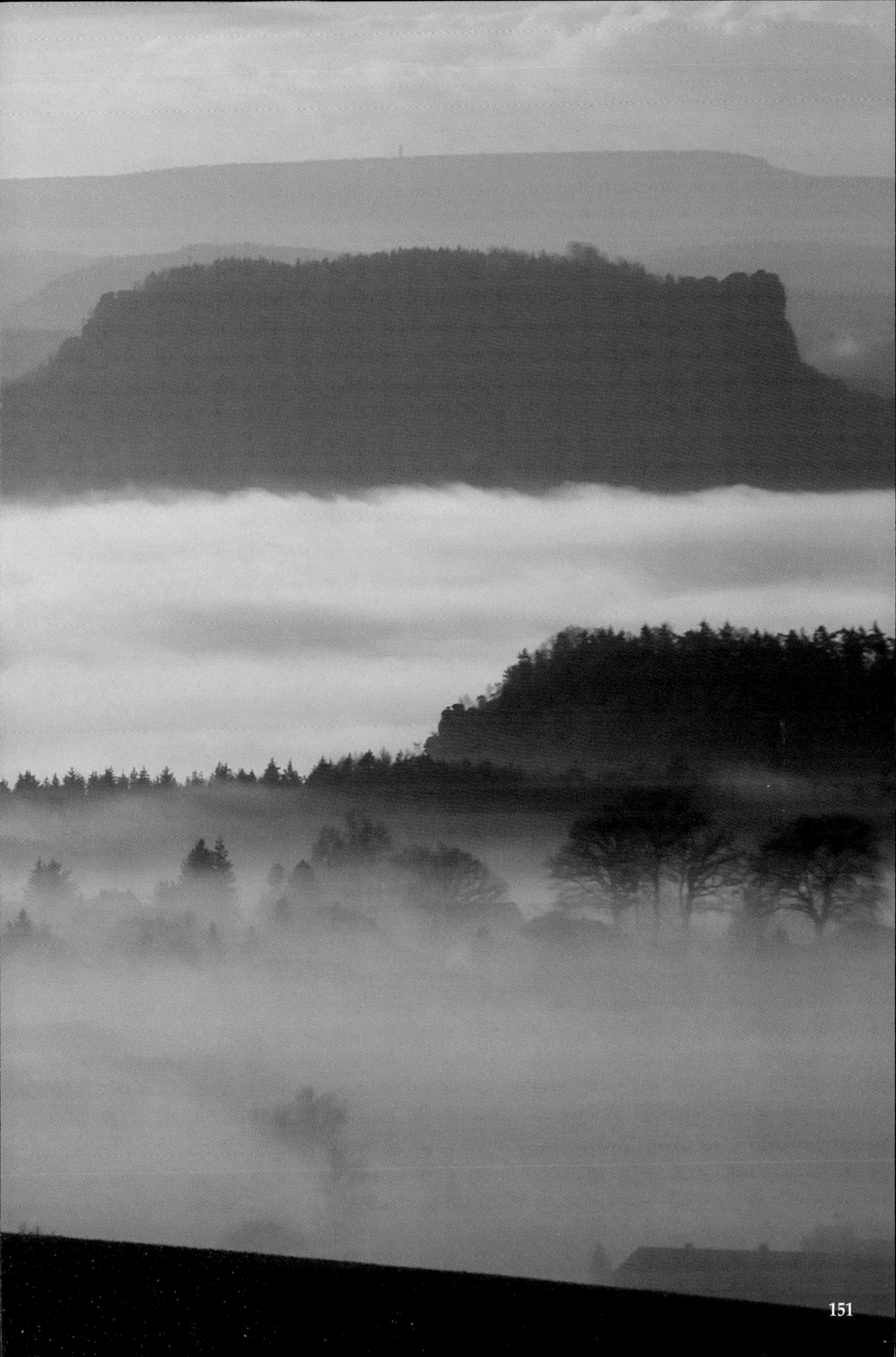

Für jeden Tag die richtige Tour

			km							
1	●	Malerweg nach Wehlen	12 km	97 Hm/141 Hm	4,5 Std.	●	●		●	●
2	●	Lochmühle	13 km	102 Hm/102 Hm	4,5 Std.	●	●			●
3	●	Herrenleite	10 km	142 Hm/140 Hm	3 Std).	(●)	●	●		●
4	●	Canalettoweg	6 km	46 Hm/40 Hm	1,5 Std.	●	●	●		●
5	●	Pilzaussicht	11 km	132 Hm/126 Hm	3 Std.	(●)		●		●
6	●	Breiter Stein, Schöne Höhe	10 km	247 Hm/211 Hm	3,5 Std.	●		●	●	●
7	●	Cottaer Spitzberg	10 km	245 Hm/245 Hm	4 Std.					●
8	●	Lilienstein	8 km	217 Hm/221 Hm	4 Std.	●	●		●	●
9	●	Brandgebiet	14 km	254 Hm/254 Hm	5 Std.	●			●	●
10	●	Um den Galgenberg	5 km	65 Hm/65 Hm	1,5 Std.	(●)	●			●
11	●	Polenztal	16 km	32 Hm/235 Hm	5 Std.	●	●	●	●	●
12	●	Arnstein und Kleinstein	8 Km	91 Hm/91 Hm	3,5 Std.	(●)	●		●	●
13	●	Großer Teichstein	11 Km	177 Hm/185 Hm	4 Std.	●			●	●
14	●	Thorwalder Wände	16 km	156 Hm/156 Hm	6 Std.	●			●	●
15	●	Goßdorfer Raubschloss	13 km	126 Hm/126 Hm	4 Std.	(●)		●	●	●
16	●	Schwarzbachtal	10 km	126 Hm/126 Hm	3,5 Std.	(●)	●	●	●	●

			Länge	Höhenunterschied	Gehzeit	Einkehr	kindergeeignet	wintergeeignet	schattiger Weg	ÖPNV
17	●	Sebnitztal	15 Km	290 Hm bergab	5 Std.	●		●	●	●
18	●	Weifberg	12 km	256 Hm/256 Hm	4 Std.	(●)	●	●	●	●
19	●	Grundmühle und Hutberg	10 km	170 Hm/170 Hm	4,5 Std.		●		●	●
20	●	Belvedere, Dürrkamnitztal	10 km	222 Hm/223 Hm	5 Std.	●			●	●
21	●	Böhmisches Tor	12 km	273 Hm/273 Hm	4 Std.	●		●	●	●
22	●	Grenzplatte	14 km	163 Hm/163 Hm	4,5 Std.	(●)	●	●	●	●
23	●	Zeisigstein, Sachsenstein	11 km	191 Hm/191 Hm	3,5 Std.	(●)	●		●	●
24	●	Kleinhennersdorfer Stein, Papststein	12 km	328 Hm/328 Hm	4,5 Std.	●	●			●
25	●	Kohlbornstein, Kleiner Zschirnstein	17 Km	505 Hm/487 Hm	6,5 Std.	●			●	●
26	●	Diebskeller am Quirl	13 km	176 Hm/452 Hm	4 Std.	(●)		●	●	●
27	●	Pfaffenstein	17 Km	340 Hm/340 Hm	7 Std.	●			●	●
28	●	Spanghorn und Labyrinth	9 Km	196 Hm/196 Hm	2,5 Std.	(●)	●		●	●
29	●	Gelobtbachtal, Zirkelstein	10 km	242 Hm/242 Hm	4,5 Std.	●	●			●
30	●	Taubenteich	16 km	114 Hm/114 Hm	4,5 Std.	(●)		●	●	●
31	●	Tafelberg-Panorama	6 Km	0 Hm	1,5 Std.	●	●	●		●

Piktogramme erleichtern den Überblick

- Gehzeit
- Länge
- Höhenunterschied
- Einkehr
- kindergeeignet
- wintergeeignet
- schattiger Weg
- ÖPNV

PS: Frequentierte Einsamkeit …

Das Elbsandsteingebirge ist mit Millionen Besuchern jährlich ein gewaltiger Touristenmagnet. Wer aber auf »vergessenen« Pfaden wandert, sucht ruhige Einsamkeit. Ist das überhaupt noch zu finden? Schwer zu glauben, aber stark frequentierte Wege und wenig begangene Pfade liegen hier nicht weit voneinander entfernt: Einmal abgebogen und hinter der nächsten Kurve verschwunden, hat man den Wald wieder für sich. Trotzdem streifen wir in den 31 für Sie zusammengestellten Wanderungen einige Highlights des Elbsandsteingebirges. So zählen die Touren 6 und 27 zu unseren Lieblingsorten und sind – zugegeben – längst keine Geheimtipps mehr. Nutzen Sie jedoch die Morgen- und Abendstunden, können Sie unvergesslich einsame Erlebnisse finden.

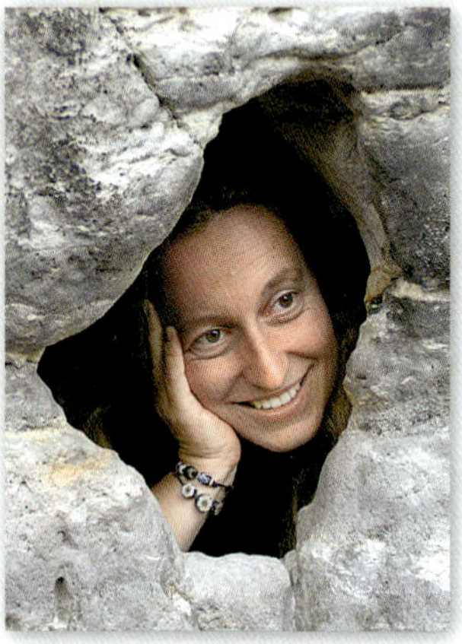

Daphna Zieschang

Gipfel und Schluchten – Kontrast der Lebensräume

Gegensätzlicher kann es nicht sein: extreme Hitze auf den Felsriffen und Gipfeln – kühle Feuchtigkeit in den Schluchten und Gründen des Elbsandsteingebirges. Es sind so unterschiedliche Lebensräume, die räumlich sehr eng beieinander liegen. Die Folge ist eine besondere Pflanzen- und Tierwelt. Bemerkenswert sind die knorrigen Kiefern der Felswände, die Wind und Wetter trotzen. Unzählige Moose – über 450 nachgewiesene Arten – bedecken die Felsen in den Tiefen der Täler (Tour 13 und 14).

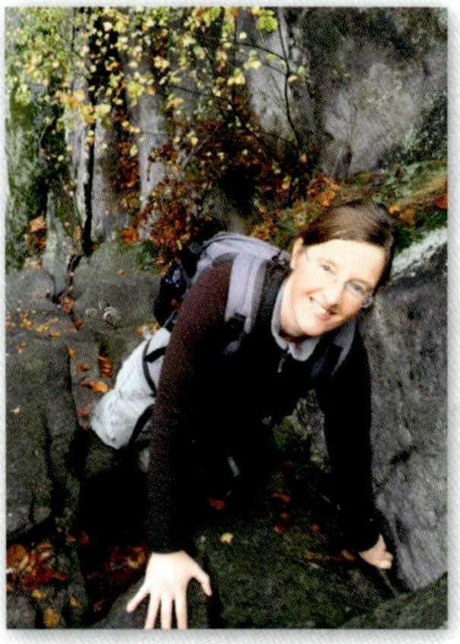

Anita Morandell-Meißner

Formen und Farben

Sandstein ist weich. Wasser, Wind und Temperaturunterschiede formte ihn im Laufe der Zeit. Dieser fortschreitende Prozess der Erosion schafft wundersam bizarre Formen, wie wir sie z. B. bei Tour 22 bewundern können. Neben der Formenvielfalt der Landschaft begeistern uns immer wieder die »hunderttausend« Farben im Gelände. Jahres- und Tageszeiten zaubern Spezialeffekte in ein- und dieselbe Wanderung: Grün in allen Nuancen, glitzernde Nässe, warme Herbsttöne, scharfe Kontraste, Schnee auf schwarzem Fels, Dunstschleier in den Morgenstunden, dunkle Gewitterwolken, tiefblauer Himmel – unwiderstehlich und nie langweilig. Probieren Sie es aus!

Ihre

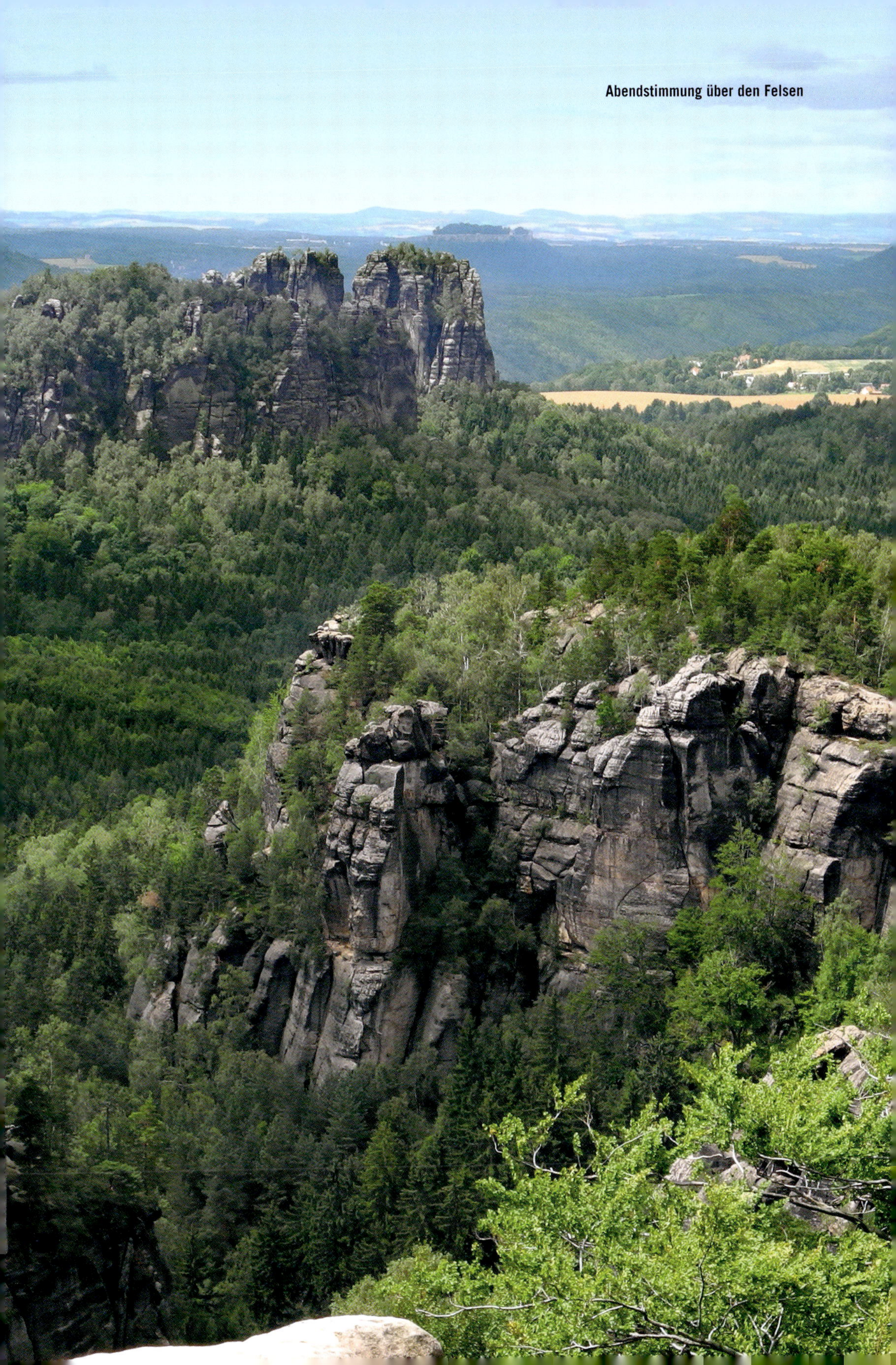

Abendstimmung über den Felsen

Barbarine

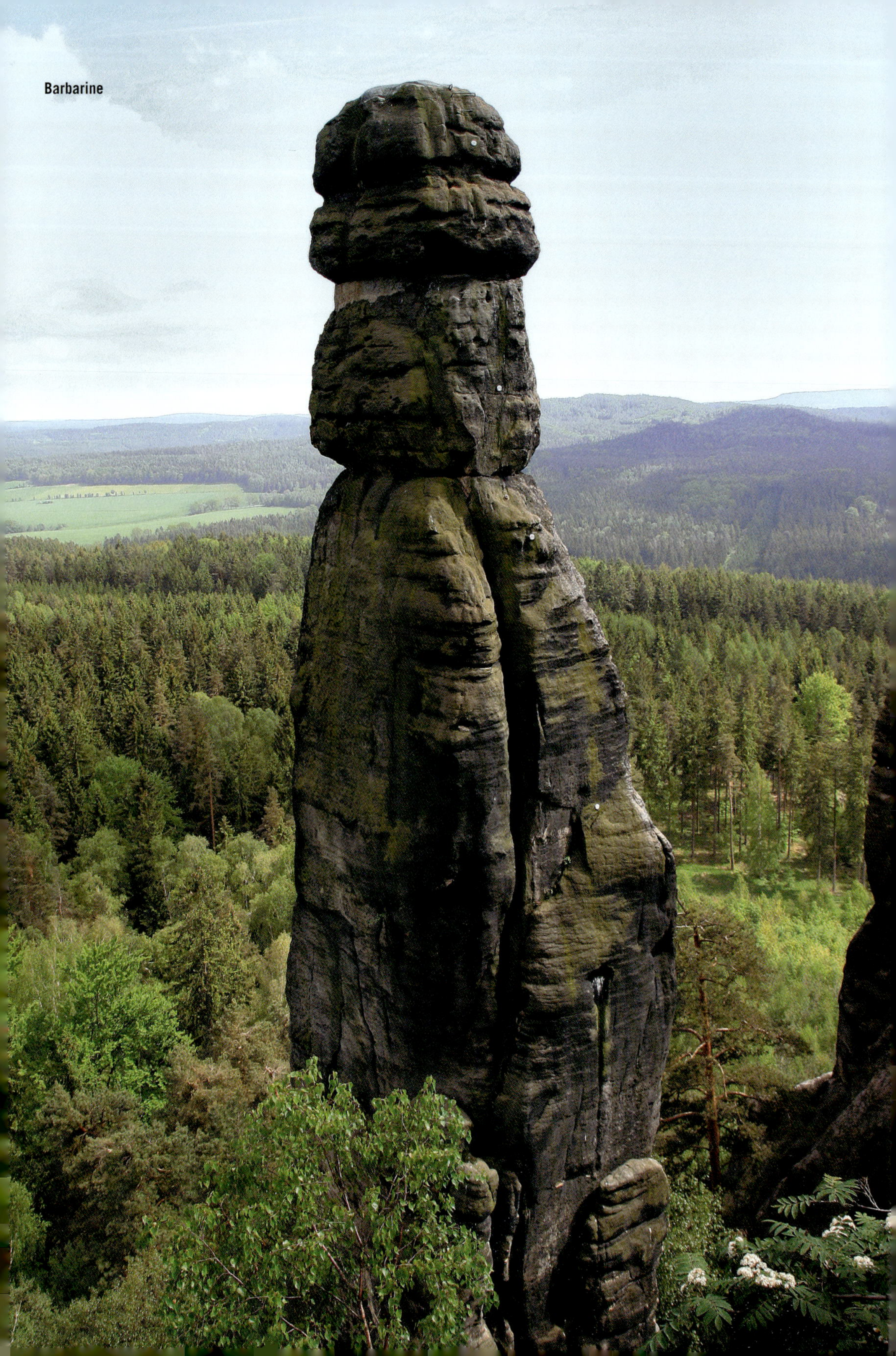

Register

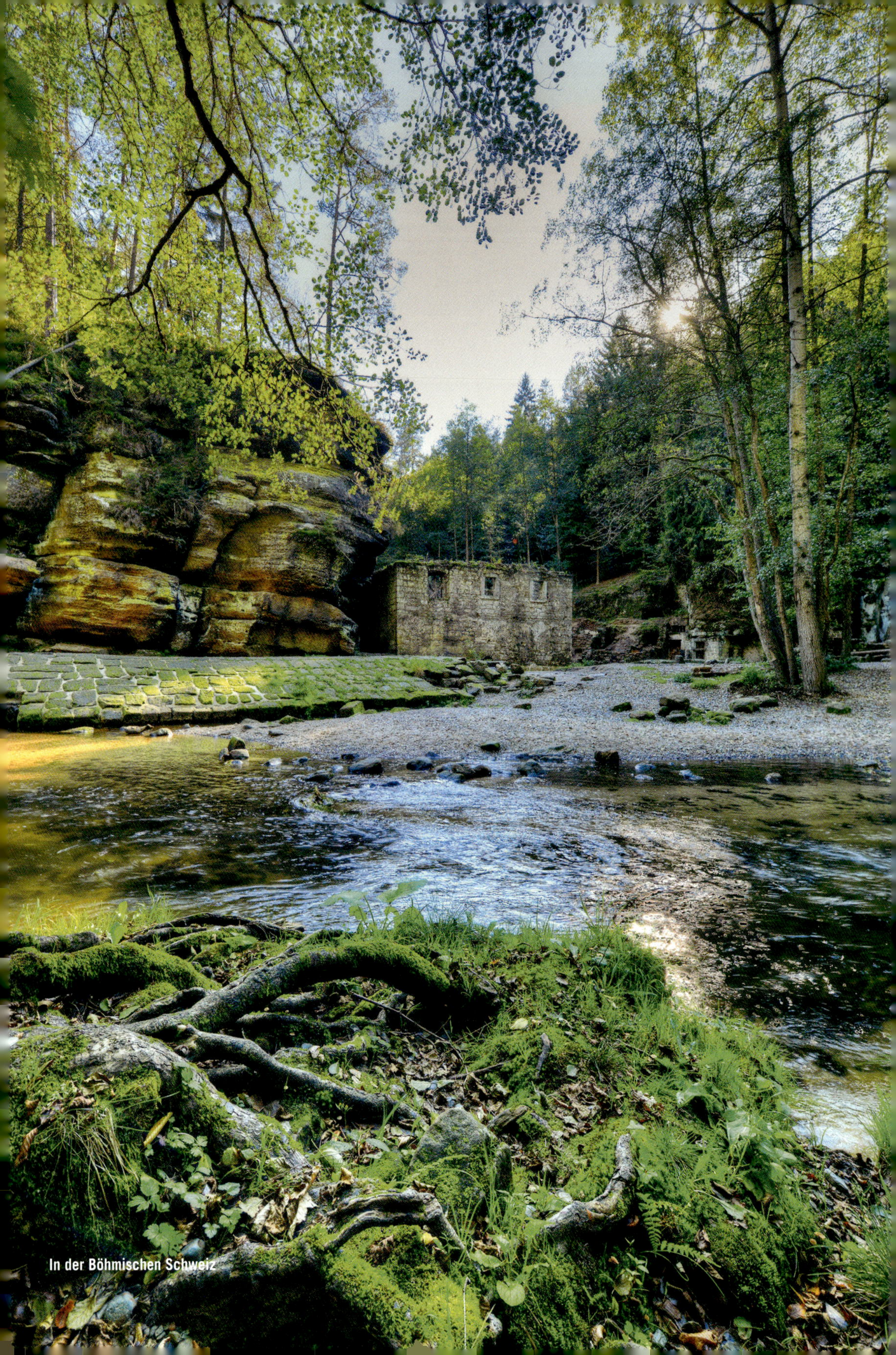

In der Böhmischen Schweiz